铝基复合材料制动盘设计与制备

喻 亮 著

北 京
冶 金 工 业 出 版 社
2019

内 容 提 要

本书共分 8 章，内容包括：复合材料的复合原则及界面，SiC-金属复合材料，SiC_{3D}/Al 液态成型有限元计算原理和实践，低压铸造 SiC_{3D}/Al 凝固过程数值模拟，SiC_{3D}/Al 单元体机械行为数值模拟，高铁用 SiC_{3D}/Al 盘与不同摩擦片匹配的摩擦副摩擦行为数值模拟，高铁用 SiC_{3D}/Al 盘制备与性能，SiC_{3D}/Al 制动盘的工程实践及全尺寸台架实验进展。

本书可供从事冶金、材料、机械设计的工程技术人员阅读，也可供高等院校材料、冶金、机械设计类专业本科生使用。

图书在版编目(CIP)数据

铝基复合材料制动盘设计与制备/喻亮著．—北京：冶金工业出版社，2019. 6

ISBN 978-7-5024-8138-4

Ⅰ. ①铝…　Ⅱ. ①喻…　Ⅲ. ①汽车—铝基复合材料—制动轮—设计　②汽车—铝基复合材料—制动轮—制备　Ⅳ. ①U463. 55

中国版本图书馆 CIP 数据核字（2019）第 125778 号

出 版 人　谭学余
地　　址　北京市东城区嵩祝院北巷 39 号　邮编　100009　电话　(010)64027926
网　　址　www.cnmip.com.cn　电子信箱　yjcbs@ cnmip. com. cn
责任编辑　杨盈园　美术编辑　郑小利　版式设计　孙跃红
责任校对　王永欣　责任印制　牛晓波
ISBN 978-7-5024-8138-4
冶金工业出版社出版发行；各地新华书店经销；三河市双峰印刷装订有限公司印刷
2019 年 6 月第 1 版，2019 年 6 月第 1 次印刷
169mm×239mm；10. 5 印张；201 千字；156 页
56. 00 元

冶金工业出版社　投稿电话　(010)64027932　投稿信箱　tougao@cnmip. com. cn
冶金工业出版社营销中心　电话　(010)64044283　传真　(010)64027893
冶金工业出版社天猫旗舰店　yjgycbs. tmall. com

前　言

陶瓷增强铝基复合材料能显著减轻各种列车簧下重量，降低牵引功率耗损，提高制动稳定能力和安全系数而成为目前制动盘材料研究领域中非常热门的材料之一。本书介绍了双联通（Co-continuous Ceramic Composite）或称为互穿材料（Interpenetrating Phase Composites，IPC）SiC_{3D}/Al 新型材料，制备网络结构 SiC 骨架，利用低压铸造将 Al 合金引入 SiC 骨架中复合成 SiC_{3D}/Al 合金制动盘产品。SiC_{3D}和 Al 合金的结构互为支撑，缠绕贯穿，既能发挥 SiC 高硬度、高耐磨和高耐热性优点，又能发挥 Al 合金高强度、高韧性优点，综合性能远优于 SiC 颗粒和晶须增强的铝基材料。调控 SiC 骨架的孔径和 SiC 占复合材料体积百分数来优化显微结构，研究制动盘与摩擦片组成的不同摩擦副的干/湿态的摩擦磨损特性，解析结构散热和抗热疲劳机理，探明热疲劳裂纹扩展机理并控制裂纹扩展。本书首次提出热-力-流三场耦合数值模型的构建方法并求解，完成表面结构/盘体结构、摩擦/抗热疲劳协同设计；优化并稳定低压铸造工艺，铸造无缺陷，热处理后不变形的产品。本书内容创新性强，节能、减重、减少碳排放和制动噪声，奠定了实现新型仿生高铁铝合金制动系统的开发理论与实验基础。

在编写本书时，康晓安、农晓东、杨鲲鹏、高凡、周立智、何福明等研究生为编写本书提供了重要数据。桂林理工大学、东北大学、浙江天乐新材料科技有限公司等单位的领导、专家和学者对本书的编写给予大力支持。书中参考了大量国内外公开发表的论文、专著、专利等资料，在此对其作者卓越工作表示衷心感谢！

由于作者水平所限，书中不妥之处，敬请专家、读者指正。

作　者

2019 年 2 月 5 日

目　录

1 复合材料的复合原则及界面

1.1 复合原则

要想制备性能卓越的复合材料，首先应根据所要求的性能进行设计。复合材料的设计应遵循的原则包括材料组元、制备方法的选择几方面。

1.1.1 材料组元的选择

挑选最合适的材料组元尤为重要。在选择材料组元时，首先应明确各组元在使用中所应承担的功能，即必须明确对材料性能的要求。要求复合后材料达到如下性能：高强度、高刚度、高耐蚀、耐磨、耐热或其他的导电、传热等性能，或者某些综合性能（如既高强又耐蚀、耐热），必须根据复合材料所需的性能来选择组成复合材料的基体材料和增强材料。

例如，若所设计的复合材料是用作结构件，则复合的目的就是要使复合后的材料具有最佳的强度、刚度和韧性等。设计结构件复合材料时，第一，必须明确其中一种组元主要起承受载荷的作用，它必须具有高强度和高模量，这种组元就是增强材料；其他组元应起传递载荷及协同的作用，而且要把增强材料黏结在一起，这类组元就是要选的基体材料。第二，除考虑性能要求外，还应考虑组成复合材料的各组元之间的相容性，这包括物理、化学、力学等性能的相容，使材料各组元彼此和谐地共同发挥作用。在任何使用环境中，复合材料的各组元之间的伸长、弯曲、应变等都应协调一致。第三，要考虑复合材料各组元之间的浸润性，使增强材料与基体之间的界面具有一定结合强度。

适当的界面结合强度不仅有利于提高材料的整体强度，更重要的是便于将基体所承受的载荷通过界面传递给增强材料，以充分发挥其增强作用。若结合强度太低，界面很难传递载荷，不能起到潜在材料的作用，影响复合材料的整体强度；但结合强度太高也不利，它会遏制复合材料断裂对能量的吸收，易发生脆性断裂。除此之外，还应联系到整个复合材料的结构来考虑。具体到颗粒和纤维增强复合材料来说，增强效果与颗粒或纤维的体积含量、直径、分布间距及分布状态有关。

颗粒和纤维增强复合材料的设计原则如下：

（1）颗粒增强复合材料的原则：

1）颗粒应高度弥散均匀地分散在基体中，使其阻碍导致塑性变形的位错运动（金属、陶瓷基体）或分子链的运动（聚合物基体）。

2）颗粒直径的大小要合适。因为颗粒直径过大，会引起应力集中或本身破碎，从而导致材料强度降低；颗粒直径太小，则起不到大的强化作用。因此，一般粒径为几微米到几十微米。

3）颗粒的数量一般大于20%。数量太少，达不到最佳的强化效果。

4）颗粒与基体之间应有一定的黏结作用。

（2）纤维增强复合材料的原则：

1）纤维的强度和模量都要高于基体，即纤维应具有高模量和高强度，因为除个别情况外，在多数情况下承载主要是靠增强纤维。

2）纤维与基体之间要有一定的黏结作用，两者之间结合要保证所受的力通过界面传递给纤维。

3）纤维与基体的热膨胀系数不能相差过大，否则在热胀冷缩过程中会自动削弱它们之间的结合强度。

4）纤维与基体之间不能发生有害的化学反应，特别是不发生强烈的反应，否则将引起纤维性能降低而失去强化作用。

5）纤维所占的体积、纤维的尺寸和分布必须适宜。

一般而言，基体中纤维的体积含量越高，其增强效果越显著；纤维直径越细，则缺陷越小，纤维强度也越高；连续纤维的增强作用大大高于短纤维，不连续短纤维的长度必须大于一定的长度（一般是长径比大于5）才能显示出增强效果。

1.1.2 制备方法的选择

材料组元选择后，就要考虑采用的复合工艺路线，即具体的制备方法。制备方法的选择主要应考虑以下3个方面：（1）所选的工艺方法对材料组元的损伤最小，尤其是纤维或晶须掺入基体之中时，一些机械的混合方法往往造成纤维或晶须的损伤；（2）能使任何形式的增强材料（纤维、颗粒、晶须）均匀分布或按预设计要求规则排列；（3）使最终形成的复合材料在性能上达到充分发挥各组元的作用，即达到扬长避短，各组元仍保留着固有的特性。在制备方法的选择上还应考虑性能/价格比，在能达到复合材料使用要求的情况下，尽可能选择简便易行的工艺以降低制备成本。针对不同的增强材料和基体特性应采用不同的制备方法，如金属基复合材料中，采用纤维与颗粒、晶须增强时，同样采用固态法；但用纤维增强时，一般采用扩散结合；而用颗粒或晶须增强时，往往采用粉末冶金法结合。因为颗粒或晶须增强时若采用扩散结合，势必使制造工艺十分复杂，且无法保证颗粒或晶须均匀分散。

1.2 复合材料的界面

复合材料的界面是指基体与增强物之间化学成分有显著变化的、构成彼此结合的、能起载荷传递作用的微小区域。复合材料的界面虽然很小，但它是有尺寸的，约几个纳米到几个微米，是一个区域或一个带、一层，它的厚度呈不均匀分布状态。界面通常包含以下几个部分：基体和增强物的部分原始接触面；基体与增强物相互作用生成的反应产物，此产物与基体及增强物的接触面；基体和增强物的互扩散层；增强物上的表面涂层；基体和增强物上的氧化物及它们的反应产物之间的接触面等。在化学成分上，除了基体、增强物及涂层中的元素外，还有基体中的合金元素和杂质、由环境带来的杂质。成分或以原始状态存在，或重新组合成新的化合物。因此，界面上的化学成分和相结构是很复杂的。界面是复合材料的特征，可将界面的机能归纳为以下几种效应：

（1）传递效应。界面能传递力，即将外力传递给增强物，起到基体和增强物之间的桥梁作用。

（2）阻断效应。结合适当的界面有阻止裂纹扩展、中断材料破坏、减缓应力集中的作用。

（3）不连续效应。在界面上产生物理性能的不连续性和界面摩擦出现的现象，如抗电性、电感应性、磁性、耐热性、尺寸稳定性等。

（4）散射和吸收效应。光波、声波、热弹性波、冲击波等在界面产生散射和吸收，如透光性、隔热性、隔音性、耐机械冲击及耐热冲击性等。

（5）诱导效应。一种物质（通常是增强物）的表面结构使另一种（通常是聚合物基体）与之接触的物质的结构由于诱导作用而发生改变，由此产生一些现象，如强的弹性、低的膨胀性、耐冲击性和耐热性等。

界面上产生的效应，是任何一种单体材料所没有的特性，它对复合材料具有重要作用。例如在粒子弥散强化金属中，微型粒子阻止晶格位错，从而提高复合材料强度；在纤维增强塑料中，纤维与基体界面阻止裂纹进一步扩展等。因而在任何复合材料中，界面和改善界面性能的表面处理方法是关于这种复合材料是否有使用价值、能否推广使用的一个极重要的问题。界面效应既与界面结合状态、形态和物理-化学性质等有关，也与界面两侧组分材料的浸润性、相容性、扩散性等密切相联。复合材料中的界面并不是一个单纯的几何面，而是一个多层结构的过渡区域，界面区是从与增强物内部性质不同的某一点开始，直到与基体内整体性质相一致的点间的区域。界面区域的结构与性质都不同于两相中的任一相。从结构上来分，这一界面区由五个亚层组成（图 1-1）。

每一亚层的性能均与基体和增强物的性质、其他添加剂的成分和性质、复合材料的成型方法等密切相关。基体和增强物通过界面结合在一起，构成复合材料整体，界面结合的状态和强度对复合材料的性能有重要影响。因此，对于各种复合材料都要求有合适的界面结合强度。界面的结合强度一般是以分子间力、表面张力（表面自由能）等表示的，而实际上有许多因素影响着界面结合强度。如表面的几何形状、分布状况、纹理结构；表面吸附气体和蒸气程度；表面吸水情况，杂质存在；表面形态在界面的溶解、浸透、扩散和化学反应；表面层的力学特性、润湿速度等。由于界面区相对于整体材料所占比重甚微，欲单独对某一性能进行度量有很大困难。

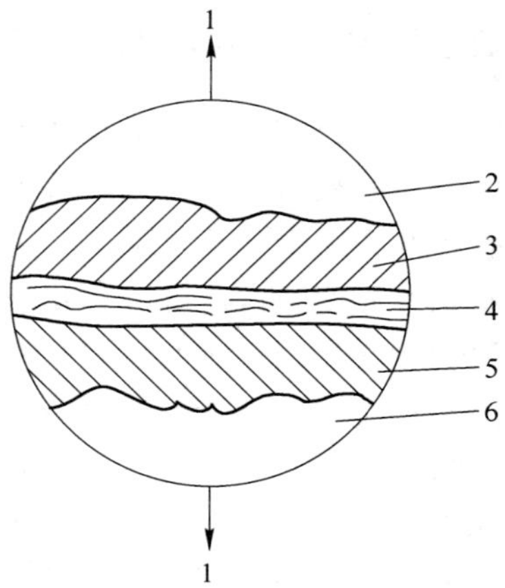

图 1-1 界面区域示意图
1—外力场；2—基体；
3—基体表面区；4—相互渗透区；
5—增强物表面；6—增强物

因此，常借于整体材料的力学性能来表征界面性能，如层间剪切强度（ILSS）就是研究界面黏结的良好办法；如再能配合断裂形貌分析等即可对界面的其他性能作较深入的研究。由于复合材料的破坏形式随作用力的类型、原材料结构组成不同而异，故破坏可在基体或增强物开始，也可在界面开始。通过力学分析可知，界面性能较差的材料大多呈剪切破坏，且在材料的断面可观察到脱粘、纤维拔出、纤维应力松弛等现象。但界面间黏结过强的材料呈脆性，也降低了材料的复合性能。界面最佳态的衡量是当受力发生开裂时，这一裂纹能转为区域化而不产生进一步界面脱粘。即这时的复合材料具有最大断裂能和一定的韧性。

由此可见，在研究和设计界面时，不应只追求界面黏结而应考虑到最优化和最佳综合性能。由于界面尺寸很小且不均匀、化学成分及结构复杂、力学环境复杂，对于界面的结合强度、界面的厚度、界面的应力状态尚无直接的、准确的定量分析方法；所以，对于界面结合状态、形态、结构以及它对复合材料性能的影响尚没有适当的试验方法，通常需要借助拉曼光谱、电子质谱、红外扫描、X 衍射等试验逐步摸索和统一认识。另外，对于成分和相结构也很难作出全面的分析。因此，迄今为止，对复合材料界面的认识还很不充分，不能以一个通用的模型来建立完整的理论。尽管存在很大的困难，但由于界面的重要性，所以吸引着大量研究者致力于认识界面的工作，以便掌握其规律。

1.3 复合材料的界面设计原则

界面黏结强度是衡量复合材料中增强相与基体间界面结合状态的一个指标。界面黏结强度对复合材料整体力学性能的影响很大，界面黏结过高或过弱都是不利的。因此，人们十分重视开展复合材料界面微区的研究和优化设计，以制得具有最佳综合性能的复合材料。图 1-2 所示为影响复合材料界面效应的因素及其与复合材料性能的关系。

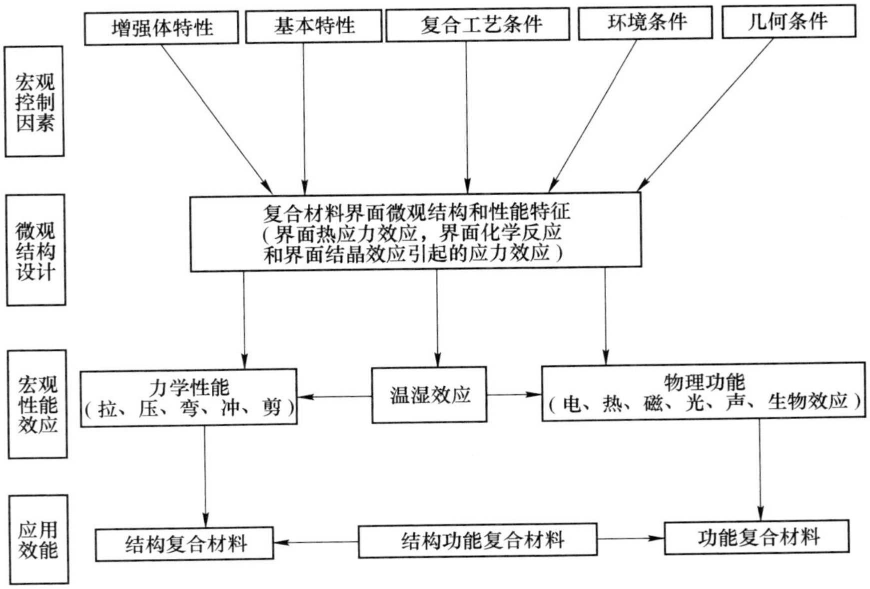

图 1-2　影响复合材料界面效应的因素及其与复合材料性能的关系

增强相包括纤维、晶须、颗粒、片状；基体包括聚合物、金属、陶瓷、碳等。

大量事实证明，复合材料的界面实质上是纳米级以上厚度的界面层（interlayer）或称界面相（interphase）。界面相是一种结构随增强材料而异，并与基体有差别的新相。界面相也包括在增强材料表面上预先涂覆的表面处理剂层以及增强材料经表面处理工艺后发生反应的界面层。结构复合材料中，界面层的作用首先是把施加在整体上的力，由基体通过界面层传递到增强材料组元，这就需要有足够的界面黏接强度，黏接过程中，两相表面能相互润湿是首要的条件。

界面层的另一作用是在一定的应力条件下能够脱粘，以及使增强纤维从基体拔出并发生摩擦。这样就可借助脱粘增大表面能、拔出功和摩擦功等形式来吸收外加载荷的能量以达到提高其抗破坏能力。从以上两方面综合考虑，要求界面具有最佳黏接状态。设计复合材料时，仅仅考虑到复合材料具有黏接适度的界面层还不够，还要考虑究竟什么性质的界面层最为合适。对界面层的见解有两种观点：一种是界面层的模量应介于增强材料与基体材料之间，最好形成梯度过渡；另一种观点是界面层的模量应低于增强材料与基体，最好是一种类似橡胶的弹性体，在受力时有较大的形变。前一种观点从力学的角度来看，将会产生好的效果；后一种观点按照可形变层理论，则可将集中于界面的应力点迅速分散，从而提高整体的力学性能。前面的两种观点都有一定的实验支持，但是尚未得到定论。然而无论如何，若界面层的模量高于增强材料和基体的模量，将会产生不良的效果，这是大家公认的观点。

实验表明，金属基复合材料由于容易发生界面反应，生成脆性大的界面反应层，在低应力条件下，界面就会破坏，从而降低复合材料的整体性能。因此，界面层控制是设计复合材料的一个重要方面。界面层的形貌、厚度、结构等可通过先进的科学仪器进行观察与分析，常用的有俄歇电子谱仪（AES）、电子探针（EP）、X光电子能谱仪（XPS）、扫描二次离子质谱仪（SSIMS）、电子能量损失谱仪（EELS）、X射线反射谱仪（GAXP）、透射电镜（TEM）和扫描电镜（SEM）等。

1.3.1 聚合物基复合材料界面设计

在聚合物基复合材料的设计中，首先应考虑如何改善增强材料与基体间的浸润性。对碳纤维表面上涂覆惰性涂层和能与基体树脂发生反应或聚合的涂层，比较后发现，惰性涂层效果较好，后一种活性涂层由于降低了相界面的浸润性而效果不良。浸润不良将会在界面产生空隙，易使应力集中而使复合材料发生开裂。另外，选择合适的偶联剂也很重要，所选处理增强材料表面的偶联剂应既含有能与增强材料起化学作用的官能团，又含有能与聚合物基体起化学作用的官能团。如玻璃纤维使用硅烷作为偶联剂可使复合材料的性能大大改善，碳纤维经氧化处理或等离子体处理以及涂覆适当的涂层都可收到很好的效果。

1.3.2 金属基、陶瓷基复合材料界面设计

金属基复合材料的特点是容易发生界面反应而生成脆性界面。若基体为合金，则还易出现某元素在界面上富集的现象。有关金属基复合材料的界面控制研究主要有以下两方面。

1.3.2.1 对增强材料进行表面处理

在增强材料组元上预先进行涂层以改善增强材料与基体的浸润性，涂层还应起到防止发生反应的阻挡层作用。

1.3.2.2 选择金属元素

改变基体的合金成分，造成某一元素在界面上富集形成阻挡层来控制界面反应。在碳纤维增强Al复合材料中，在碳纤维上涂Ti-B涂层，在碳纤维增强Mg复合材料中采用SiO_2作涂层，在硼纤维增强Al复合材料中用SiC涂层等都是在增强材料表面预先涂层的例子。另外，在C/Al复合材料中，常用含Ti的Al合

金，由于 Ti 的富集形成一层松散的钛化物阻挡层，可显著提高复合材料的拉伸强度和抗冲击性。多数陶瓷基复合材料中增强材料与基体之间不发生化学反应，或不发生激烈的化学反应。有时，有些陶瓷基复合材料的增强材料与其基体的化学成分相同。例如，用 SiC 晶须或 SiC 纤维增强 SiC 陶瓷，这种复合材料也希望建立合适的界面，即合适的黏接强度、界面层模量和厚度以提高其韧性。

一般认为，陶瓷基复合材料需要一种既能提供界面黏接又能发生脱粘的界面层，这样才能充分改善陶瓷材料韧性差的缺点。

1.4　复合材料界面理论

复合材料是由性质和形状各不相同的两种或两种以上材料组元复合而成，所以必然存在着不同材料共有的接触面——界面。正是界面使增强材料与基体材料结合为一个整体。人们一直非常重视界面的研究，并有大量的文献报道，但由于材料的多样化及界面的复杂性，至今尚无一个普遍性的理论来说明复合材料的界面行为。对复合材料来讲，材料组元之间相互浸润是复合的首要条件。

1.4.1　浸润性

复合材料在制备过程中，只要涉及液相与固相的相互作用，必然就有液相与固相的浸润问题。图 1-3 所示为浸润问题情况示意图，其中不完全浸润如图 1-3（a）所示，不浸润如图 1-3（b）所示。在制备聚合物基复合材料时，一般是把聚合物（液态树脂）均匀地浸渍或涂刷在增强材料上。树脂对增强材料的浸润性是指树脂能否均匀地分布在增强材料的周围，这是树脂与增强材料能否形成良好黏结的重要前提。在制备金属基复合材料时，液态金属对增强材料的浸润性，直接影响界面黏结强度。浸润性是表示液体在固体表面上铺展的程度。好的浸润性意味着液体（基体）可在增强材料上铺展开来，覆盖整个增强材料表面。假如基体的黏度不是太高，浸润后导致体系自由能降低的话，就会发生基体对增强材料的浸润。一滴液体滴落在一固体表面时，原来固-气接触界面将被液-固界面和液-气界面所代替，用 γ_{LG}、γ_{SG}、γ_{SL}分别代表液-气、固-气和固-液的比表面能或

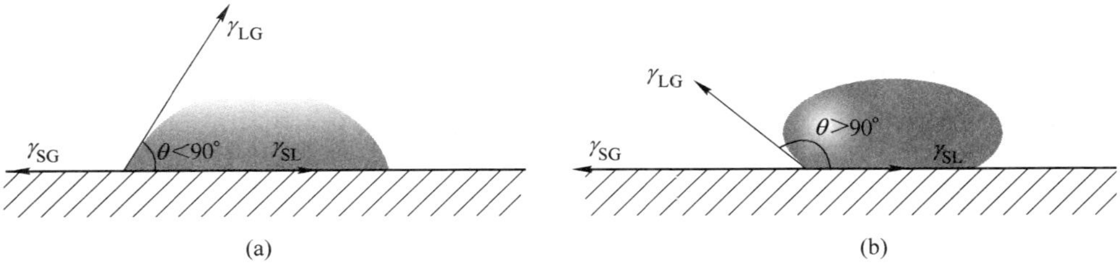

图 1-3　不完全浸润和不浸润情况示意图

（a）不完全浸润；（b）不浸润

称表面张力（即单位面积的能量）。按照热力学条件，只有体系自由能减少时，液体才能铺展开来，即

$$\gamma_{SL} + \gamma_{LG} < \gamma_{SG} \tag{1-1}$$

因此，铺展系数 S_C(spreading coefficient) 被定义为：

$$S_C = \gamma_{SG} - (\gamma_{SL} + \gamma_{LG}) \tag{1-2}$$

只有当铺展系数 $S_C>0$ 时，才能发生浸润。不完全浸润的情况如图 1-3（a）所示，根据力平衡，可得

$$\gamma_{SG} = \gamma_{SL} + \gamma_{LG}\cos\theta \tag{1-3}$$

式中，θ 称为接触角。

$$\theta = \cos^{-1}[(\gamma_{SG} - \gamma_{SL})/\gamma_{LG}] \tag{1-4}$$

由 θ 可知浸润的程度。$\theta=0°$时，液体完全浸润固体；$\theta=180°$时，不浸润；$0°<\theta<180°$时，不完全浸润（或称部分浸润），随角度下降，浸润的程度增加。$\theta>90°$时常认为不发生液体浸润。

对于一个给定的体系，接触角随着温度、保持时间、吸附气体等而变化。浸润性仅仅表示液体与固体发生接触时的情况，而并不能表示界面的黏结性能。一种体系的两个组元可能有极好的浸润性，但它们之间的结合可能很弱，如范德华物理键合形式。因此良好的浸润性，只是两个组元间可达到良好黏结的必要条件，并非充分条件。为了提高复合材料组元间的浸润性，常常通过对增强材料进行表面处理的方法来改善润湿条件，有时也可通过改变基体成分来实现。

1.4.2　界面黏结

界面的黏结强度直接影响复合材料的力学性能以及其他物理、化学性能，如耐热性、耐蚀性、耐磨性等。黏结（或称黏合、黏着、黏接）是指不同种类的两种材料相互接触并结合在一起的一种现象。当基体浸润增强材料后，紧接着便发生基体与增强材料的黏结（bonding）。对于一个给定的复合材料体系，可能会有不同的黏结机理（如机械黏结、静电黏结等）起作用，在不同的生产过程中或复合材料的使用期间，黏结机理还会发生变化，如由静电黏结变成反应黏结。体系不同，黏结的种类或机理不同，这主要取决于基体与增强材料的种类以及表面活性剂（或称偶联剂）的类型等。界面黏结机理主要有界面反应理论、浸润理论、可变形层理论、约束层理论、静电作用理论、机械作用理论等。

1.4.2.1　机械作用理论

机械作用机理如图 1-4 所示，当两个表面相互接触后，由于表面粗糙不平将发生机械互锁（interlocking）。很显然表面越粗糙，互锁作用越强，因此机械黏结作用越有效。

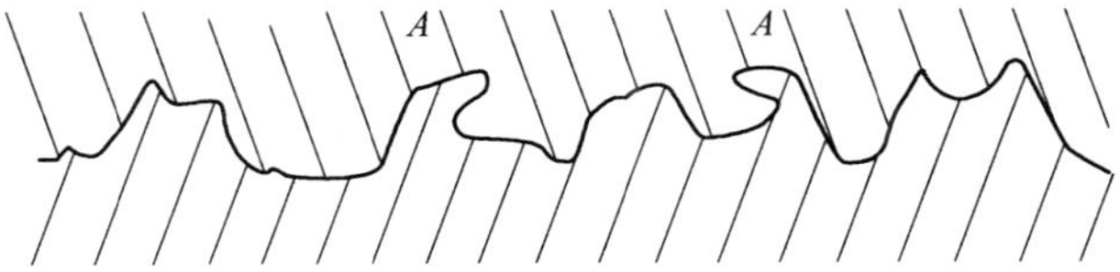

图 1-4 界面黏结机理——机械作用理论（mechanical bonding）示意图

在受到平行于界面的作用力时，机械黏结作用可达到最佳效果，获得较高的剪切强度。但若界面受拉力作用时，除非界面有如图中 A 处的“锚固”形态，否则拉伸强度会很低。在大多数情况下，纯粹机械黏结作用很难遇到，往往是机械黏结作用与其他黏结机理共同起作用。

1.4.2.2 静电作用理论

当复合材料的基体及增强材料的表面带有异性电荷时，在基体与增强材料之间将发生静电吸引力，如图 1-5 所示。静电相互作用（electrostatic bonding）的距离很短，仅在原子尺度量级内静电作用力才有效。因此表面的污染等将大大减弱这种黏结作用。

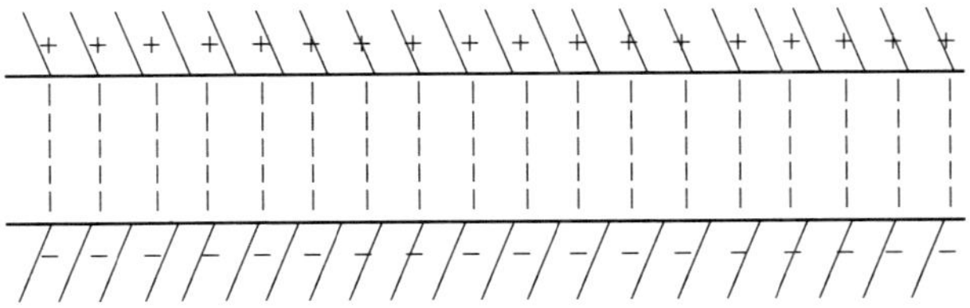

图 1-5 界面黏结机理——静电作用理论示意图

1.4.2.3 化学作用理论

化学作用（chemical bonding）是指增强材料表面的化学基（图 1-6 中标有 X 面）与基体表面的相容基（标有 R 面）之间的化学黏结。

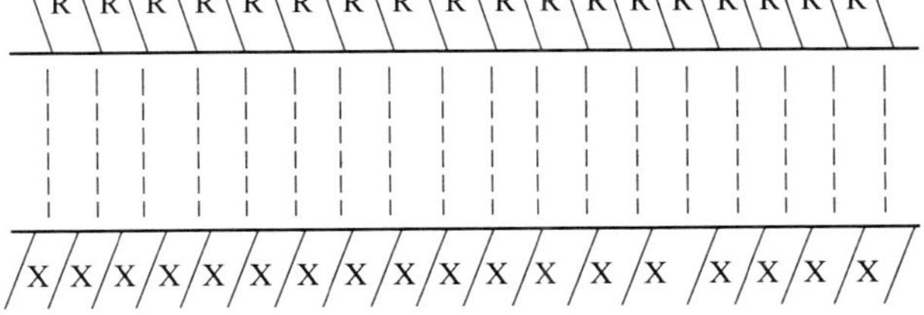

图 1-6 界面黏结机理——化学作用理论示意图

（R、X 分别代表相容的官能团）

化学作用理论最成功的应用是偶联剂用于增强材料表面与聚合物基体的黏结。如硅烷偶联剂具有两种性质不同的官能团，一端为亲玻璃纤维的官能团（X），一端为亲树脂的官能团（R），将玻璃纤维与树脂黏结起来，在界面上形成共价键结合，如图 1-7 所示。

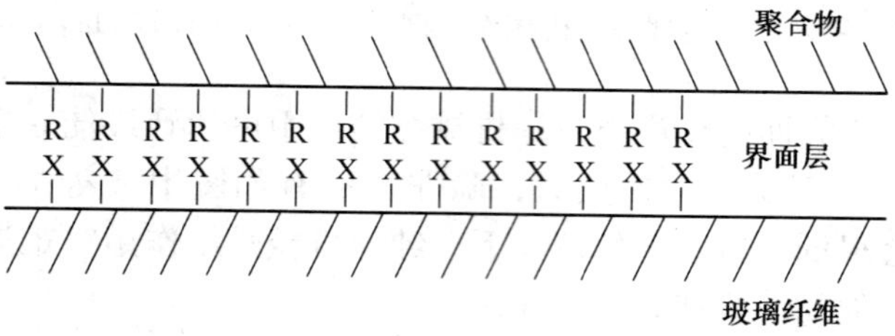

图 1-7　界面黏结机理——硅烷偶联剂产生的化学黏结示意图

1.4.2.4　界面反应或界面扩散理论

复合材料的基体与增强材料间可发生原子或分子的互扩散或发生反应，从而形成反应结合或互扩散结合（reaction bonding）。对于聚合物来说，这种黏结机理可看作分子链的缠结（图 1-8）。

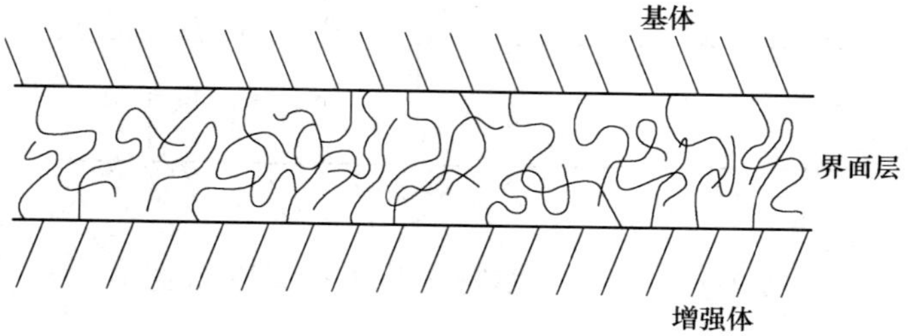

图 1-8　界面黏结机理——聚合物的反应黏结示意图

聚合物的黏结作用正如它的自黏作用一样是由于长链分子及其各链段的扩散作用所致。而对于金属和陶瓷基复合材料，两组元的互扩散可产生完全不同于任一原组元成分及结构的界面层（图 1-9）。界面层的性能与复合材料组元不同，

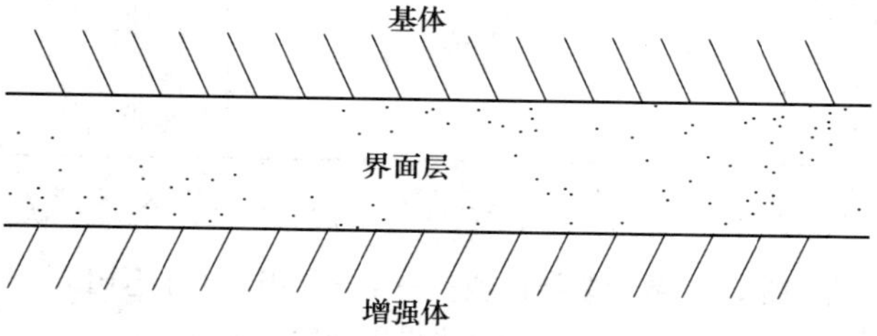

图 1-9　界面黏结机理——界面扩散形成的界面层示意图

对于金属基复合材料，这种界面层常是 AB、AB_2、A_3B 类型的脆性的金属间化合物；对于金属基和陶瓷基复合材料，形成界面层的主要原因之一是由于它们的生产制备过程不可避免地涉及高温。在高温下，扩散极易进行，扩散系数 D 随温度呈指数关系增加，按照 Arrhenius 方程

$$D = D_0\exp(-Q/RT) \tag{1-5}$$

式中，Q 为扩散激活能；D_0为常数；R 为气体常数；T 为温度。

互扩散层的程度即反应层的厚度 x 取决于时间 t 和温度，可近似表示为

$$x = kt^{\frac{1}{2}} \tag{1-6}$$

式中，k 为反应速度常数，与扩散系数有关。

复合材料在使用过程中，尤其在高温使用时，界面会发生变化并可形成界面层，此外先前形成的界面层也会继续增长并形成复杂的多层界面。

上述理论有一定的实验支持，但也有矛盾之处。如静电黏结理论的最有力证明是观察聚合物薄膜从各种表面剥离时所发现的电子发射现象，由电子发射速度算出的剥离功大小与计算的黏结功值和实际结果相当吻合。但是静电黏结理论不能解释非线性聚合物之间具有较高的黏结强度这一现象。因此，每一种黏结理论都有它的局限性，这是因为界面相是一个结构复杂而具有多重行为的相。

2 SiC-金属复合材料

2.1 SiC 简述

SiC 在自然界中极少发现，到目前为止只发现与金刚石或火山岩伴生的天然 SiC。人工合成 SiC 由瑞典化学家 Berzelius 于 1810 年完成，并在 1824 年提出 Si—C 键可存在。但直到 1892 年，Acheson 才在专利中提出制备 SiC 的方法。作为碳化物的代表，SiC 具有原子直径小、键长短、共价性强等特性，具有优良的力学、化学、热学、电学性能，具有耐辐照、抗放射性（大于 105W/cm^2）、吸波等特性，是重要的核反应堆耐中子辐照材料以及吸波隐身材料。在工程陶瓷材料中，SiC 具有最为优良的化学稳定性和高温相稳定性，是唯一可耐 HF 腐蚀的陶瓷材料。SiC 的电性能从绝缘、半导体到导体可通过掺杂来调节，因此，SiC 陶瓷可作为苛刻运行环境条件下的电子元器件。

2.1.1 SiC 的晶体结构

SiC 晶体中碳和硅两元素形成 SiC 结晶时，sp 排列稳定化，SiC 原子中 s→p 电子的迁移，形成能量稳定的 sp^3，从而形成具有金刚石晶体结构的 SiC。碳和硅原子电负性之差（$\Delta x = 2.5 - 1.8 = 0.7$），即 SiC 中离子键约占 12%，可见 SiC 的共价键相当强。SiC 晶体具有金刚石型结构，单位晶胞由 Si-C 四面体组成，Si 原子处于中心，周围是 C 原子。所有的 SiC 晶体的变体都是由 Si-C 四面体构成，不同的是平行结合还是反平行结合。SiC 有 75 种变体，最常见的变体是 α-SiC、6H-SiC、4H-SiC、15R-SiC 和 β-SiC。符号 H 和 R 分别代表六方和斜方六面结构，H、R 之前的数字代表沿 *c* 轴重复周期的层数。β-SiC 是面心立方结构。变体中最主要的是 α 型和 β 型两种，晶体结构如图 2-1 所示。

α-SiC 是高温稳定型结构，β-SiC 是低温稳定型。在升温过程中，从 2100℃ 或略低的温度开始，β-SiC 向 α-SiC 转变，2400℃ 转变迅速发生。SiC 没有熔点，在一个大气压下，在（2830±40）℃分解。常见 SiC 晶型变体的晶格常数见表 2-1。

表 2-1 SiC 晶型变体的晶格常数

晶型	结晶构造	晶格常数/nm	
		a	*c*
α-SiC	六方	0.30817	0.50394

续表 2-1

晶型	结晶构造	晶格常数/nm	
		a	*c*
6H-SiC	六方	0.3073	1.51183
4H-SiC	六方	0.3073	1.0053
15R-SiC	斜方六面	1.269	3.770（$\alpha=13°54'30''$）
β-SiC	面心立方	0.4394	

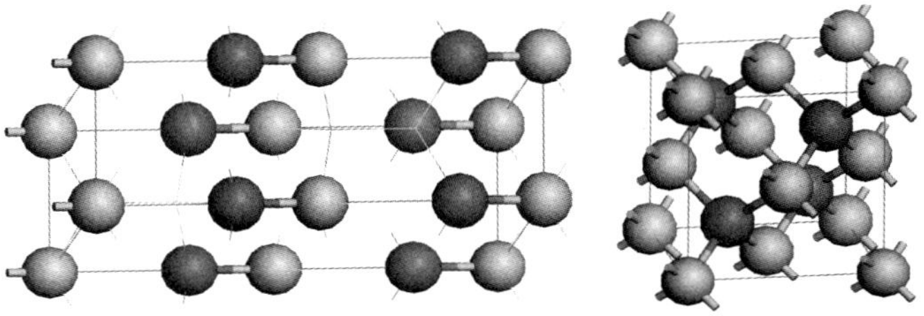

(a) (b)

图 2-1 SiC 晶体结构

（a）α 型；（b）β 型

2.1.2 SiC 粉料的制备

2.1.2.1 SiO_2-C 还原法

工业生产 SiC 粉体的主要方法是用石英砂（SiO_2）加焦炭在电弧炉中直接通电还原，温度通常在 1900℃以上，所发生的化学反应为

$$SiO_2+3C \xlongequal{} SiC+2CO$$

由于炉内各区带温度不同，会发生下述一些中间反应。

首先生成 SiO： $SiO_2+C \xlongequal{} SiO+CO$

SiO 随后被碳还原为单质硅：$SiO+C \xlongequal{} Si+CO$

硅蒸气与碳发生化学反应： $Si+C \xlongequal{} SiC$

SiC 生成机理：当温度达到 1500℃以上时，SiO_2 从石英颗粒自由表面开始蒸发和分解，SiO_2 和 SiO 的蒸气穿过配料的气孔扩散，并吸附在碳颗粒上，在固体碳与碳表面吸附的 SiO_2 之间反应生成 SiC。在 SiO_2 固体颗粒与碳接触位置，仅在开始阶段发生反应，生成的 SiC 层使该接触中断，固相反应停止。因此，在合成 SiC 时，固体碳与气态 SiO 的反应起决定作用。SiC 进一步的生成过程主要受两者通过 SiC 产物层的扩散所限制。用此法制备的 SiC 有绿色和黑色的，这主要是由纯度上差别导致，通常 SiC 含量越高，颜色越浅，高纯 SiC 应为无色。

2.1.2.2　由气体化合物制取 SiC

为了制备高纯、超细且分散的 SiC 粉体，可采用挥发性硅的卤化物及碳氢化合物气相合成法来制取，或者用有机硅化物在气体中热分解的方法制取。制取 SiC 时，采用的碳载体化合物为苯、乙烷、甲烷、三氯甲烷和四氯化碳，但主要是甲苯。有报道用 $SiCl_4+C_6H_5CH_3+H_2$ 气体混合物在 1400～1600℃合成了 α-SiC 晶须（$\phi(3\sim10)\mu m\times10mm$）和 β-SiC 多晶体纤维。最近，工业生产中推广采用硅有机化合物制取 SiC，使用了具有一定化学计量比 Si∶C 的甲基三氯硅烷，并首先研究了由二氯甲基硅烷 CH_3SiHCl_2 及三氯甲基硅烷 CH_3SiCl_3（化学计量比 Si∶C=1∶1）来制取 SiC 的工艺。研究证明，CH_3SiCl_3 在氢气中热分解时，在低于 1600℃时生成 SiC 多晶体沉积物，当由 1400℃升至 1900℃时生成无色的 SiC 单晶体，在更高温度时则生成黑色沉积物。这里必须强调氢的作用，它可抑制在 SiC 生成过程中游离硅和碳的沉积。对用氢还原甲基三氯硅烷蒸气制取的 SiC 用显微 X 射线光谱进行研究，在晶体的一定面上发现了厚达 0.15μm 的硅薄膜。

2.1.2.3　用“蒸气-液体-固相”法制取 SiC 晶须

将气相中的组分溶解在液相中并使之在固体-溶体界面上生成结晶，这是培育晶须最有效的方法。根据在“蒸气-液体-固相”条件生成纤维状晶体的机理，在单晶体底板、多晶体 SiC 底板、Si 底板、Al_2O_3 底板、石墨底板、石英玻璃底板及难熔金属（W、Mo 及 Ta）底板上放置金属颗粒（Fe、In、Co、Au、Pt、Cr、Al、Rh 等），当在含有硅和碳的挥发性化合物的气氛中加热时，元素溶解于金属熔融物中，促进 SiC 纤维状晶体的生长。在 1250～1300℃能观察到纤维状晶体的最大生长速度，生长过程中，在晶体末端存在熔融金属小球体。在上述条件下历时 60h 培育，则会在撒有微细铁颗粒的 SiC 单晶体底板上生长出“SiC 晶须”，厚约 10μm，长约 100mm。

2.1.3　SiC 陶瓷的制备方法

由于 SiC 是共价键很强的化合物，晶界能和表面能之比很高，不易获得足够的能量形成晶界，烧结时扩散速率很低，颗粒表面氧化膜妨碍扩散进行，因此纯 SiC 极难用冷压烧结方法烧结成致密制品。故常常采用一些特殊的方法，方法见表 2-2。表 2-2 中 Si-SiC 法为 SiC 骨架渗 Si 法。

表 2-2　SiC 的烧结方法及特点

烧结方法	制　品　特　点
反应烧结	多孔隙，强度低
重结晶烧结	密度低

续表 2-2

烧结方法	制品特点
常压	加入少量添加剂，致密，强度低
热等静压烧结	（高温时强度不降低）致密，强度高
热压烧结	致密，强度高，不能制成形状复杂的制品
化学气相沉积	高纯度，薄层制品，各向异性
Si-SiC	致密，存在 Si，高温时强度下降

2.1.3.1 热压

在 2000℃ 以上和 350MPa 以上的压力可使纯 SiC 热压（Hot Pressing，HP）烧结至理论密度。而采取加入添加剂的热压烧结，能够强烈促进致密化的速率，获得接近理论密度的 SiC 制品。目前广泛采用的热压添加剂大致可分为两类：一类与 SiC 中的杂质形成液相，通过液相促进烧结；另一类与 SiC 形成固溶体，降低晶界能促进烧结。工程上广泛采用的添加剂有 Al_2O_3、AlN、BN、B_4C、B、B+C 等，其中 B 是最有效的添加剂。Prochazka 等报道加入 0.8%（质量分数）的 B 在 1950℃×30min、压力 70MPa 下，即可获得密度大于 95%（理论密度）的制品。原料中的氧含量、游离硅，SiO_2 的存在对制品的显微结构和强度产生影响。研究表明，游离碳的存在是促进烧结的另一必要条件。从不同碳和硼的加入量试验可知 B 加入量最大为 0.36%（质量分数）。这可能与 B 在 SiC 中溶解度有关，在 2100℃时，B 在 SiC 中溶解度约 0.2%（质量分数）。B 与碳生成 B_4C，再与 SiC 形成固溶体，促进烧结。J. M. Bind 等将 B_4C 直接加入 SiC 的研究表明，加入 1%（质量分数）B_4C 在 1950℃、20MPa 能获得接近理论密度的材料。研究不同温度下的致密化过程表明，主要是塑性流动机理使得 SiC 致密化。另有学者研究添加 Al_2O_3 对热压 SiC 性能的影响，当 Al_2O_3 加入量小于 0.02%（体积分数），SiC 制品不利烧结，细晶粒 SiC 粉料对烧结有利。对制品的显微结构研究可知，热压致密取决于液相。液相的组成是复杂的，通过液相溶解，再沉淀机理达到致密化。而起始粒度较细，有助于加速溶解过程。研究 Al_2O_3 质量分数对热压 SiC 抗氧化性的影响表明，Al_2O_3 质量分数增加不利于 SiC 制品抗氧化，主要是由于氧通过不纯的铝硅酸盐液相扩散要比通过纯 SiO_2 快，从而增加了 SiC 制品的氧化速率。另外，原料中 α-SiC 质量分数对坯体微观结构和性能也有影响，见表 2-3。研究表明，10%（质量分数）以下的 α-SiC 原料，α 相的存在会降低制品密度；30%（质量分数）左右的 α-SiC 能抑制制品晶体长大，30%（质量分数）以上 α-SiC 呈现均匀的微细晶粒结构。

表 2-3　原料中 α-SiC 质量分数对坯体微观结构和性能的影响

SiC 粉体 α 相质量分数/%	相对密度/%	制品中 α 相的质量分数/%	微观结构晶粒尺寸/μm	三点抗弯强度/MPa	
				平均	最高
0	97.8	20	20	470	590
10	96.3	30	10	450	530
30	98.4	70	1~5	390	520
50	94.3	70	3~8	300	340

2.1.3.2　常压烧结

常压烧结（Pressureless Sintering，PS）是指在大气压力下不另外加压力的烧结过程。因此用“常压烧结”比用“无压烧结”更能确切体现这一工艺的实质。B+C、Al+C、Al+B+C、BeO+C、Ho_2O_3+C、Dy_2O_3+C、Al_2O_3、Al_2O_3+Y_2O_3、Al_2O_3+Y_2O_3+MgO、AlN 等都可作为 SiC 常压烧结的添加剂。Prochazka 等认为，扩散烧结的难易程度与晶界能（γ_G）和表面能（γ_S）之间的比例有关。根据三个柱状的粉体微粒烧结时形成三棱形管状孔隙模型，当固-固界面和气孔平衡时，管状气孔截面为等边三角，这时孔槽角为 60°。设 γ_G为两粉体颗粒间的界面自由能，γ_S为颗粒表面的自由能，则有：

$$\frac{\gamma_G}{\gamma_S} = \sqrt{3} \tag{2-1}$$

当晶界能 $\gamma_G = \sqrt{3}\ \gamma_S$时，气孔既不收缩，也不扩大，系统达到平衡。如果 $\gamma_G > \sqrt{3}\ \gamma_S$，管状气孔的槽角就大于 60°，气孔增大，不能烧结；如果 $\gamma_G < \sqrt{3}\ \gamma_S$，管状气孔槽角就小于 60°，气孔收缩，就可烧结。由此可知，即使很难计算单纯 SiC 的 γ_G/γ_S比值，也可认为该比值大于 $\sqrt{3}$，故单纯 SiC 很难烧结。然而当 SiC 中加入 B 时，B 处于 SiC 晶界上与 SiC 形成固溶体，经测量，B 的溶解量为 0.2%（质量分数），这就降低了 SiC 的晶界能 γ_G。此外，加入 C 有助于 SiC 表面 SiO_2 薄膜的还原，从而增加表面能 γ_S，使 γ_G/γ_S的比值降低到 $\sqrt{3}$ 以下。

B_4C 或 B+C 也能同 SiC 形成固溶体。SiC 粉体中的游离碳是添加 B 的必要条件，而 B 的最大加入量为 0.36%（质量分数）。这可能是通过 B 与 C 反应生成 B_4C，再与 SiC 形成固溶体。但是，加入过量的 B 会使 SiC 晶粒产生异常长大而影响制品性能。SiC-AlN 可形成无限固溶体。SiC 中加入 10%（质量分数）AlN 可获得高致密制件。AlN 抑制 SiC 晶粒长大，制品平均晶粒度 2.5μm。这种材料韧性好、高温强度高，在 1500℃可达 750MPa。SiC 中加入 2%（质量分数）BeO 烧结制备的 SiC-2%（质量分数）BeO 陶瓷材料有很高的导热系数（270W/(m · K)），高于 BeO 的导热系数（240W/(m · K)），可作散热材料。

SiC 中加入 1.1%（质量分数）的 Al、2%（质量分数）的 C，在 2100℃，氢气气氛中烧结可获得最大密度。Al 能抑制 SiC 晶粒长大。工业生产中，Al-B-C 的加入，可以元素的形式，也可以 AlB_2、Al_4C_3 等化合物的方式加入。在含有微量氧的 β-SiC 中添加 0.4%（质量分数）B 和 0.6%（质量分数）C，在 2020℃烧结 15min 可获得 98%（理论密度）的 SiC 烧结体。当采用亚微米级 β-SiC 粉体（氧含量小于 0.2%（质量分数）），0.5%（质量分数）B 和 1.0%（质量分数）C 为添加剂，1950~2100℃，在惰性气氛中常压烧结，可得几乎完全致密的烧结体。由此可知，采用超细粉体非常必要，它提供了致密化所需要的热力学驱动力，缩短了扩散的距离。茹红强、王磊等人对 SiC 陶瓷无压烧结研究表明，最佳的实验配方是添加 3.5%（质量分数）C，1%（质量分数）B，1%（质量分数）Ti。烧结温度 2100℃、保温时间 30min、预烧温度 1100℃。得到的制品体积密度为 $3.15g/cm^3$，维氏硬度 30GPa，抗折强度 380MPa，断裂韧性为 $4.9MPa \cdot m^{1/2}$。图 2-2 所示为不同温度下添加 3.5%（质量分数）C，1%（质量分数）B，1%（质量分数）Ti 的 SiC 陶瓷的金相照片。由图可知，2100℃时 SiC 的晶粒以等轴晶为主，对应最佳的力学性能；2150℃会产生晶粒长大，产生大量的巨大的长条形晶粒。

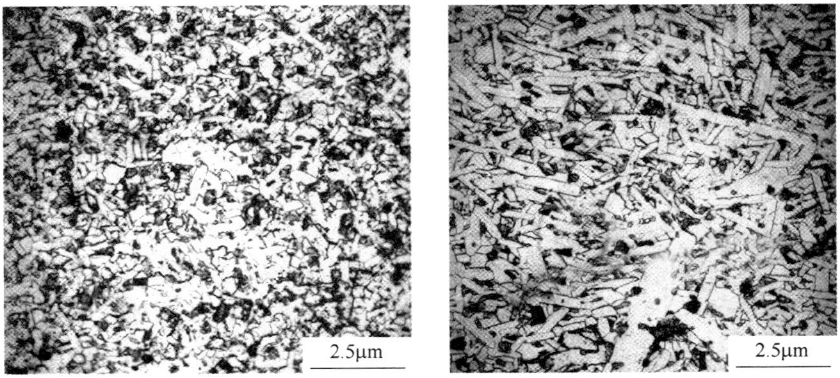

(a) (b)

图 2-2 SiC 陶瓷的金相照片

(a) 2100℃；(b) 2150℃

图 2-3 所示为 2100℃下，添加 3.5%（质量分数）C，1%（质量分数）B，1%（质量分数）Ti 的 SiC 制品 TEM 照片，由图可清晰地看到黑色物质分布在 SiC 晶界（图 2-3（a））和材料晶粒内部（图 2-3（b））。物质是添加剂与 SiC 颗粒表面的物质，如 C、Si、O 等反应的产物，以 B_4C、TiB_2 和 TiC 的形式存在。总之，采用亚微粉体及适当添加剂，能够通过常压烧结途径得到高密度 SiC 制品，这对工业化生产极为有利，可用各种各样成形工艺来制取从简单形状到复杂形状的制品。

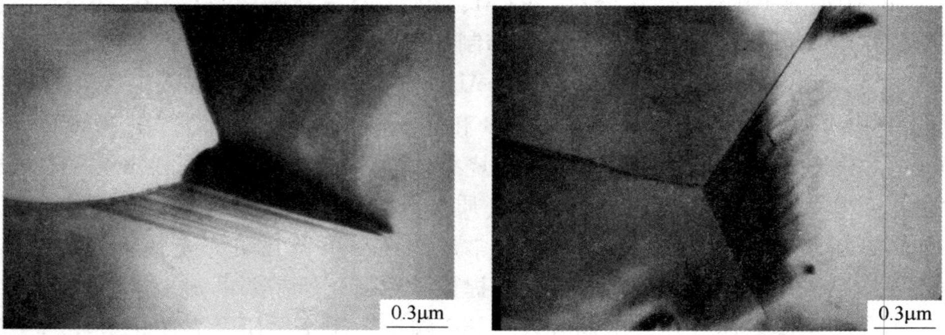

(a)　　(b)

图 2-3　2100℃烧结 SiC 的 TEM 照片
(a) 在晶界析出；(b) 在晶粒内析出

2.1.3.3　反应烧结

反应烧结（reaction sintering or reaction bond，RS）SiC，又称自结合 SiC，是将 α-SiC 粉体和石墨粉体按一定比例混合压成坯体后，加热到约 1650℃，熔渗液体 Si，或通过气相 Si 渗入坯体，使之与石墨粉反应生成 β-SiC，把原先的 α-SiC 颗粒结合起来。如果渗 Si 完全，可获得气孔率为零，没有任何尺寸变化（称为近净尺寸）的陶瓷材料。这是反应烧结 SiC 的最大特点，虽然用该法制得的陶瓷质地致密，但在烧结体中含有相当数量的 Si，使应用温度受到限制。在实际生产过程中，生坯要有过量的气孔，防止渗 Si 过程首先在生坯表面进行，形成不通气的 SiC 层，从而阻止反应烧结继续进行。在反应烧结过程中多余气孔被过剩的 Si 填满，得到无孔的致密制品。最终制品组成是 90%~92%（体积分数）SiC 和 8%~10%(体积分数)Si。反应烧结过程通常在真空下用感应加热石墨坩埚来完成，设备如图 2-4 所示。

Si 在 1400℃以上熔化，反应烧结在 1600~1700℃完成，冷却后制品表面沾上的 Si 经研磨除去。茹红强等研究了造孔剂（聚乙烯醇缩丁醛）对反应烧结 SiC 显微结构的影响。图 2-5 所示为 1650℃下不同添加量造孔剂的 SiC 陶瓷材料的金相照片。由图可知，灰色的是 SiC，白色的是 Si。随着造孔剂添加量的增加，SiC 陶瓷材料的气孔率先减小后增加。当没有造孔剂添加时，SiC 陶瓷材料的气孔率较大；随着造孔剂添加量的增加，SiC 陶瓷材料的气孔率逐渐降低，当造孔剂添加量为 4%（质量分数）时，SiC 陶瓷材料的气孔率最小；继续增加造孔剂添加量，SiC 陶瓷材料的气孔率反而增大。反应烧结 SiC 强度在 1400℃以前基本上与 Si 含量无关。超过 1400℃时，由于 Si 熔化，SiC 制品强度骤降约 60%。在氩气中

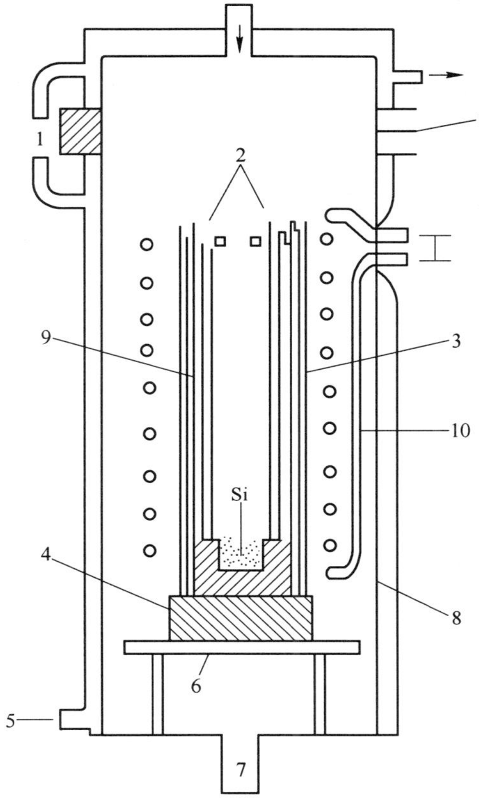

图 2-4 SiC 反应烧结炉示意图

1—石英窗；2—硅化材料；3—石墨感应屏；4—氧化铝硅；5—冷却水；6—支座；
7—真空泵；8—冷却水套；9—石墨坩埚；10—线圈；11—密封圈

测定 1300~1700℃ 反应烧结 SiC 的抗弯强度发现，从 Si 的熔点到 1600℃，强度不变，但处于较低值，1600℃ 以上强度略有上升。此外，反应烧结 SiC 的抗热震参数，1000℃ 下为 100，抗热震参数 $=\dfrac{\text{热导}\times\text{温度}}{E\times\text{膨胀系数}}$，这比其他工程陶瓷高得多，无疑将对反应烧结 SiC 材料应用于高温工业铺平道路。

2.1.3.4 浸渍法

矢岛等用制造 SiC 纤维的原料聚碳硅烷作为结合剂加到 SiC 粉体中烧结，得到多孔 SiC 制品，再置于聚碳硅烷中浸渍，在 1000℃ 再烧成，如此反复进行，浸渍三次后，体积密度达 80%~95%（理论密度）。此法最大特点是能在较低温度下获得高纯、高强材料，能够制造各种形状复杂的制品。特别适合于原子能工业要求纯度高、中子吸收截面小的高温结构部件。

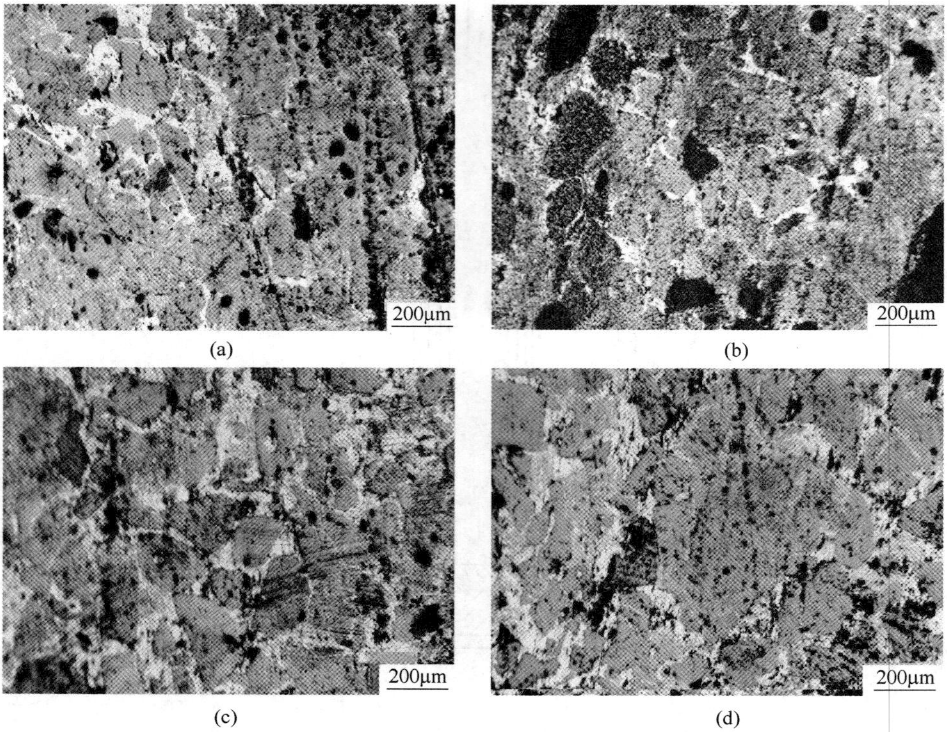

图 2-5　造孔剂（聚乙烯醇缩丁醛）对反应烧结 SiC 显微结构的影响
（a）0%；（b）2%；（c）4%；（d）6%

2.1.3.5　高温热等静压烧结

1988 年，Dutta 以 B 和 C 为烧结助剂，仅在 1900℃下，利用高温热等静压烧结工艺（hot isotastic pressing，HIP）获得了 98%（理论密度）的 SiC 材料。随后，Dutta、Kofune、Larker 等不用任何烧结助剂，采用亚微米级 SiC 原料，采用 HIP 工艺得到了高致密的 SiC 制品，说明高温、高压等外加驱动力条件下，也能实现超细 SiC 粉体的致密化。

2.1.3.6　气压烧结

SiC 陶瓷的烧结，除以上常规的热压烧结、无压烧结、反应烧结、浸渍法和等静压烧结外，也可采用 N_2 气氛下的气压烧结实现致密化。在 0.2～10MPa 的 N_2 气氛下，采用 $AlN+Y_2O_3$ 作为烧结助剂，以 90%（质量分数）（β-SiC）+10%（质量分数）（α-SiC）为原料，在 1950℃保温和退火后，获得致密长轴状晶粒结构的液相烧结 SiC 陶瓷制品，室温强度 650MPa，断裂韧性 5.5MPa · $cm^{1/2}$，在

1060℃的断裂韧性高达 8.0MPa · $cm^{1/2}$。图 2-6 所示为其典型的长轴状晶粒结构以及清晰的压痕裂纹偏转形貌。

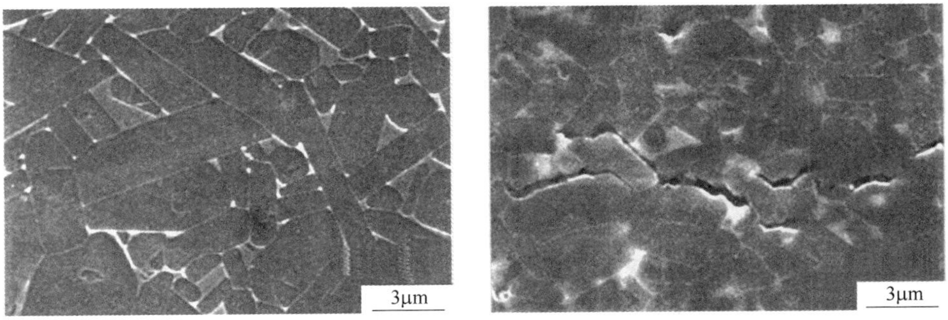

(a) (b)

图 2-6 AlN+Y_2O_3 为烧结助剂在气压烧结后 SiC 长轴状结构晶粒和裂纹偏转
(a) 气压烧结后 SiC 显微形貌；(b) 压痕裂纹偏转形貌

2.1.4 SiC 基复相陶瓷材料

2.1.4.1 SiC-TiB_2 复相陶瓷

作为增强增韧 SiC 的第二相颗粒，最好具有比 SiC 更高的弹性模量和硬度。TiB_2 是满足以上要求的 SiC 最佳增强相之一。TiB_2 可使 SiC-TiB_2 复相陶瓷的断裂韧性显著提高，线胀系数的差异引起的残余应力场导致裂纹偏转是主要增韧机理。SiC-TiB_2 的液相烧结主要是以 Al_2O_3 和 Y_2O_3 为烧结助剂。研究表明，采用 β-SiC 为起始原料，加入 3.5%～14%（质量分数）Al_2O_3 和 1.5%～6%（质量分数）Y_2O_3 作为烧结助剂，热压制备 SiC-(50%，质量分数)TiB_2 复相陶瓷的断裂韧性可达 7.3MPa · $cm^{1/2}$。长柱状的 α-SiC 晶粒和较大的 TiB_2 晶粒有利于微裂纹扩展过程中的桥联与偏转，增加了断裂能，使断裂韧性显著提高。茹红强、邸志岗等对含有不同质量分数的 SiC 的 SiC-TiB_2 复合陶瓷的显微结构和性能进行了研究，图 2-7 所示为复合陶瓷的断口照片。

由图 2-7 可知，含有 30%（质量分数）SiC 的复合材料没有完全烧结，增加到 40%（质量分数）SiC 时，复合陶瓷的致密度增大（图 2-7（b））。增加到 60%（质量分数）SiC 时，材料的致密度下降（图 2-7（d））。当 SiC 为 40%（质量分数）时，复合材料的相对密度为 96.34%，抗弯强度达到 250MPa，断裂韧性最高为 5.94MPa · $m^{1/2}$。此外，SiC-TiB_2 陶瓷作为摩擦副构件的研究和应用已受到广泛关注。比如含 16%(体积分数)TiB_2 的 SiC-TiB_2 复相陶瓷，稳态摩擦系数约为 0.55，平均磨损率为 $2\times10^{-6}mm^3/(N\cdot m)$，和单相 SiC 陶瓷相近。而强度、韧性要远高于单相 SiC 陶瓷，可耐受更为苛刻的工况条件。

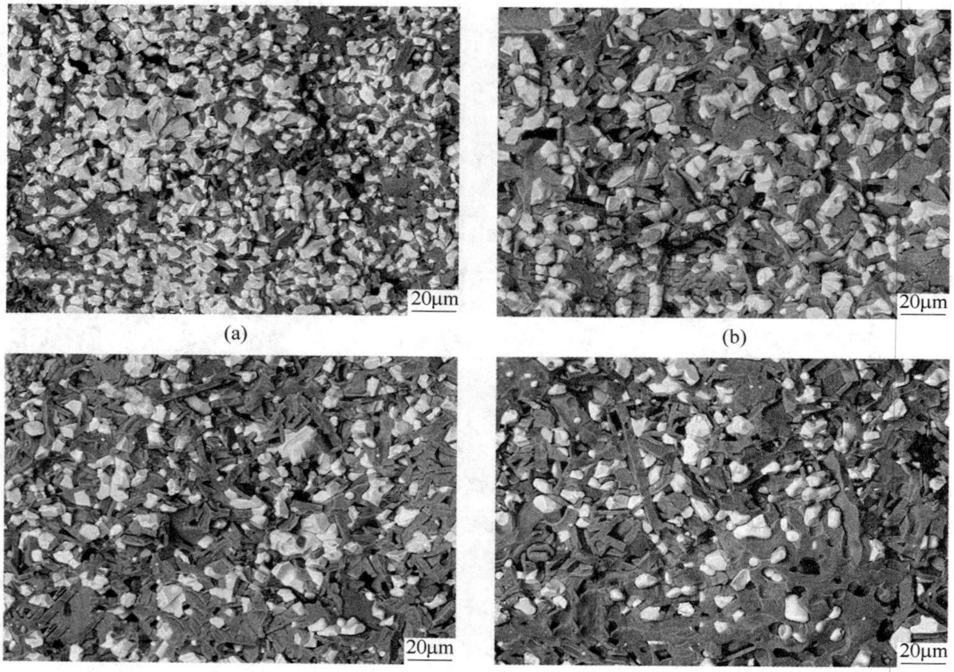

图 2-7 不同 SiC 质量分数的 TiB_2/SiC 复合材料断口的 SEM 照片（BSE）
（a）30%；（b）40%；（c）50%；（d）60%

2.1.4.2 SiC-AlN 复相陶瓷材料

SiC 和 AlN 在晶体结构上十分相似，Si 和 C 与 Al 和 N 具有相似的电负性，符合 Hume-Rothery 法则。因此，SiC 与 AlN 容易形成固溶体，其复相陶瓷广受关注。热压烧结是制备 SiC-AlN 的最为普遍的一种方法。一般而言，SiC-AlN 的显微结构与 SiC 质量分数有直接关系，SiC 质量分数增大，长轴状晶粒比例增加。SiC-AlN 固溶体的相组成依赖于 AlN 的质量分数，研究指出，在 AlN 量低于 25%（摩尔分数）时，要获得完全共溶的 SiC-AlN 固溶体非常困难。当 AlN 量大于 25%（摩尔分数）时，在适合条件下，可获得均一单相 2H-铅锌矿结构的 SiC-AlN 固溶体。烧结过程中，最佳晶粒大小可通过选择适合的烧结温度来得到。2100℃以下热压的 SiC-AlN 晶粒大小为双峰分布。AlN 含量为 20%～80%（摩尔分数）时，在更高温度下，例如在 2300℃烧结可获得均一的显微结构和化学组成。Pan 等人研究了 AlN 弥散的 SiC 基颗粒复合材料的力学性能和显微结构。将 SiC 和 AlN 混合物在 1950℃、40MPa 下热压，得到了 SiC-AlN 复合材料，其显微结构如图 2-8 所示。由图可知，较大粒径的 AlN 分散在较小粒径的

SiC 基体中。在 SiC 颗粒的表面形成了一层 SiC-AlN 固溶体。研究还表明，SiC-AlN 材料的断裂韧性较单相 SiC 材料有显著提高，增韧机制是 SiC 和 AlN 之间的残余应力引起的裂纹偏转。

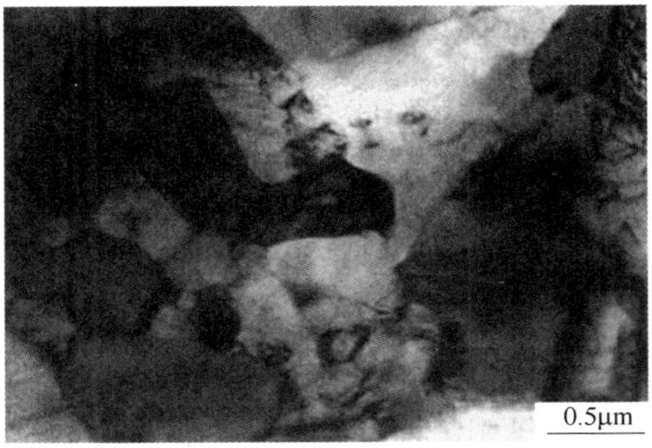

图 2-8 SiC-AlN 的 TEM 照片（1950℃，40MPa）

2.1.4.3 SiC-TiC-TiB_2 系统

二元系统 SiC-TiC、SiC-TiB_2 以及 TiC-TiB_2 与相应的单一陶瓷材料相比都具有更好的力学性能，F. de Meatral 和 F. Thevenot 等的研究表明，SiC-TiC-TiB_2 三元体系复相陶瓷较上述三类二元系统的力学性能更优异。三元体系复相陶瓷可通过选择不同的主相对材料性能进行设计，基于 SiC 为主相的复合材料可用于结构件和防腐件，而基于 TiC 或 TiB_2 为主相的复合材料则可应用于电学领域。SiC-TiC-TiB_2 的制备方法主要有热压烧结、无压烧结和反应烧结。SiC-TiC-TiB_2 体系热压烧结制度因组成不同有所变化。25%（摩尔分数）SiC-20%（摩尔分数）TiB_2-55%（摩尔分数）TiC 三元体系可在 1900℃、40MPa、惰性气氛下热压致密。SiC-TiC-TiB_2 体系的无压烧结通常采用 B、C 作为烧结助剂，在 2150～2200℃ 保温 60～120min，可获得 97.5%（理论密度）以上的致密度。在无压烧结条件下，SiC-TiC-TiB_2 体系的烧结特性对原料粉体的粒径、氧含量以及杂质离子含量较为敏感。在粉体经处理、纯度较高、粒径较细的情况下，无需烧结助剂也可无压烧结。SiC-TiC-TiB_2 体系的反应烧结更有优势，主要表现为对原料粉体的要求降低、制备过程简单，并可制备具有特殊显微结构与力学性能的复合材料。反应烧结 SiC-TiC-TiB_2 复相陶瓷可采用下述反应或相类似的反应进行，原料有 TiH_2，Ti，Si 和 B_4C 等。

$$TiH_2 \longrightarrow Ti + H_2(g)$$
$$8Ti + Si + 3B_4C \longrightarrow 6TiB_2 + 2TiC + SiC$$

2.1.5 SiC 陶瓷的抗氧化性能

SiC 熔点高，在 1550℃ 仍具有优良的抗氧化性。值得注意的是，在 800～1140℃这个温度范围内，其抗氧化性较差，这是因为在此温度范围内生成的氧化膜比较疏松，起不到充分的保护作用。低于 800℃ 和高于 1140℃ 形成的氧化膜可牢固覆盖在 SiC 表面，阻止 SiC 进一步氧化，抗氧化性十分优异；高于 1750℃ 时，氧化膜破坏，SiC 强烈地氧化分解。

2.1.6 SiC 陶瓷应用

SiC 的用途概括列举见表 2-4。由表可知，SiC 用作耐火材料已有很长的历史。在钢铁冶炼中大量用作钢包砖、水口砖、塞头砖，在有色金属冶炼中用作炉衬，熔融金属的输送管道、过滤器、坩埚等，还可作热电偶保护套、电炉盘、高温气体过滤器、烧结匣钵、炉室用砖、垫板等，也可作磁流体发电的电极。SiC 硬度高，是常见的磨料之一，可制作砂轮和各种磨具。纯 SiC 是电绝缘体（电阻率 $10^{14}\Omega\cdot cm$），但当含有杂质时，电阻率大幅度下降到零点几个 $\Omega\cdot cm$，加上它有负的电阻温度系数，因此是常用的发热元件材料和非线性压敏电阻材料。在美国的燃气轮机计划中，烧结 SiC 用来做发动机定子、转子、燃烧器和涡形管。在脆性材料计划中反应烧结碳化硅（RBSC）用作发动机定子和燃烧器。在联邦德国的陶瓷发动机计划中，RBSC 用作进口涡形管和燃烧器。RBSC 用作径流式涡轮盘的效果比 RBSN 好。在空间技术中用作火箭发动机喷嘴。因为 SiC 有高的导热率，可用于制作钢锻造炉的 SiC 热交换器，自 1985 年投入使用已累计超过 50 万小时。采用 SiC 热交换器后，可节省燃料 38%。

表 2-4 SiC 陶瓷的用途

工业领域	使用环境	用 途	主要优点
石油工业	高温、高液压、研磨	喷嘴、轴承、密封、阀片	耐磨
化学工业	强酸、强碱、高温氧化	喷嘴、轴承、泵零件、热交换器、气化管道、热电偶套管	耐磨、耐蚀、气密性、耐高温腐蚀
汽车、拖拉机、飞机、火箭	发动机燃烧	燃烧器部件、涡轮增压器转子、燃气轮机叶片、火箭喷嘴	低摩擦、高强度、低惯性负荷、耐热震
汽车、拖拉机	发动机油	阀系列元件	低摩擦、耐磨
机械、矿业	研磨	喷沙嘴、内衬、泵零件	耐磨
造纸工业	纸浆废液、纸浆	密封、套管、轴承、吸箱盖、成形板	耐磨、耐蚀、低摩擦
热处理、炼钢	高温气体	热偶套管、辐射管、热交换器、燃烧件	耐热、耐蚀、气密性
核工业	含硼高温水	密封、轴套	耐辐射
微电子工业	大功率散热	封装材料、基片	高导热、高绝缘
激光	大功率、高温	反射屏	高刚度、稳定性
其他	加工成形	拉丝、成形模、纺织导向	耐磨、耐蚀

2.2 多孔陶瓷

多孔陶瓷的种类很多，按所用的骨料可分为刚玉质材料、SiC 质材料、铝硅酸盐材料、石英质材料、玻璃质材料和其他材质。孔径 D 表明制品开口气孔大小，这里指制品最大开口直径。按孔径可分为宏孔材料（孔径 D>500μm）、介孔材料（20nm<孔径 D<500μm）和微孔材料（孔径 D<20nm）。

2.2.1 多孔陶瓷制备工艺

陶瓷中的孔包括封闭气孔（与外部不相连通的气孔）和开口气孔（与外部相连通的气孔）。多孔陶瓷的制备技术很重要，其结构和使用性能都受到其制备工艺的控制。随着多孔陶瓷研究的深入，制备多孔陶瓷的方法也越来越丰富。常用的有挤压成形法、发泡法、造孔剂法、溶胶-凝胶法、有机泡沫浸渍法，新发展的有自蔓延高温合成法、超临界干燥法、升华干燥法、原位反应法、相变造孔法、阳极氧化法、腐蚀法、分子键成孔法等不下 20 种。方法各有特色，适用于制备不同类型的多孔陶瓷，用于不同的使用场合。

2.2.1.1 挤压成形法

该工艺特点是靠设计好的多孔金属模具来成孔。将制备好的泥浆采用一种具有蜂窝网格结构的模具基础成形，经过烧结就可得到最典型的多孔陶瓷，即现用于汽车尾气净化的蜂窝状陶瓷。此外，也可在多孔金属模具中利用泥浆浇注工艺获得多孔陶瓷。该类工艺的特点在于可根据需要对孔形状和孔大小进行精确设计，对于蜂窝陶瓷最常见的网格形状为三角形、正方形。其缺点是不能形成复杂的孔道结构和孔尺寸较小的材料。

2.2.1.2 发泡法

发泡法是向陶瓷组分中添加有机或无机化学物质，即发泡剂，在处理期间形成挥发性气体，产生泡沫，经干燥和烧成制得多孔陶瓷（包括网眼型和泡沫型两种）。Sundermann 等人用碳化钙、氢氧化钙、硫酸铝和双氧水作发泡剂，于 1973 年发明了发泡工艺。发泡工艺与传统陶瓷工艺相比，多了一个干燥前发泡过程；与泡沫塑料浸渍泥浆高温处理法相比，发泡法可更容易地制得一定形状、组成和密度的多孔陶瓷，而且还可制备出小孔径的闭口气孔，而这是用泡沫塑料浸渍泥浆高温处理法做不到的；但其缺点在于难以控制的工艺条件和要求较高的原料。吴皆正等人用十二烷基磺酸钠和碳酸钙为发泡剂，以石英砂为原料，制备了显气孔率在 35%~55%，平均孔径 8~60μm，具有狭窄的孔径分布（PSD）和一定强度的可控微米级多孔陶瓷。

2.2.1.3 添加造孔剂工艺

该工艺通过在陶瓷坯料中添加造孔剂，利用造孔剂在坯体中占据一定的空间，然后经过排塑、烧结，造孔剂离开基体而成气孔来制备多孔陶瓷。添加造孔剂的目的在于促使气孔率增加，它必须满足下列要求：在加热过程中易于排除；排除后在基体中无有害残留物；不与基体反应。通常使用的易挥发性物质有炭粉、锯末屑、萘、淀粉、聚乙烯醇（PVA）、聚甲基丙烯酸甲酯（PMIMA）、聚乙烯醇缩丁醛（PVB）、聚苯乙烯颗粒等。一些熔点较高，但可溶于水、酸或碱溶液的各种无机盐或其他化合物（如 Na_2SO_4、$CaSO_4$、NaCl、$CaCl_2$ 等）也可作为造孔剂。该类造孔剂的特点是在基体陶瓷烧结温度下不排除，待基体烧结后，用水、酸或碱溶液浸出造孔剂而成为多孔陶瓷。这类造孔剂特别适用于玻璃质较多的多孔陶瓷或多孔玻璃的制备。最近有报道采用棉花纤维为造孔剂，利用浆料浸渍的方法来获得气孔呈单向排列的多孔陶瓷，其开口气孔率35%，弯曲强度高达160MPa。造孔剂的添加量可直接影响多孔陶瓷的制备，即随着造孔剂的量增加，多孔 Al_2O_3 陶瓷的气孔率和孔径大小逐渐增大，孔径分布变宽。

2.2.1.4　溶胶—凝胶工艺

溶胶—凝胶法主要用来制备微孔陶瓷材料，特别是微孔陶瓷膜。这种方法是利用溶胶在凝胶化的过程中，胶体离子间相互联结形成空间网状结构，在网状孔隙中充满溶液，溶液会在烧成过程中蒸发掉留下许多小孔，小孔大多为纳米级，从而形成微孔陶瓷材料。溶胶—凝胶法可制备孔径在纳米级、气孔分布均匀的多孔陶瓷薄膜，其最大的优越性在于可方便地得到多种组成的复合膜。因此，这种方法成为无机分离膜制备领域工艺中最活跃的研究领域，引起了国内外众多研究人员的重视。朱承翔等对《SCIENCE》和《NATURE》最近几年关于溶胶—凝胶法制备三维有序多孔材料的报道进行了综述，认为其最新方法主要有三种：（1）以均一半径的粒子为模板并结合溶胶—凝胶法；（2）以表面活性剂为模板并结合溶胶—凝胶法；（3）以特殊结构的化合物为模板并结合溶胶—凝胶法。

2.2.1.5　通过多孔模板复制形成气孔的制备工艺

A　有机泡沫浸渍工艺

有机泡沫浸渍工艺是Schwartzwalder等在1963年发明的，其独特之处在于它凭借有机泡沫体具有的开孔三维网状骨架的特殊结构，将制备好的浆料均匀地涂覆在有机泡沫网状体上，干燥后烧掉有机泡沫体而获得一种网眼多孔陶瓷。该工艺制备的多孔陶瓷具有高气孔率（70%～90%）和开孔三维网状骨架结构。这种特殊结构使其在流体过滤，尤其是熔融金属过滤方面表现出极大的优越性。该工艺自问世以来，其研究热点主要集中在高温强度的提高和过滤能力的改善。Washbourne等使用小于1mm的硅酸铝纤维增强锂铝硅氧化物网眼多孔陶瓷，其纤维利用低分子量聚丙烯酸在高速搅拌下分散；李安明等系统地讨论了泡沫陶瓷的制备方法，并指出了目前泡沫陶瓷最理想的制备方法是有机泡沫浸渍法。

有机前驱体浸渍法制备陶瓷预制体的工艺关键要从前驱体的选择和预处理、浆料制备、浆料浸渍过程、干燥和烧成等几个方面进行考虑。东北大学茹红强、喻亮等人对前驱体浸渍法制备陶瓷预制体的工艺作了大量工作，找出了克服陶瓷预制体普遍存在的强度低、气孔率、孔隙尺寸及形貌难以控制，在后期液态金属浸渍过程中易发生坍塌现象等缺点的工艺措施，率先在国内制备出三维 SiC 陶瓷骨架。其中一个实例为利用唐山六方 SiC 公司提供的 SiC，平均粒径为 1μm，SiC 含量大于 98%，采用注浆成型工艺利用无压烧结技术制备出三维 SiC 陶瓷。其孔隙度达到 50%，密度为 2.9g/cm^3，平均孔径为 3mm。制备的三维 SiC 陶瓷预制体具有特殊空间拓扑结构，如图 2-9 所示。该三维 SiC 陶瓷骨架的性能见表 2-3。该方法制备的三维 SiC 陶瓷中 SiC 的含量高于 98%，远远高于反应烧结的 92%和莫来石结合 SiC 的 85%，并且性能也远远高于反应烧结 SiC 和莫来石结合 SiC。

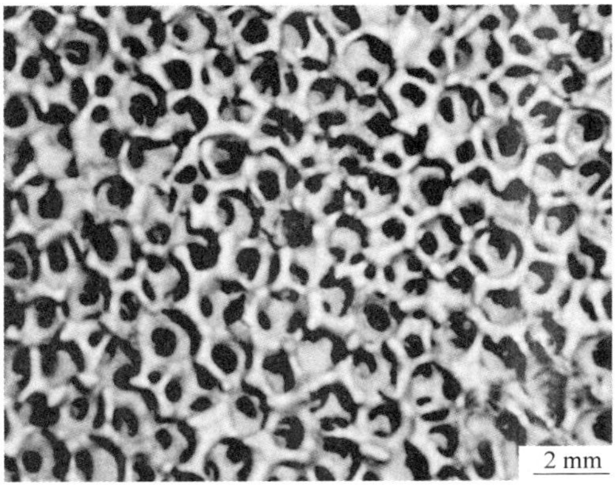

图 2-9 有机泡沫浸渍工艺制备的三维碳化硅

B 有机先驱体浸渍法

先驱体法原理是利用可燃尽的多孔载体，涂覆陶瓷浆料，干燥后在高温下燃尽载体材料而形成孔隙结构。载体一般选用弹性高、气孔均匀、气孔率较高、亲水易挥发并具有三维网架结构的泡沫塑料，如聚醚型聚氨酯、聚氯乙烯、聚苯乙烯等。范小林等人用聚碳硅烷作为主要先驱体，在氮气的保护气氛下，380～900℃下热处理，在热解过程中产生大量小分子气体，在结构中形成气泡，并进一步形成多孔结构；最后在较高的温度下对多孔体进行热解、烧结后得到 SiC 多孔陶瓷。

C 化学气相渗透（CVI）和化学气相沉积（CVD）

所用的模板一般是编织好的碳纤维骨架，或者热解过的有机泡沫形成网眼多孔碳骨架。通过 CVI 或者 CVD 工艺将陶瓷渗透沉积到多孔骨架上。通过控制沉积的速度和时间来控制制品最终的结构和性能。可沉积的材料有 SiC、Si、N、TiC、TiB 等。工艺的优点是孔结构非常容易控制，制品强度高，微观结构均匀；但是生产周期长、成本高，沉积用的化学原料污染环境。

D 仿生结构制备

将具有多孔结构的天然木材在惰性气氛、800～1800℃裂解，得到与木材多孔结构几乎完全相同的多孔碳；然后以得到的多孔碳为模板，在高温下渗硅或者化学气相渗透，可得到多孔 SiC 陶瓷。

2.2.1.6　颗粒堆积工艺

在骨料中加入相同组分的微细颗粒，利用微细颗粒易于烧结的特点，在高温状况下产生液相，使骨料（大颗粒）连接起来。孔径的大小与骨料粒径成正比，骨料粒径越大，形成的多孔陶瓷平均孔径就越大，呈线性关系；骨料颗粒尺寸越均匀，产生的气孔分布也越均匀。另外添加剂的含量和种类以及烧成温度对微孔体的分布和孔径大小有直接的影响。徐振平等通过控制球状二次粒子原料的粒径，采用烧结法制备了孔径分布很窄的多孔陶瓷。孙宏伟等通过控制粉料粒径、添加剂种类和含量，用固态烧结法制得了平均孔径为 0.45μm、孔径分布狭窄、孔隙率为 50%的氧化铝陶瓷膜管。

2.2.1.7　升华—干燥工艺

升华—干燥工艺是将水溶的或含有硅胶的陶瓷浆料置于模具中，以极低的温度冻结，然后经过脱模、升华（冷冻—干燥）过程来获得坯体的成形工艺。通常可用这种方法制备出致密的烧结体。用该法可制备具有复杂孔结构的多孔陶瓷。当水基陶瓷料浆凝固时，控制晶体冰的生长方向；在低压条件下进行干燥处理，此时发生冰的升华现象；再将所得生坯进行烧结。通过以上工序制得的多孔材料体内具有定向排列的宏观开孔，而且在相邻开孔的壁内含有微孔。通过控制起始料浆浓度和烧结时间可控制孔的结构。Takayuki 等人用该法制备出含有宏孔和微孔的 Al_2O_3 陶瓷。这种制备工艺不仅能够制备其他材料而且是环境友好的。

2.2.1.8　凝胶注模成形技术

成形凝胶注模工艺（gel-casting）是由美国橡树岭国家实验室首先提出的一种被广泛应用的新型成形方法。这种新的成形技术采用非孔模具，利用料浆内部或少量添加剂的化学反应作用而使陶瓷料浆原位凝固形成坯体，可获得具有良好微观均匀性和较高密度的素坯，从而显著提高材料的可靠性。Gel-casting 工艺可使悬浮体泡沫化，使液体泡沫原位聚合固化。作为制备多孔陶瓷的一种新型方法，悬浮体泡沫化是最经济的；原位聚合固化形成的素坯具有内部网状结构且强度较高。Sepulveda 等人使用该工艺制备的多孔 Al_2O_3 陶瓷，其抗弯强度高达 26MPa，孔隙率高达 90%。

2.2.2　多孔陶瓷配方

在加工多孔陶瓷的原料时，要考虑的是原料颗粒形状、颗粒度分布是否可在满足其他性能的基础上制备出需要的气孔。在配料时，需要考虑是否加入造孔剂或发泡剂等。以下是一类以造孔剂法制备多孔陶瓷的配方设计。

2.2.2.1 集料

集料为多孔陶瓷的主要原料，在整个配方中占70%~80%（质量分数），在坯体中起到骨架的作用，一般选择强度高、弹性模量大的材料。多孔陶瓷的集料有石英砂、刚玉、SiC等，还有烧矾土、烧蛇纹石、硬质碎瓷粉等；原料需经破碎、筛分，按一定尺寸分级备用。

2.2.2.2 黏结剂

多孔陶瓷使用的黏结剂有玻璃粉、瓷釉、各种黏土、高岭土、磷酸铝、水玻璃等。另外，为了提高半成品的强度，便于成形，常采用石蜡、水玻璃、亚硫酸纸浆废液、PVA、CMC等作为成形黏结剂。其主要作用是使集料黏结在一起，便于成形。

2.2.2.3 造孔剂

加入可燃尽的物质，一般采用木炭、木粉、焦炭、石蜡、塑料粉等物质，在烧结过程中可因发生化学反应或者燃烧挥发而除去，从而在坯体中留下气孔。

多孔陶瓷成型方法与普通的陶瓷成型方法相似，主要使用的有模压、挤压、等静压、轧制、注射和粉浆浇注等。其中挤出成型是目前国内外陶瓷加工业普遍采用的一种成型方法，应用领域广泛。挤出成型具有适用范围广、生产效率高、制品尺寸精确、制品结构均匀等一系列优点，近年来在多孔陶瓷制品的成型方面得到了较大的发展和应用，尤其是在蜂窝陶瓷、单通道及多通道陶瓷膜支撑体的制备方面已显示出极大的优越性。另外，在制备大孔径多孔陶瓷制品方面，挤出成型工艺也得到一定的发展。有人曾采用9%（质量分数）的凡士林和16%（质量分数）的水胶（1.5%（质量分数）的甲基纤维素）作增塑剂，成功制取了挤压泥料。也有人用生淀粉作造孔剂，用淀粉浆糊、甲基纤维素或聚乙烯醇等作增塑剂，挤压成型制备蜂窝状陶瓷。日本专利还采用过水合 Al_2O_3 加磷酸制备泥料。模压成型也是目前国内外陶瓷加工业普遍采用的成型方法，最大优点是简单方便。如果对制品的质量要求不高，较小的片状、块状或管状的多孔陶瓷都可用模压成型的方法制备。模压成型还可半干压成型，采用摩擦或液压压力机成型，坯料中应加入7%~8%（质量分数）的水或亚硫酸低浆液等其他成型黏合剂。还有一种是将石蜡喷吹成小球作为成型黏合剂，在不加水时进行半干压。需要注意的是，模压成型采用的黏结剂和造孔剂必须经过细磨，使其能均匀地分散在集料颗粒周围。黏结剂的熔化温度要比集料低很多。

2.2.3　多孔陶瓷烧结工艺

使用不同的制备方法和制备工艺，就对应不同的烧结制度，具体应该根据材料的性能而定，通常有无压烧结、反应烧结等。

2.2.4　多孔陶瓷应用

泡沫陶瓷的应用开始于19世纪70年代，当时仅被用作铀提纯材料和细菌过滤材料。随着泡沫陶瓷使用范围的不断扩大，其应用领域也逐渐扩大，由过滤、热工等领域逐渐扩展到隔热、吸声、电子、光电、传感、环境生物及化学领域，可归纳为以下5个热点：

（1）微孔膜。陶瓷分离膜所具有的耐酸碱、耐侵蚀、耐高温、抗老化、使用寿命长等优点已被人们所认识，并被开发应用于食品工业、生物化工、能源工程、环境工程、电子技术等许多领域。随着材料科学的发展，纳米级多孔无机膜的制备和应用成为人们目前研究的热点。

（2）生物材料。目前很多科研单位都在致力于多孔羟基磷灰石生物陶瓷材料的研究。用添加造孔剂和制作泡沫陶瓷的方法制备多孔羟基磷灰石生物陶瓷，其相互连通的孔隙有利于组织液的微循环，促进细胞的渗入和生长。目前，研制出的泡沫陶瓷羟基磷灰石人工骨和义眼已经用于临床实验，引起了医学界和材料学界的关注。

（3）食品、卫生行业用泡沫陶瓷材料。泡沫陶瓷由于具有耐高温、耐腐蚀和良好的生物、化学特性，因而可用于医药工业中的酶、病毒、疫苗、核酸、蛋白质等生理活性物质的浓缩、分离、精制等。在食品、饮料工业中，特别适用于对色、香、味要求高的饮料及低度酒类的过滤，并可望在啤酒的生产中发挥巨大的作用。

（4）环境材料。随着现代工业的发展，各行各业在生产中排放的有害气体和废水也越来越多，如果处理不当，就会严重影响人类的生存环境，所以环境保护成为时代的主题。泡沫陶瓷在汽车催化转化器的应用已经有很长时间。除臭用泡沫陶瓷催化器能使废水中有机溶剂、恶臭气体催化燃烧，达到除臭净化的目的。采用耐高温且有足够强度的抗热震性能的高渗透性泡沫陶瓷可有效除去高温含尘气体。城市污水处理过程中，泡沫陶瓷材料也成为曝气处理所用材料。

（5）隔热材料。泡沫陶瓷具有热传导率低、抗热震性能优良等特性，是一种理想的耐热材料。由泡沫陶瓷制作的典型耐热材料为耐热砖，其材质有ZrO_2、SiC、镁盐及钙盐等，使用温度高达1600℃，是目前世界上最好的隔热材料，称为“超级绝热材料”，被应用于航天飞机外壳的隔热层。

2.3 金属陶瓷复合材料

金属陶瓷（cermet）是由陶瓷和黏接金属组成的非均质的复合材料。陶瓷主要是Al_2O_3、ZrO_2等耐高温氧化物或它们的固溶体，黏接金属主要是铬、钼、钨、钛等高熔点金属。将陶瓷和黏接金属研磨混合均匀，成形后在不活泼气氛中烧结，就可制得金属陶瓷。金属陶瓷兼有金属和陶瓷的优点，它密度小、硬度高、耐磨、导热性好，不会因为骤冷或骤热而脆裂。另外，在金属表面涂一层气密性好、熔点高、传热性能很差的陶瓷涂层，能防止金属或合金在高温下氧化或腐蚀，广泛用于制作工件的耐磨、耐蚀、耐高温表层，应用于火箭、导弹、超声速飞机的外壳、燃烧室的火焰喷口等处。

2.3.1 起源和定义

1914年，德国人洛曼等人首次将80%~95%的难熔化合物与金属粉体混合制得了烧结金属陶瓷。1917年，美国人利布曼等人用氧化物、钨、铁、碳等成分制造了高硬表面的拉丝模。1923年，德国人施勒特尔首次制成了性能良好的烧结WC-Co硬质合金。20世纪40年代后期，美国的布莱克本等人研制成功了Cr-Al_2O_3金属陶瓷。中国于1958年开始研制高温金属陶瓷材料。此后，金属陶瓷成为国际材料学界最感兴趣的研究领域之一。最早研究的是金属陶瓷Al_2O_3-Fe系烧结材料在高温下的力学性能与耐磨性、抗腐蚀性，之后对金属与陶瓷的烧结复合材料（即以“金属陶瓷”这一名称所概括的材料）在各个工业领域中的应用进行了广泛的研究。经过20多年的努力，人们尝试了多种金属与陶瓷的组合，使其性能不断得到提高。

最初，金属陶瓷有很多名称，如cerametalllic、ceramul及cermet等，后来人们都比较认可cermet，这是陶瓷（ceramic）和金属（metal）两词词头的组合。作为一类先进材料，金属陶瓷随着人们对其认识的不断深入，其定义也在不断丰富和发展。目前，已有的金属陶瓷的定义有多种，较有代表性的主要有如下两种：美国材料与试验学会（American Society for Testing and Materials，ASTM）的C-21委员会（Task Group Bon Cermets of ASTM Committee C-21）建议的下面的定义：“一种由金属或合金同一种或几种陶瓷相组成的非均质的复合材料。”随后，ASTM的金属陶瓷研究委员会进一步将金属陶瓷定义明确为：“一种由金属或合金同一种或几种陶瓷相组成的非均质的复合材料，其中后者约占15%~85%的体积百分数；在制备温度下，金属相与陶瓷相间的溶解度极小。”这一定义把那些通过在晶界面上沉淀一种“硬质相”“陶瓷相”或“非金属相”来强化的合金从金属陶瓷中取消掉了，即把部分弥散强化材料、沉淀硬化材料、烧结铝等排除在金属陶瓷之外。我国国标GB 3500—1983对金属陶瓷的定义基本上与第一个定义相同，为“由至少一种金属相和至少一种通常为陶瓷性质的非金属相组成的烧结材料”。按照这一定义，弥散强化材料、烧结摩擦材料、硬质合金以及含石墨或氧化物、碳化物的电触头材料都属于金属陶瓷。

2.3.2　金属-陶瓷复合原理

陶瓷-金属复合材料的物理化学问题是研制多组分材料中最关键的问题，它对材料组分的选择、工艺过程的控制以及材料的最终性能起决定性的作用。相界面的润湿性、化学反应以及组分的溶解对相界面的结合有着重要的影响。相界面的物理和化学相容性决定了陶瓷-金属复合材料在广泛温度范围内的工作性能。

陶瓷和金属相的选择有着苛刻的限制，陶瓷相通常是由高熔点的化合物组成：氧化物 Al_2O_3、ZrO_2、MgO；碳化物 TiC、SiC、WC；硼化物 TiB_2、VB_2、ZrB_2、CrB_2；氮化物 AlN、BN、Si_3N_4、TiN、ZrN、NbN。金属相原料为纯金属及其合金粉体，如 Al、Cu、Ni 等。由于硅化物的熔点虽高，但易与金属反应，所以在金属陶瓷的配方中很少采用。金属陶瓷之所以得到广泛应用，与它兼具金属和陶瓷的优点密切相关。金属及其合金的热震稳定性好、延展性好，但在高温下易氧化和蠕变；陶瓷则脆性大、热震稳定性差，但硬度高、高温性能好、耐腐蚀性强。金属陶瓷就是把二者结合成一体，使之具有高的硬度、高的强度、耐腐蚀、耐磨损、耐高温和热膨胀系数小等优点。金属陶瓷的性能一方面与金属组分和陶瓷组分的性质和浓度有关，另一方面受结构的影响很大。Read 等人的研究表明，比较理想的金属陶瓷的组织结构是金属相形成一种连续的薄膜，将细而均匀分布的陶瓷颗粒包裹住。在这种结构中，细而分散的脆性陶瓷相所承受的机械应力与热应力可通过呈连续分布的金属相来分散；而金属相则由于呈薄膜状均匀分布在陶瓷颗粒之间获得强化，从而使整体材料的高温强度、抗冲击韧性、抗热震性能都得到改进。为了使金属陶瓷复合材料具有金属和陶瓷的优良特性，达到理想的显微结构，就得注意三个主要原则：

（1）金属相对陶瓷相的润湿性要好。金属与陶瓷颗粒间的润湿能力是衡量金属陶瓷显微结构与性能优劣的主要条件。润湿性越强，则金属形成连续相的可能性越大，而陶瓷颗粒聚集成大颗粒的趋向就越小，金属陶瓷复合材料的性能越好。简单地说，金属相对陶瓷相的润湿性要好就是液态的金属相在固态的陶瓷相的表面要能充分展开。液态金属对固态陶瓷的润湿程度可用图 2-10 中的润湿角 θ 的大小来表示。当 $\theta=180°$时，完全不润湿；当 $\theta=0°$时，则完全润湿，对于其他值，润湿性则介于两者之间。陶瓷相被熔融金属润湿时的各表面张力与润湿角关系见式（2-2）：

$$\sigma_{SV} - \sigma_{SL} = \sigma_{LV} \tag{2-2}$$

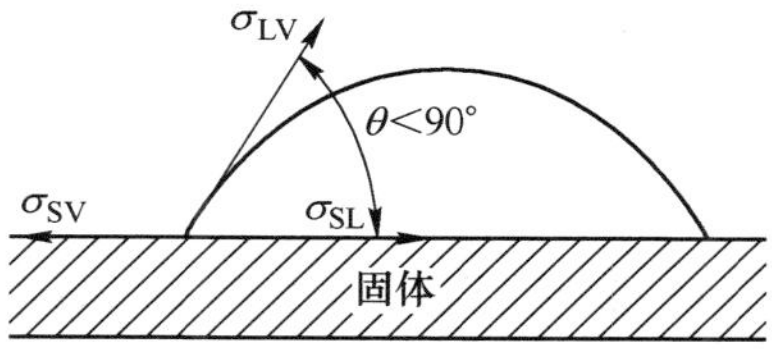

图 2-10 界面处各表面张力与润湿角的关系

式中，σ_{SV}，σ_{SL}和σ_{LV}分别为固-气界面、固-液界面和液-气界面的表面张力。

降低液相的表面张力σ_{LV}是改善液相对固相润湿性常采用的方法。这个方法在实际应用中容易实现，只需在液相中添加某种适当的添加剂。固相中少量的杂质，或固相表面少量气体的吸附常会降低σ_{SV}，使润湿性变坏。降低固液界面能σ_{SL}可改善润湿性，在液固界面发生的优先吸附和固液界面所产生的扩散过程是改变σ_{SL}的另一重要机理。Livery 与 Murry 的研究表明，纯铜在 1100℃时，在碳化锆上的接触角是 135°（不润湿），而在铜中添加少量镍，会使接触角变小到 54°（润湿）。又例如在 Fe 中添加 Ti，在 Ni 中添加 Cr 与 Ti，液相本身的表面张力并不发生变化，但降低了液相与 Al_2O_3 间的界面能，使润湿性得到改善。

（2）金属相与陶瓷相之间应有一定的溶解度，但无剧烈的化学反应。金属相和陶瓷相之间有一定的溶解度和一定的反应有助于黏结相和非金属相之间的牢固结合。这一点被认为是 WC-Co 合金中促进高强度的机理。对金属-碳化物系统的研究也提出：要获得一种满意的黏结，所必须的条件之一是在烧结温度下，固相在黏结剂中要有一定的溶解度。为了获得一定程度的互溶或单相溶解，添加另一组元或控制工艺也是方法之一。例如 Cr-Al_2O_3 体系，如果在烧结时适当控制氧化气氛，使金属铬表面生成一层 Cr_2O_3，这层 Cr_2O_3 和 Al_2O_3 异晶同构，极易形成固溶体而产生牢固结合。

但是，如果反应剧烈则金属相不以纯金属状态存在，而成为化合物，即金属陶瓷成为数种化合物的聚合体，这样就无法利用金属相改善陶瓷抵抗机械冲击和热震动的能力。此外，如果反应剧烈，陶瓷相成为其中一个组分溶解于金属相中，当溶解作用过大或出现低熔点时，就会降低金属陶瓷的高温强度。

（3）金属相和陶瓷相的线膨胀系数应尽可能接近。对于一种单一材料来说，线膨胀系数越小，抗热震性越好。但对于金属陶瓷来说，除考虑单个组元的膨胀系数之外，还要考虑组元材料之间膨胀系数的差别。如果差别太大，材料在急冷急热的使用条件下会产生巨大热应力，使得材料产生裂纹或断裂。例如，TiC-Ni 金属陶瓷中，TiC 的线膨胀系数为 $7.61\times10^{-6}/℃$，而镍的线膨胀系数约为 $17.7\times10^{-6}/℃$，二者相差 1 倍多。在烧结加热和冷却过程中，金属镍的张应力高达 700MPa，远远超过一般金属镍所能承受的张应力，从而使其抗机械与热震动的能力大大降低而极易开裂。

2.3.3 金属陶瓷分类及其用途

金属陶瓷一般按陶瓷基体的不同划分为氧化物基金属陶瓷、碳化物基金属陶瓷、氮化物基金属陶瓷、硼化物基金属陶瓷等。由于金属陶瓷结合了金属和陶瓷的性能优点，因此在多个领域得到了广泛应用。金属陶瓷主要用于高温材料、摩擦与密封材料等。各类金属陶瓷由于其各自的性能特点，也就有不同的用途。

2.3.4　制备工艺

制备金属陶瓷最基本的方法主要有 3 种，即常规粉末冶金烧结方法、热压法和浸渍法，基本工艺流程如图 2-11 所示。

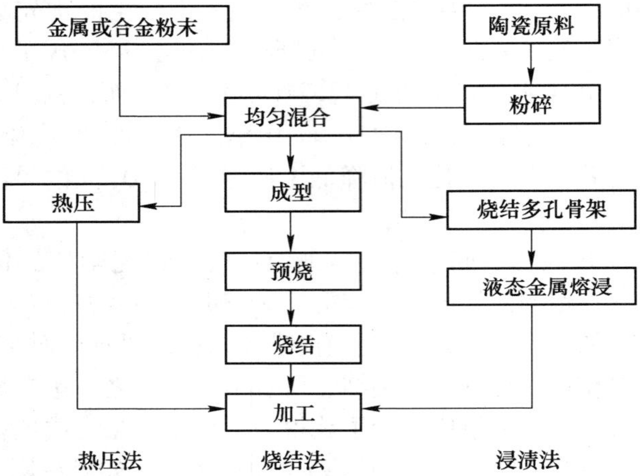

图 2-11　金属陶瓷制造工艺流程图

2.3.4.1　常规粉末冶金烧结法

常规粉末冶金烧结法是最早也是目前采用最多的金属陶瓷制备工艺，它是基于粉末冶金工艺和传统的陶瓷烧结工艺而发展起来的，主要工序为混料、成形和烧结等。

A　粉末制取

金属陶瓷粉末原料的制取一般采用将金属或合金粉末和陶瓷粉末机械混合，并进行球磨。机械合金化在金属陶瓷的制备中也得到了一定应用。利用高能球磨法来制备金属陶瓷复合材料，可使弥散相粒子相互形成原子尺度的混合，对采用液相急冷或气相凝固法有困难的、熔点或蒸气压相差较大的元素来制备各种材料是一种有效的方法。采用模压工艺成形对粉末的要求较高，通常要满足以下几个条件：（1）完全不含氧化物和其他杂质；（2）添加适当种类与数量的润滑剂；（3）流动速率要符合所采用的模压成形方法的要求；（4）松装密度要均匀。金属氧化物，特别是氧化钴，在模压时会使坯体强度减低或在烧结过程中出现起泡现象。通常在粉末中要添加一种模压用成形剂，一般使用的是石蜡。在碳化物粉末中石蜡的含量通常是1%~2%（质量分数）。此外，模压的设备及工具加工质量等因素也会对模压产生一定的影响。

B　成形

金属陶瓷的基本成型方法与一般的粉末冶金制品的成型方法类似。模压成型、冷等静压成型、挤压成型和热压成型，以及最近发展的注射成型都可用来制备金属陶瓷。金属陶瓷可应用的基本成型方法的相对特征见表2-5。

表2-5　金属陶瓷成型方法比较

项目	粉浆浇注	模压	热压	挤压	注射
尺寸限度	受生坯强度限制	受压机容量限制	受压机容量限制	范围很广	较小尺寸
形状限度	复杂形状、空心形状等	四边平直、只有少量精细部位	四边平直、极少数精细部位	在长度方向成直线	复杂形状
所需模具	木质或金属的样模、石膏模	硬质钢模	石墨模	耐磨钢模	钢模
生产速率	慢	快	中等	快	快
生产劳动费用	高	低到中等	中等到高	低	中等

金属陶瓷和其他粉末冶金制品一样，最常用的方法是模压和等静压。用于制备陶瓷材料的粉浆浇注法在金属陶瓷的制备中也得到了广泛的应用。尽管粉浆浇注法是传统生产工艺，但对于形状复杂、尺寸又大的金属陶瓷制品的成型，粉浆浇注法仍具有很大优势。粉浆浇注主要有普通注浆法、压力注浆、离心注浆和真空注浆等方法，其中离心注浆法制得的坯体厚度均匀，适用于制造大型环状零件。

2.3.4.2　烧结

金属陶瓷的常规烧结工艺与普通陶瓷相同。烧结制度需要理论、具体实验和生产实践相结合来确定。升温速率与坯体在烧结过程中的物理化学变化密切相关，合理的升温制度和保温时间是控制坯体收缩的关键。金属陶瓷的烧结制度要达到：（1）排除坯体内残余水分；（2）排除坯体中结晶水、有机物；（3）同质异晶的相互转化；（4）排除坯体最终气孔，体积收缩稳定，提高密度，提高强度。金属陶瓷的烧结按烧结过程中是否施加压力可分为常压烧结、热压和热等静压等，此外还有反应烧结、反应加压烧结、熔浸法等。

图2-12所示为热压示意图，采用间接加热的方式，样品可直接得到所需形状。热压法生产率较高，但费用昂贵。图2-13所示为反应热压装置图。反应烧结的特点是，坯块在烧结过程中尺寸基本保持不变，可制得尺寸精确的制件，工

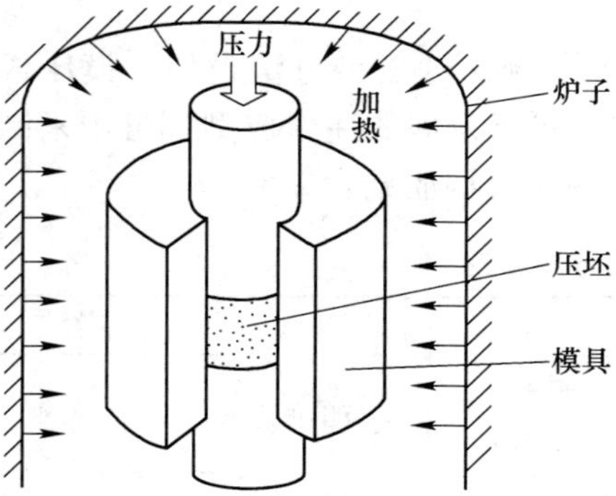

图 2-12　间接加热热压装置图

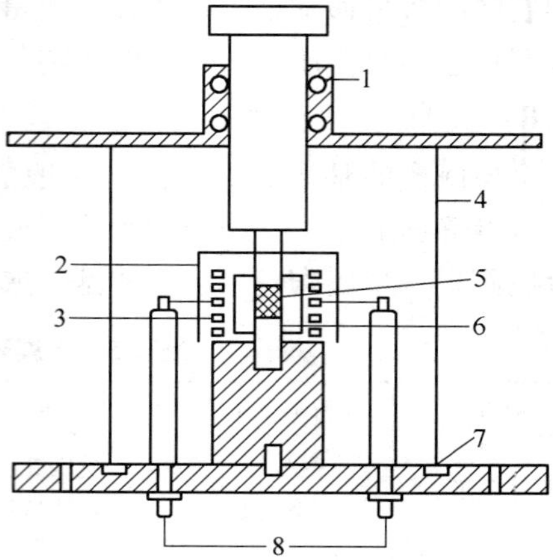

图 2-13　反应热压装置图

1—密封圈；2—石墨毡；3—加热线圈；4—不锈钢炉体；5—坯体；6—石墨模具；7—密封垫；8—电源

艺简单、经济，适于大批量生产；缺点是材料力学性能不高，这是由于密度较低造成的。此外，微波烧结和脉冲烧结在金属陶瓷的制备中也得到了应用。各种烧结方法在工艺、性能、成本等方面都各具优缺点。自 1965 年以来，等离子烧结法一直受到美国、日本等国材料学家的重视。最近，这种烧结技术在金属陶瓷的制备中也得到运用。日本用等离子烧结法对 WC-Co 合金进行了烧结，烧结温度为 1300~1400℃，保温时间为几分钟，已初步制备出晶粒度小于 0.5μm、相对致密度高于 99%的 WC-Co 系金属陶瓷。放电等离子烧结（SPS）是粉体内部自发热快速升温烧结法，材料升温速率极快，能快速通过低温区，有利于活化晶界和晶格扩散，抑制表面扩散，从而有利于获得致密的细晶材料。

2.3.4.3　自蔓延燃烧合成法

自蔓延燃烧合成法也可归入粉末烧结法中，但在制备过程中是由化学反应生成陶瓷相，另外其烧结机理和烧结设备又与一般的粉末烧结法不同，因此这里把它作为一种独立的金属陶瓷的制备工艺。自 1967 年 Merzhanov 发明自蔓延燃烧合成技术以来，由于其具备能耗少、效率高、产物纯和工艺相对简单等优点，因而受到各国研究人员的高度重视，得到了迅猛的发展和利用。SHS 法是利用两种或两种以上的元素或化合物间在基体中相互反应生成陶瓷相，而达到强化的目的。它的基础是组元间的化学反应为放热反应，能形成燃烧波，使化学反应自发地维持下去。燃烧合成的基本要素是：利用化学反应自身放热，完全（或部分）不需要外加能源；通过快速自动波燃烧的自维持反应得到所需成分和结构的产物；通过改变热的释放和传输速率来控制过程的速率、温度、转化率和产物的成分和结构。目前利用SHS法合成了碳化物、硼化物、硅化物、氮化物、金属间化合物等超过500种化合物，其中很多在工业上得到了利用。SHS结合致密化技术是SHS技术发展的一个方向。俄罗斯、日本、美国的科学家利用SHS技术结合热压、轧制、挤压、冲击波等方法成功地制备了致密的金属陶瓷材料。自蔓延合成反应典型的装置如图2-14所示，通过电阻丝引燃点火剂，从而使整个预制块自蔓延燃烧；反应结束后立即施加压力，并保压一定时间，从而制得致密度较高的金属陶瓷。点火方式主要有燃烧波点火、辐射点火、激光点火、微波点火、热爆点火等点火方式。其中热爆反应制得的样品的性能较高，其装置如图2-15所示。

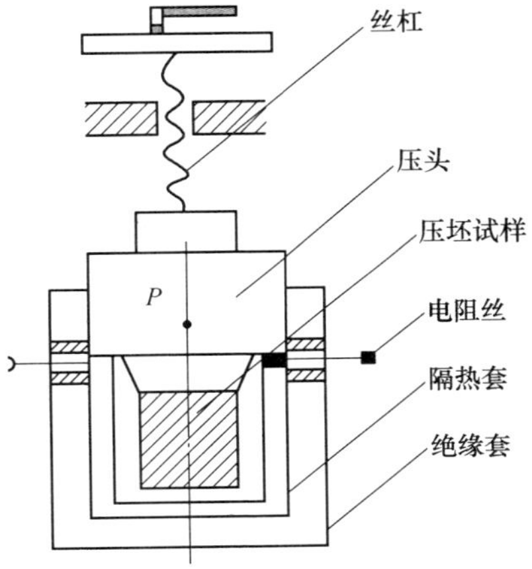

图2-14　自蔓延合成反应装置图

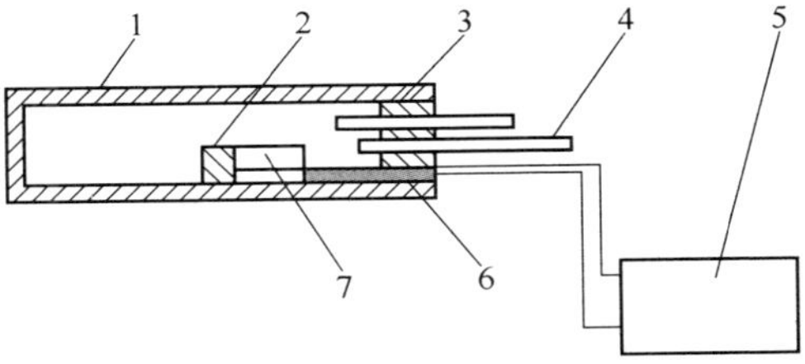

图2-15　热爆反应装置图

1—陶瓷管；2—模具；3—进气管；4—排气管；5—记录仪；6—热电偶；7—压坯

2.4　几种主要的金属陶瓷

2.4.1　氧化物基金属陶瓷

对氧化物基金属陶瓷研究最成功的是Al_2O_3-Cr系金属陶瓷。Al_2O_3陶瓷力学强度高，并且抗弯强度和抗拉强度随Cr含量增加而增加。采用Cr-Mo合金为黏结金属的Al_2O_3系列金属陶瓷可在许多高温条件下应用。例如，作为喷气火焰控制器、导弹喷管衬套、熔融金属流量控制针、T形浇口、炉管、火焰防护杆以及热电偶保护套管和机械密封环等。Al_2O_3-Fe系金属陶瓷硬度高、耐磨、耐腐蚀、热稳定性好，广泛用作机械密封环、农用潜水泵机械密封环，以及在高温、导热、导电场合下应用的高温零件部件，使用寿命长，而且不会因瞬时启动产生的巨大热应力而破碎。ZrO_2基金属陶瓷可制成有用的耐火材料。用5%～10%（原子分数）Ti黏结的ZrO_2基金属陶瓷，适于作为制备稀有金属和活性金属的坩埚材料。用粒径为 2~3μm 的稳定化 ZrO_2 粉与 300 目（粒径约为 48μm）金属 W 粉混合，经成形并在 1000℃的真空中预烧，最后在氢气保护下 1780℃烧结，可制备火箭喷嘴材料。这种材料具有良好的耐磨、耐高温、抗氧化和耐冲击等性能。用 W 作黏结金属的 BeO 基金属陶瓷具有良好的抗热震性和较高的软化温度，常用来制作坩埚。由 W 或 Mo 作黏结金属的 ThO_2 基金属陶瓷常用于制作电子工业制品。由 Al、不锈钢或 W 黏结的可裂变 UO_2 组成的金属陶瓷可较好地抑制裂变产物，而且导热性好，可用作核反应堆堆芯的燃料元件。

2.4.2　碳化物基金属陶瓷

在碳化物基金属陶瓷中，除 WC 基外，TiC 基金属陶瓷也研究得相当成熟，应用也很广。TiC 基金属陶瓷轴的金属相主要有 Ni、Ni-Mo、Ni-Mo-Al、Ni-Cr、Ni-Co-Cr 等。TiC-Co、TiC-Ni、TiC-Cr 等金属陶瓷可做成高温轴承、切削刀具、量具、规块等。TiC 基陶瓷的熔点（3250℃）高于 WC(2630℃)，耐磨性好，密度只有碳的 1/3，抗氧化性远优于 WC，可用来替代目前广泛使用在切削刀具工业中的 WC-Co 基硬质合金，大大降低加工成本，因而引起了人们的极大兴趣。TiC 基金属陶瓷的研究取得了较大的进展，如奥地利 Metallwek Plansee 公司生产的 WZ 系列、英国 Hard Metal Tools 公司生产的 R 系列、美国 Kennameal 公司生产的 K 系列和美国 Firth Sterling 公司生产的 FS 系列都是成功的例子。张幸红等人通过自蔓延高温合成结合准热静压法（SGS/PHIP）制备了致密 TiC-16.8Ni-4.0Mo 基金属陶瓷，其抗弯强度非常接近 K138A。

碳氮化物基金属陶瓷是在 TiC 基金属陶瓷基础上发展起来的一种具有高硬度、高强度、优良的高温和耐磨性能、良好的韧性以及密度小、导热率高的新型金属陶瓷。Ti(C, N) 基金属陶瓷基体成分是 TiC-TiN，以 Co-Ni 为黏结剂，以其他碳化物如 WC、Mo_2C、(Ta, Nb)C、CrC、VC 等为添加剂，Ti(C, N) 基金属陶瓷的物理性能和力学性能可在一定范围内调整。在相同的切削条件下，Ti(C, N) 基金属陶瓷刀具的耐磨性远远高于 WC 基硬质合金及涂层硬质合金。在高速下，Ti(C, N) 基金属陶瓷比 YT14、YT15 合金的耐磨性高 5~8 倍，比 YT10 合金高 0.3~1.3 倍，比涂层硬质合金高 0.5~3 倍。目前，Ti(C, N) 基金属陶瓷应用于加工领域已成现实，各种微型可转位刀片，用于精镗孔和精孔加工以及“以车代磨”等精加工领域。而且由于 Ti(C, N) 基金属陶瓷有低密度、低摩擦系数、高耐磨性、良好的耐酸碱腐蚀性能和稳定的高温性能，还可用于制作各类发动机的高温部件，如小轴瓦、叶轮根部法兰、阀门、阀座、推杆、摇臂、偏心轮轴、热喷嘴以及活塞环等，石化工业中各种密封环和阀门，各种量具（如滑规、塞规、环规）。

Cr_3C_2 基金属陶瓷以 Cr_3C_2 为主要组分。用 Ni、Ni-Cr 或 Ni-W 作黏结金属的金属陶瓷具有密度低、耐磨、耐腐蚀性好、热膨胀系数低、高温抗氧化性好等一系列优良的性能，从而在工具和化学工业中得到了应用。可用作海洋捕鱼杆导圈、抗热盐水腐蚀与磨损的轴承与密封材料、块规、千分尺接头和其他测量工具、黄铜挤压模具、高温轴承、油井阀门的阀球等。这种材料的硬度为HRA88.3，密度为7.0g/cm^3，抗弯强度为780MPa，在982℃热暴露5h之后，表面仅稍微变暗。

其他碳化物，如ZrC、HfC、TaC、NbC等，都可用延性金属作黏结剂而制成金属陶瓷，但由于碳化物的耐高温氧化性都不好，而且非常脆，所以未能得到真正的应用。除了上面提到的碳化物外，目前发现还有B_4C和SiC等碳化物可用做碳化物基金属陶瓷中的硬质相。例如，B_4C-不锈钢、B_4C-Al金属陶瓷可做成原子反应堆控制棒；SiC-Si-UO_2金属陶瓷可做成核燃料元件等。

2.4.3 硼化物基金属陶瓷

系统研究硼化物的性能始于20世纪80年代末，研究表明，金属硼化物具有高的导热率和高温稳定性。硼化物基金属陶瓷可用于需要非常耐热和耐蚀的条件下，如在与活性热气体和熔融金属接触的场合。TiB_2基金属陶瓷由于TiB_2陶瓷而具有某些独特的物理化学性能，例如，高温硬度极高、密度和电阻率低、弹性模量高、热传导性好。目前在TiB_2基金属陶瓷中，研究较多的是TiB_2-Fe、TiB_2-FeMo、TiB_2-Fe-Cr-Ni等系。TiB_2-FeMo基金属陶瓷与其他金属陶瓷相比，具有良好的耐磨性，因此可用作切削工具、凿岩工具和耐磨零件。但由于这类材料强度较低、脆性较大，不适于在冲击载荷下使用。用0.02%~0.05%（质量分数）B黏结ZrB_2的金属陶瓷可在极高温度下使用，包括燃烧室、火箭发动机和喷气发动机的反应系统。这种金属陶瓷可应用于处理熔融金属的系统，如在压铸机上压铸液态合金所用泵的叶轮和轴承、雾化金属粉末用的喷嘴以及与熔融活性金属或金属蒸气接触的炉子零部件。多元硼化物基金属陶瓷具有优异性能，目前，这种材料在日本已经用于制冲压易拉罐的模具、铜的热挤压模、钢丝冷热拉模、锅炉热交换器的保护零件、汽车气门热锻模等。用0.10%（质量分数）的Cr-Mo合金黏结的CrB基金属陶瓷，具有良好的断裂强度和足够高的抗机械振动性，可制造蒸汽和燃气涡轮叶片、内燃机阀座和阀座圈以及喷气动机的排气喷口和排气管。

2.4.4 其他类型金属陶瓷

含石墨结构碳的金属陶瓷可制造电触头，用于电动机和发动机的金属电刷（金属相为铜或青铜）；较低摩擦速度和低接触压力下的滑动触头（金属相为银）；还广泛用来制造制动器衬面和离合器衬片；此外，这类材料在金属基体内加入从粗的碎片到细的粉末状金刚石组成的金属陶瓷，可作为各种耐磨工具。

2.5　SiC 颗粒增强铝基复合材料

20 世纪 70 年代末期出现的金属基复合材料（metal matrix composites, MMC），因其具有良好的比强度、比刚度、高温强度、耐磨性、耐蚀性等综合力学性能，更灵活的可设计性，而迅速得到了发展和应用，尤其在航空、航天和军事等领域发展和应用速度最快。到目前为止，在 MMC 中研究最多的是铝基复合材料，已成为近 30 年来世界各发达国家广泛开展研究的一个重要材料领域，而且各发达国家还对有关的技术严格保密，并从战略意义高度重视该材料的研究和技术封锁，如 1979 年秋，美国政府曾下达对铝金属基复合材料技术封锁的命令。我国政府于 20 世纪 80 年代初，以“863”高技术研究发展计划的方式，连续十余年支持铝金属基复合材料的研发和应用，追踪和赶超世界新材料和新技术的发展，已取得了很多研究成果，建立了国家级研究基地，而且在航天、军事领域已初步得到了应用。铝基复合材料的增强相主要有三种类型：纤维、晶须、颗粒。

纤维增强铝基复合材料（flier reinforced aluminum matrix composites, FRAMCs）、晶须增强铝基复合材料（whisker reinforced aluminum matrix composite, WRAMCs）和颗粒增强铝基复合材料（particulate reinforced aluminum matrix composites, PRAMCs），它们在材料的性能特点、制备技术难度和成本等各个方面存在着很大的差异。纤维增强 MMC 的优良特性已被人们所共知，但连续的制备和把纤维层压于金属基体中是一个很复杂和昂贵的过程。另外，在单向应力状态下，它可呈现最好的性能；但如遇到二向、三向应力状态，材料的使用会因其性能的各向异性而受到限制。虽然晶须增强的 MMC 均能体现更良好的各向同性性能，但晶须还是很贵，产量也有限，其应用也自然受到了一定的限制。综合性能良好的颗粒增强 MMC，由于克服了纤维和晶须增强复合材料价格昂贵、生产工艺复杂等缺点，具有成本较低、制备方法灵活多样，尤其是可对传统的冶金设备和方法加以改造就能制备出质量较好的复合材料等优点。因而颗粒增强 MMC 异军突起，得到了迅猛的发展并在越来越多的领域得到广泛的应用。

PRAMCs 由颗粒增强材料和金属基体组成。可选用的颗粒增强材料种类很多，但增强材料大都以陶瓷质材料为主要特色，以提高增强性能的效果。表 2-6 列出了目前国内外所采用的主要颗粒增强材料的种类及部分性能。颗粒增强材料主要是各种碳化物、氧化物、氮化物以及碳、硅、石墨等颗粒。选择颗粒增强材料要考虑的因素主要包括颗粒与基体的相容性、形状及尺寸、力学性能和物理性能，以及成本等。一般可根据具体的用途和制备方法，优先考虑某些重要的性能来决定颗粒增强材料的选取。如用作结构材料时，应在保证与基体能够相容的情况下，以选取力学性能高、密度比较小的颗粒为宜，以减轻结构重量；用作功能材料时，则主要选用各项物理性能好的颗粒，如低热膨胀系数、高的导热系数以及熔点等，通常颗粒形状以球状或近球状的为佳。至于颗粒尺寸，虽从理论上讲颗粒愈小，材料弥散强化作用愈好，性能愈高；但对于某些制备方法（如液态制备方法），过细的颗粒会使液体黏度增大、流动性恶化、孔隙率高等，由此降低复合材料的质量，并会增加材料制备的技术难度。粗大的颗粒，除了会削弱增强效果外，还会由于颗粒下沉倾向大，很容易产生重力偏析。

表 2-6 增强陶瓷颗粒及其性能

颗粒	性能			
	密度/$g \cdot cm^{-3}$	热膨胀系数/$℃^{-1}$	强度/MPa	弹性模量/GPa
B_4C	2.52	6.08×10^{-8}	2579（24℃）	484（24℃）
SiC	3.21	5.40×10^{-8}	—	324（1090℃）
TiC	4.93	7.60×10^{-8}	55（1099℃）	269（24℃）
ZrC	6.73	6.65×10^{-8}	90（1090℃）	359（24℃）
Al_2O_3	3.98	7.92×10^{-8}	221（1090℃）	379（1090℃）
SiO_2	2.66	$<1.08\times10^{-8}$	—	73
MgO	3.58	11.61×10^{-8}	41（1090℃）	317（1090℃）
BeO	3.01	7.38×10^{-8}	24（1090℃）	190（1090℃）
ZrO_2	5.89	12.01×10^{-8}	83（1090℃）	132（1090℃）
AlN	3.26	4.84×10^{-8}	2069（24℃）	310（1090℃）
SiN_4	3.18	1.44×10^{-8}	—	207
C（石墨）	2.18	-1.44×10^{-8}	—	690
Si	2.33	3.06×10^{-8}	—	112

在各种颗粒增强材料中，SiC 性能良好，来源于工业磨料，可成百吨的生产，价格便宜，因此得到了最广泛的应用。然而，处于技术保密等原因，文献资料中关于 SiC 颗粒尺寸选择方面的介绍较少，为改善 SiC 与基体金属之间的浸润性而对 SiC 进行的预处理技术细节也少见报道，至于 SiC 的颗粒大小、颗粒分布、粒形和加入量等对复合材料性能的影响尚未见到深入系统的研究报道。这种状况，无疑增加了研发 SiC 颗粒增强铝基复合材料的技术难度。

原则上说，所有的铝合金都可用作 PRAMCs 的金属基体材料。考虑到铝合金的力学性能和工艺性能，以及与 SiC 颗粒材料的相容性和成本等各种因素，以选用 Al-Mg-Si 系和 Al-Zn-Mg 系等可热处理强化的铝合金为主。基体合金的固溶度高，固态的扩散系数以及界面能最小，因而可减少铝基复合材料显微结构粗化和界面反应。表 2-7 列出了世界上制备的部分 PRAMCs 材料及性能，SiC 颗粒增强铝基复合材料，其性能可与钛合金媲美，但价格还不到钛合金的 1/10，因而被美国视为 21 世纪最有突破性进展的材料。美国的 DWA 公司生产的 PRAMCs，随着 SiC 含量的增加，只有伸长率是下降的，其他性能都得到了很大的提高。如基体为 6061，SiC 含量为 15% 的复合材料，其屈服强度为 405MPa，极限强度为 460MPa，伸长率为 7%。

表 2-7　部分 SiC 颗粒增强铝基复合材料的性能

材料	抗拉强度 σ_b/MPa	屈服强度 σ_s/MPa	弹性模量 E/GPa	伸长率 δ/%	制造者
A356-0%SiC	276	200	75	6.0	Duralcan
A356-10%SiC	303	283	81	0.6	Duralcan
A356-15%SiC	331	324	90	0.3	Duralcan
A356-20%SiC	352	331	97	0.4	Duralcan
6061-0%SiC	310.3	275.8	68.9	9.0	—
6061-15%SiC	460	405	98	7.0	—
6061-20%SiC	500	420	105	7.0	DWA
6061-25%SiC	515	430	115	4.0	—
6061-30%SiC	551.6	434.3	120.7	4.5	DWA
6061-40%SiC	586.1	448.2	144.8	1.1	—
A359-0%SiC	295	256	76.4	2.5	—
A359-3%SiC	305	278	79.7	1.7	British
A359-3%SiC	315	293	83.5	1.0	Petroleum
A359-3%SiC	323	305	88.3	0.4	—
2014-17.8%SiC	610	400	100	5~7	British
2014-20%SiC	630	490	116	2~4	Petroleum
2014-25%SiC	560	405	105	7	DWA
2024-10%SiC	470.0	—	87	4.6	—
7075-10%SiC	541.2	—	86.2	2.8	Cospray
7075-15%SiC	601	556	95	3	Duralcan

在铝基复合材料产业化生产方面，加拿大 Duralcan 已建成年产 7 万余吨的 SiC 颗粒增强铝基复合材料（SiC_p/Al 复合材料）型材、棒材、铸锭以及复合材料零件的专业工厂，其生产的 SiC_p/Al 复合材料铸锭单个最重达 596kg。目前 Duraican 公司生产的 20%（体积分数）SiC_p/Al 复合材料的屈服强度比基体铝合金提高 75%，弹性模量提高 30%，热膨胀系数减少 29%，耐磨性提高 3~4 倍。性能可按照使用要求，通过调整 SiC 颗粒的加入量、热处理制度以及加工参数来加以设计。更因为其价格也已降到每千克 4.44 美元左右，这使得它有条件大批量应用。到目前为止，SiC_p/Al 复合材料已成功地用于航空航天、电子工业、先进武器系统、光学精密仪器、汽车工业和体育用品等领域，并取得巨大经济效益。已建成批量生产 SiC_p/Al 复合材料的国家还有挪威、英国、德国等国家。

我国尽管投入了大量的人力、物力和时间开展了铝基复合材料的研究工作，并在部分工业领域（如航天、汽车等）进行了应用试验，到目前为止，还主要以实验室研究开发为主，尚未见到产业化生产 SiC_p/Al 复合材料和有关生产企业的报道，在 SiC_p/Al 复合材料产业化进程方面与国外发达国家的差距较大。这是因为金属基复合材料的制备较困难。首先，将与金属不浸润、比重有差异、结合性不好、易发生有害反应的增强相与金属复合在一起是困难的；其次，要想使增强相在金属中分布均匀，与基体金属牢固结合而无空隙，使用时不因残余应力、热应力和热疲劳等影响寿命也是不容易的。正由于增强材料的加入、分布、界面等问题不易处理，使得金属基复合材料的发展比较缓慢，也正因为要解决好复合技术和复合质量中的许多问题，出现了很多金属基复合材料的制备方法和技术。金属基复合材料的制备方法可分为固态法、液态法和自生成法三大类，有的学者又将流变铸造（一种 207MPa 以上的挤压铸造，或称半固态铸造）、喷雾沉积等新工艺归于两相法，成为第四类。每一类又包括若干不同的工艺，有些工艺方法相互之间又有一定的联系，如有的搅拌铸造工艺是在两相区搅拌的，与半固态制备方法相似。到目前为止，比较成熟的 SiC 颗粒增强铝基复合材料的制备工艺有粉末冶金法、搅拌铸造法、喷射沉积法，最常用的和最具有竞争力的制造方法为粉末冶金和搅拌铸造方法。搅拌铸造方法生产（制备）SiC_p/Al 复合材料，除了要很好地避免气体和夹杂物的卷入及颗粒增强材料的均匀分布外，最重要的工艺措施是应当很好地解决颗粒材料与基体金属界面间的浸润和反应问题。

可采用以下方法并控制有关的参数改善颗粒材料与基体金属界面间的浸润状况：（1）金属基体的化学成分。基体中含有 Mg、Si、Ca、Li 等元素，均可改善 SiC 颗粒与基体的浸润性，促进颗粒材料很好地与基体的界面融合。（2）适度对 SiC 颗粒预处理可改善 SiC 与铝基体的浸润性，是一种经济有效的增强相表面处理方法。对 SiC 进行合适的氧化处理效果很好，采用氟盐加热浸泡 SiC 颗粒也有一定的效果。（3）向熔液添加助渗剂改善 SiC 颗粒的浸润性。根据 SiC 加入 K_2TiF_6（比例为 1∶1～1∶1.5）的效果来看，添加铝液 20%比例的氟盐渣可改善增强料的分布效果。（4）压力、气氛、温度等均对浸润性和界面反应有影响。

虽然采用搅拌铸造技术制备 SiC_p/Al 复合材料具有很多优点和特色，产业化前景良好，但无论是在实验室还是在生产过程中，尚需要很好地解决简单易行的 SiC 加入方法、颗粒分布均匀、无有害界面反应、少夹杂和低孔隙率、复合质量快速检测等一系列技术和质量问题。

目前，国内外已经开发了多种 SiC_p/Al 复合材料成型技术和方法。一般来说，需要对锭坯进行锻、轧或液态成型加工才能生产出所需要形状产品，很多情况下也可采用复合材料型材，通过机械加工得到所需要的零部件。一些颗粒增强金属基复合材料制备技术和方法本身不仅可制成复合材料锭坯，也可制备成一定形状的零部件毛坯或型材，因此它们既是复合材料的制备方法，又是成型方法，如粉末冶金、喷射沉积、半固态等方法。同传统的成型技术类似，各种成型方法中唯有液态成型技术可经济有效地获得形状复杂的零部件毛坯。同样由于液态成型过程的特点，铸件毛坯的内在质量不如锻件、轧制产品，也很容易产生成型缺陷，如缩孔、气孔、夹渣等。复合材料中由于加入了不熔的颗粒增强材料，恶化了流动性等铸造性能，材料成型困难，质量难保证，特别容易形成孔洞缺陷，影响产品使用的安全可靠性，需要采取特殊的工艺措施和成型方法获得健全和质量稳定的铸件。SiC_p/Al 复合材料具有重量轻、比强度高、比模量高、耐磨等优点，但它有一个致命的弱点——成型性能差。另外，SiC_p/Al 复合材料切削加工性能也较差。

目前，有关 SiC_p/Al 复合材料成型的工艺技术细节是研究和生产者需要想方设法进行技术保密的核心内容之一，几乎没有见到国内外成型工艺技术详细的报道，只有一些技术方法的介绍。铸造成形的 SiC_p/Al 复合材料的方法为：将可重熔的 SiC_p/Al 复合材料铸锭重新熔化后浇铸成铸件，铸造方法可为砂铸、金属型铸造、挤压铸造和压铸等。经过不断的努力，已经采用金属型浇铸出了汽车活塞、采用砂型浇铸出了汽车制动盘，正在采用消失模方法浇铸有关铸件。铸造生产中会出现的问题有：由于 SiC 比重较重而出现的比重偏析、结晶过程形成的枝晶偏析、搅拌引起的 SiC 分布不均匀性、由于流动性不好而浇不出薄壁铸件等。

日本采用砂型铸造生产出了铁道车辆用制动盘，但没有进一步的技术细节报道。德国克诺尔公司报道生产出带散热筋板的铁道车辆制动盘，没有看到进一步的工艺资料。德国 Sab Wabcc BSl 公司铸造铁道车辆制动盘的技术思路，认为只在制动盘的摩擦面局部区域采用 MMC 比较合理，并采用三种方案试制了这种局部增强且带有高塑性载体的摩擦环，即预制陶瓷件的浸渗工艺、双金属铸造工艺、多重浇铸工艺，其中多重浇铸工艺技术经济性最好。多重浇铸工艺是将两种不同的铸造合金液体按先后次序通过各自的浇道注入同一个铸型内，浇铸工艺的关键是严格控制两种合金液体的浇铸间隔时间。实际生产中，均是通过冒口或铸型专设的窥视孔用肉眼判断不同金属液的层表温度，也可用测温仪测温来确定层表温度，以确定另一种液体金属注入型腔的最佳时间间隔。有文献报道，采用液态模锻可改善复合材料的致密性、减少气孔等。研究表明，当 SiC 增强颗粒尺寸在十几个微米以内时，切削加工性能大为改善，可采用优质硬质合金刀具进行加工，并能保证刀具有较长的使用寿命。

2.6　SiC_p/Al 制动盘研究进展

日本 1994 年报道“用分散粒子铝合金铸造铁路用制动盘”，采用砂型重力铸造法制造制动盘。通过铁道车辆用实物大小的惯性式测力计进行制动特性的评价表明：在初速度为 275km/h、300km/h 制动时，瞬间摩擦系数在 0.2~0.4 之间。铝基复合材料的物理性能测定结果见表 2-8。

表 2-8 铝基复合材料的物理性能

项目	密度 /g · cm^{-3}	比热 /J · (g · K)$^{-1}$	导热系数 /W · (K · m)$^{-1}$	抗拉强度 /MPa	伸长率 δ/%
SiC_p/Al 复合材料	2.77	1.030	120.5	204	0.6
低合金铸铁	7.15	0.489	64.8	298	—

SiC_p/Al 复合材料的比重约为铸铁的 40%，导热系数为铸铁的 2 倍，比热为铸铁的 2 倍。1996 年国外机车车辆工艺报道，日本采用 5083+(5%~20%)SiC 铝基复合材料制动盘与铜基粉末冶金闸片分别进行了小尺寸高速摩擦试验、实际尺寸的试验台试验、100N 新干线电高铁组和 WIN35 试验车试验（其中 5083 为 Al-Mg-Mn 合金）。在小尺寸高速摩擦试验中，制动盘试样摩擦环的外径为 563mm，内径为 421mm，对磨的闸片尺寸为 30mm ×30mm。制动盘采用 50%SiC（质量分数）的铝基复合材料，闸片的材料有两种：新干线用的铜基粉末冶金材料和踏面制动用的铸铁闸瓦材料。该试验的目的是了解高速摩擦条件下铝基复合材料的性能。高速摩擦试验条件见表 2-9。

表 2-9 高速摩擦试验条件

高速摩擦/m · s^{-1}	14	28	42	56	70
循环数/次	25	25	15	5	3
持续时间/s	60				
压力/MPa	0.5				

试验中测试了平均摩擦系数、制动盘磨损率和制动闸片磨损率。结果表明，铝基复合材料与铜基粉末冶金组成的摩擦副，其摩擦系数与新干线使用的 Cr-Mo-Cu 铸铁盘和铜基粉末冶金闸片的一样，约为 0.25~0.3 之间，证明了可使用铝合金复合材料的轻型制动盘。随后进行了实际尺寸的试验台试验。制动盘的摩擦环外径为 710mm（新干线传统盘的外径为 755mm），内径为 468mm。最高制动初速度为 280km/h，惯量为 1246kg · m^2，制动闸片的压力为 7~21kN。试验中测试了摩擦系数和最高温度。在 280km/h 制动时摩擦系数约为 0.28~0.4，而在 30~280km/h 速度范围内制动时摩擦系数 0.2~0.4。分别在制动盘的摩擦区中心 5mm 深处和闸片的摩擦区中心 10mm 深处测温，在 280km/h 制动，制动盘和闸片的最高温度超过了 400℃，约为 450℃。通过此次试验证实了铝合金基复合材料能够用于轻型高速机车车辆。但在摩擦表面的各个区域，铝基略为软化。为改善摩擦表面情况，调整了 SiC 颗粒百分比又进行了高速摩擦试验。5%~15%SiC 的基体合金为 5083，20%SiC 基体合金是 A356(71101A，Al-Si-Mg 合金)，制动闸片仍为铜基粉末冶金，试验制动盘的直径 206mm。

试验结论表明 SiC 百分比的变化对平均摩擦系数的影响不大，但 15%SiC 的平均摩擦系数稍小于其他百分比的 SiC 的平均摩擦系数；制动盘的磨损随 SiC 颗粒的百分比增加而减少。考虑到材料的机械加工性能，选定了 10%SiC+5083 合金制造制动盘。重新制作了制动盘，并选用了多种闸片材料又进行了第二次试验台试验，试验条件同前。根据试验中的摩擦系数和磨损量情况，当制动初速度超过 200km/h 时，制动闸片必须由粉末冶金材料制造。最后进行了装车试验，制造了 8 个铝合金基复合材料制动盘，重量为 30kg（约为锻钢盘重量的一半），安装在 100N 新干线电高铁组转向架上，在 230km/h 初速度下制动了 9 次，试验后的制动盘情况大致与试验台的试验相同。制动盘表面的有些地方可看到颜色的局部变化和黏着物，但制动盘的损伤并不严重。“win 350”试验车的试验结果与 100N 新干线电高铁组一样。

德国克诺尔公司根据不同载荷应用条件，研制出了 610mm×100mm，610mm×130mm，610mm×180mm 等不同厚度的铝合金材料制动盘，并为 140～180mm 厚的制动盘申请了专利（EP 529236）。采用有机合成闸片分别在轻轨电高铁组（最高速度 120km/h，制动盘外径 710mm）和高速列车（外径 640mm，宽 100mm，最高速度 280km/h）上进行了试验，前者的摩擦系数为 0.3 左右，后者为 0.3～0.35。铝制动盘的优点为：重量减轻 40%以上，热裂减少，极低的磨损，节省能源，没有热斑。应用范围可为地铁及高铁组、旅客列车、高速列车、货车、机车等。在试验台上高达 320km/h 速度下的制动试验表明，铝合金制动盘对高速列车同样适用。除了在重量及磨损方面的优势外，良好的热传导使铝合金制动盘不易产生热斑。1995 年 2 月，在一台 ICE 转向架安装了尺寸为 610mm×100mm 的铝制动盘，每轴安装了 4 个盘子（标准布置），1995 年下半年将一台 ICE 转向架修改为每轴 3 个盘子的布置。

1992 年瑞典 Sab Wabcc BSI 公司考虑采用轻合金制作铁路制动装置，其主要目的是轻量化，由于制动装置约占转向架总质量的 20%。因此，轻量化是很有意义的。采用了铝基复合材料制造了 ICE-I 通风式圆形制动盘（Al 为 A356），其重量由原来球铁盘的 115kg 减轻到 65kg。他们采用 MMC 局部强化制动盘的生产工艺，节约材料成本 52%，简化制造工艺，改善了机械加工性能。铝的最高使用温度只有约 400℃（球铁可适用 500℃）。在铁路应用中摩擦面最高的平均温度为 350℃。在一定的温度条件下，其屈服强度（在 260℃ 的温度下屈服强度为 153MPa）足以承受由于制动力和惯性力引起的有效载荷。根据在一定距离内进行的现场试验得到的磨耗率预测，铝基复合材料制动盘总的磨耗寿命超过 15 年，比灰铁和球铁的磨耗率低得多；与铝基复合材料配合使用的制动闸片的磨耗也很低，约为铸铁上制动闸片磨耗量的 1/2～2/3。另外与铁相比，铝基复合材料在制动时不易发出尖叫声，制动闸片的气味也大大减少。

1991 年美国 FORD 公司和日本 TOYOTA 公司均作出决定，使用铝基复合材料制造汽车制动盘，他们采用了 Al-Si（10%）中添加 20%的 SiC 颗粒铸造出了带散热筋板的制动盘。由于散热筋板使得铸造工艺复杂化，制动闸片为无机材料，进行了各种各样的试验，直到 1995 年才投入使用。

2.7 陶瓷$_{3D}$/金属复合材料

三维陶瓷（3D 陶瓷）增强金属基复合材料也称为交叉复合材料（interpenetrating phase composites）或 C^4 材料（co-continuous ceramic-metal composites）。它是 20 世纪 80 年代兴起的一种新型复合材料，其陶瓷增强相与金属基体均为三维空间连续，在空间呈交叉结构。这种结构相对纤维增强金属基复合材料，其整体结构上具有各向同性的优点。相对于颗粒增强金属基复合材料，具有相互连续的优点。这种独特结构使其与基体材料相比，具有质量轻、力学性能优异、比模量高、耐磨损、热膨胀系数低、热导率高和在潮湿等复杂环境下尺寸稳定等优点，在航天飞机、军用武器、舰船、汽车、通信设备、光学设备等领域有广阔的应用前景。目前 3D 陶瓷增强金属基体主要集中在铝基、铜基、铁基三大类。

2.7.1 陶瓷$_{3D}$/铝基复合材料

Al 基复合材料是目前研究与应用较为普遍的金属基复合材料。尧军平等采用压铸技术制备出 3D 陶瓷（骨架）增强 Al 合金复合材料，研究了干摩擦性能。结果表明，复合材料的耐磨性优于铝合金。铝合金以黏着磨损为主，而复合材料发生磨粒磨损和黏着磨损。在 150N 载荷下，复合材料的磨损量约为基体合金 1/6。复合材料的摩擦表面因 Fe 屑、Al 屑和破碎的陶瓷颗粒相互作用，黏附在复合材料表面形成“机械混合层”。该层对摩擦磨损性能的提高起到了关键作用。尧军平等人还研究了陶瓷含量对复合材料摩擦磨损性能的影响，结果表明，材料摩擦系数随 Al_2O_3 体积分数增加而降低。当 Al_2O_3 体积分数达 30%时，其摩擦系数是基体合金的 0.5~0.6 倍，而磨损率仅为基体合金的 10%。随着温度与载荷增加，复合材料抗磨损性能显著改善；复合材料的强度、硬度、弹性模量与基体金属相比均提高，但变形量下降。因为三维空间连续氧化铝骨架在相对摩擦表面形成硬质微凸体起到支撑作用，抑制基体合金高温下发生塑性变形和软化，减少对偶件同基体合金的接触面积，降低了黏着磨损。谢素菁等用传统的热压法在 50MPa、700℃下，成功压铸出 SiC_{3D}增强铝基复合材料；研究了 SiC_{3D}不同体积含量增强 LF3 铝基复合材料的干摩擦磨损性能，其研究结果与尧军平等相似。SiC_{3D}骨架增强铝基复合材料的干摩擦磨损性能显著优于基体铝合金（LF3）。随着温度不断升高，复合材料的抗磨损性能提高；相同实验条件下，复合材料的磨损率、摩擦系数随着增强相的体积分数的增加而降低；复合材料的摩擦系数稳定性高于基体合金。国内有研究人员用 Si 粉等原料制备坯体，在高温感应烧结炉中制备了多孔陶瓷预制体；采用挤压铸造工艺制备出 SiC 多孔陶瓷增强铝基复合材料，并研究其摩擦性能。研究表明，SiC 多孔陶瓷孔筋致密并且具有较高的开口孔隙率。孔筋表面无缺陷的存在，有效地提高了复合材料综合性能。采用挤压铸造方法制备的 SiC 多孔陶瓷增强铝基复合材料界面结合紧密，无缺陷的产生。

2.7.2　陶瓷$_{3D}$/铜基复合材料

由于 Cu 具有高电导率、高塑性、热导率好等良好性能，因此在工程领域、制造加工领域和超大规模集成技术中得到广泛应用。但由于铜本身固有存在的强度低、耐磨性差、高温易氧化等缺陷，严重约束了它的广泛应用。陶瓷$_{3D}$增强铜基复合材料的金属相和陶瓷相均为三维空间连续分布，陶瓷骨架由于金属相的加入而具有的韧性得到增强，金属相由于陶瓷骨架的刚性支撑作用得到增强，两者相互贯穿、增强，良好地解决了铜合金的强度低、耐磨性不好等缺陷。因此，3D 陶瓷增强铜基复合材料在航空航天、电子、国防等领域有广阔的应用前景。

有研究人员用挤压铸造法制备了 SiC_{3D}金属基复合材料，研究了铸造压力、SiC 陶瓷骨架预热温度、浇铸温度等因素对复合材料凝固显微结构的影响。研究表明，陶瓷骨架对晶体萌生与成长起到了重要作用；一定条件下在三维网孔周围可形成垂直于骨架表面的枝晶，或形成晶粒度细小且分布均匀的等轴晶显微结构。把 SiC_{3D}/Cu 复合材料与粉末冶金材料摩擦性能进行对比，结果表明，SiC_{3D}/Cu 的摩擦系数较粉末冶金材料的摩擦系数有大幅提高。SiC_{3D}/Cu 与粉末冶金材料具有不同的失效机制：SiC_{3D}/Cu 的失效机制以“过铁”（对偶中铁的转移）导致的 SiC 骨架被覆盖而失去作用为主，而粉末冶金片的失效机制则是表面裂纹和“过铜”（对偶中铜的转移）。两种材料与 65Mn 钢对摩的过程中均存在不同程度的氧化磨损，但粉末冶金材料的主要磨损机理为磨粒磨损，SiC_{3D}/Cu 的磨损机理主要为“材料转移”导致的黏着磨损。

还有研究团队用销盘式高温摩擦磨损试验机研究了 85Cu-6Sn-6Zn-3Pb 合金及 SiC_{3D}增强铜基复合材料的干摩擦磨损性能。研究表明，复合材料的耐磨性远优于基体铜合金，且伴随着骨架体积分数、温度及载荷增加，复合材料抗磨损性能显著提高；摩擦系数随载荷的变化而维持稳定；SiC_{3D}增强铜基材料作为传动及制动用摩擦材料具有优越性。

2.7.3　陶瓷$_{3D}$/铁基复合材料

由于铁基材料本身固有的高熔点、高塑性及良好的韧性，其与陶瓷$_{3D}$结合而成的复合材料必然会拥有优异的综合性能。一般而言，3D 陶瓷增强铁基复合材料的制备温度都要在 1000℃ 左右，而用于铁基增强的三维连续陶瓷骨架一般为

SiC 或 Al_2O_3。SiC 在高温易于分解，会与铁基体发生剧烈的化学反应，会产生脆性相铁硅化合物和片状石墨显微结构存在于界面之间，恶化陶瓷-金属界面，降低材料的性能。目前科研工作者采用 SiC 表面改性改善界面反应，取得了初步的成就，但由于工艺复杂和成本较高，难以大量应用。Al_2O_3 陶瓷与铁溶液的润湿性差（润湿角为 140°），无界面反应。为了改善两者的界面结合状态，需要对 Al_2O_3 陶瓷进行表面处理和调整铁基体的化学成分，以提高两者的润湿性。

东北大学茹红强、喻亮等人以 SiC_{3D}陶瓷/Fe-Cu 合金复合材料作为摩擦片、SiC_{3D}陶瓷 40Cr 复合材料作为动片，通过研究摩擦时间、法向载荷、Pv 值对该材料摩擦系数的影响及摩擦系数对摩擦片磨损量的影响，来分析材料的摩擦磨损性能和磨损机理。结果表明，随着法向载荷、摩擦时间、Pv 值的增加，摩擦因数逐渐下降并稳定，说明该材料体系的高温稳定性较好。SiC_{3D}/Fe-Cu 合金摩擦片的磨损量随摩擦次数增加先增加后降低，逐步趋于稳定。SiC_{3D}/Fe-Cu 合金材料以磨粒磨损和黏着磨损的磨损机理为主，摩擦过程中形成的氧化层硬度较高，是该材料磨损性能优异的主要原因。

还有研究人员采用 SRV 摩擦磨损试验机研究了球墨铸铁及 $3DAl_2O_3$ 增强球墨铸铁基复合材料的干摩擦磨损性能。研究表明，$3DAl_2O_3$/球墨铸铁复合材料的界面结合紧密良好，金属基体与三维陶瓷增强相之间形成机械啮合的界面结合结构；相同实验条件下，复合材料的耐磨性能优于球墨铸铁。

2.8 摩擦材料特点

随着加工制造技术的不断改善，机械化工具使用范围的不断扩大以及高精度、高安全性、使用寿命长等条件的限制。对于摩擦材料提出了更高的要求：

（1）摩擦材料需具有足够高而稳定的摩擦系数，静、动摩擦系数的变化范围要小，摩擦系数基本上不随工况条件的改变而变化；

（2）摩擦材料需具有良好的导热性，较大热容量和一定高温机械强度；

（3）摩擦材料需具有良好的耐磨性和抗黏着性，不易擦伤对偶件表面；

（4）摩擦材料的制造原材料来源需充足，制造工艺简单易行、造价低；

（5）摩擦材料需符合环保要求，噪声、振动要小，保证材料无毒无害。

“高速”“重载”“轻便”是我国高速列车发展的必然趋势，高速列车摩擦制动材料必须具有以下三种性能：

（1）具有稳定的摩擦性能，即摩擦系数随速度、载荷、温度和湿度的变化较小；

（2）具有良好的抗疲劳性能，制动盘摩擦表面的急冷急热会产生相当高的热应力，要求材料必须具有极好的抗热裂纹扩展能力；

（3）具有较高的耐磨损性能，摩擦中形成的第三体与基体必须具有良好的黏附性，保证材料有较低的磨损率。

磨损分类如图 2-16 所示。

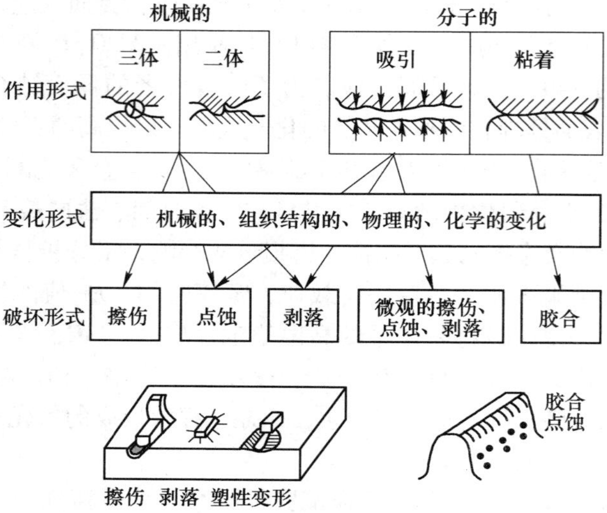

图 2-16　磨损分类图

陶瓷$_{3D}$/金属复合材料研究中存在以下的问题：（1）材料界面问题。界面结构是影响复合材料的综合性能的重要因素。（2）材料摩擦磨损机理问题。（3）材料制备工艺问题。摩擦磨损关系图如图 2-17 所示。

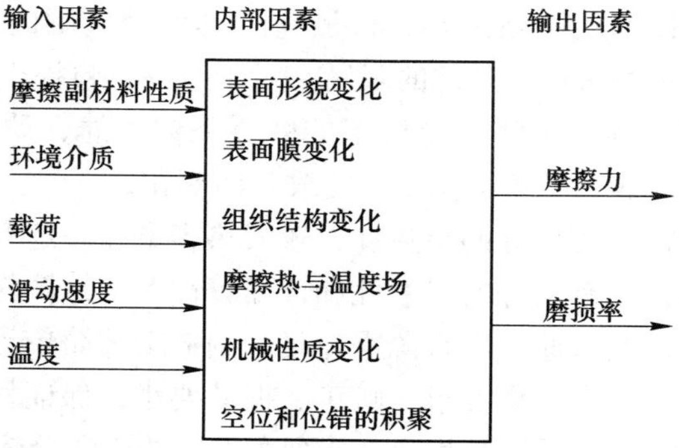

图 2-17　摩擦磨损关系图

2.9　陶瓷$_{3D}$/金属材料优点

（1）SiC 陶瓷具有高模量、高耐磨、高强度和低密度等优异性能，金属材料具有良好的韧性。将 SiC 制成三维网状，再和金属进行复合，制成的金属陶瓷复合材料既可在三维方向上发挥 SiC 高硬度、高耐磨、高耐热，又可充分发挥金属高韧性、良好的导热性等优点。

（2）由于陶瓷/金属界面具有最低能量，故界面的性质和显微结构很稳定。因此基体金属难以发生相变，使得合金成分均匀，不会产生偏析。连续结构的陶瓷可阻碍金属结晶过程中晶粒的粗化和生长，使得 SiC 陶瓷/金属复合材料的晶粒细小和显微结构稳定，机械性能优异。

2.10 铁道车辆制动盘

制动盘是各类运动器，如铁道车辆、汽车、飞机等的制动元件，高速列车制动盘的使用条件最为苛刻，对列车的运行安全也极为重要。服役过程中，制动盘在强烈摩擦力的作用下不仅会发生摩擦磨损，还要将列车的运行动能转化成热能，使其自身温度升高并将热量扩散到大气中。摩擦制动后，列车高速运行又使制动盘快速冷却。列车每制动一次，制动盘就经受一次加热和冷却的循环，产生热应力，反复制动使制动盘出现热疲劳。因此，摩擦磨损和热疲劳是制动盘的主要失效方式。从受力角度分析，制动盘在服役过程中承受着强烈摩擦力、高的热应力和离心力、制动压力等多种力场的联合作用。热应力是由于摩擦制动时制动盘表面温度与内部温度的时间不同步造成的，即制动盘表面温度与内部温度存在着温差，由于温度引起的尺寸变化不一样，而且尺寸的变化又受到了相互制约，不能自由膨胀或收缩，由此在制动盘内部产生应力。制动初期制动盘制动线速度高，摩擦产生的热量大，使表面温度高、产生压应力，内部温度低、产生拉应力；在随后的制动或冷却过程中，因制动盘的制动线速度低，产生的摩擦热量少或冷却作用，使表面温度低、内部温度高，最终使表面产生残余拉应力，内部产生了残余压应力。制动盘制动过程的温度场和应力场计算机模拟计算表明，由于摩擦引起的温度变化导致的热应力占所有应力（热应力、离心力和制动压力产生的内应力）的80%以上，是制动盘中的主要应力。随着列车速度的提高，制动力和制动速度变大，制动能将随速度的平方增加，盘面瞬间温度可达数百度，制动盘材料将受到强摩擦力与大热应力的耦合作用，很容易在制动盘表面产生热裂纹。如果制动盘在服役过程中裂纹断裂而失效，发生掉盘或飞盘，会使列车不能在规定的距离内停车，后果严重。

制动盘及其制动盘材料不仅要求高的安全可靠性，即足够的强度和刚度、好的耐磨性能和耐热疲劳性能，还要求一定的摩擦制动性能，即摩擦系数高而稳定，受速度和环境变化的影响小，保证列车在任何条件下以一定的减速度并在规定的制动距离内停车。此外，特别是随着高速列车的发展，减轻列车重量，尤其是减少列车的簧下重量（如制动盘的重量），改善列车的运行品质，降低运营成本，已成为高速列车重要的技术问题。日本新干线的实验结果表明，将轴重由

16t 减少到 11.3t，可减少运营能耗 34%。我国自行设计的高速列车轴重为 14.5t，为牵引更多重量，需要增大牵引电机功率，而牵引电机功率增加，必然导致电机重量增加，由此又增加了轴重，进而降低了高速列车的运行品质、增加了运用能耗。目前我国采用的钢铁材料制动盘的重量分别为 90kg 和 120kg，高速车辆每根车轴需要安装 4 个制动盘，每节车厢共有 4 根车轴，因钢铁制动盘给每节车厢增加的重量为分别为 1.44t 和 1.92t。

由此可见，研究开发可用于制动盘的轻质材料具有重要的现实意义，世界一些发达国家一直在开展这方面的研究工作。由表 2-10 可知，大规模使用的摩擦制动材料是钢铁类材料，其成本低、摩擦制动性能好、强度性能也好，但存在着密度大的本质缺点。唯有复合材料具有重量轻的特点，可减轻制动盘的重量。碳纤维复合材料还具有很好的耐热性能，但由于成本过高，应用领域受到限制，目前该材料以用于飞机制动盘为主。碳纤维复合材料用于制造铁道车辆制动盘还存在着结构形式需要改变和结构强度需要加强的问题。铝基复合材料的密度约为钢铁材料的 40%，可显著地降低制动盘的重量。由于铝基复合材料具有高的比强度、比刚度，良好的耐磨性、散热特性和热稳定性能，特别适用于制作铁道车辆制动盘，而且具有较大的速度适应范围。此外，该材料还具有磨损量小和低的制动噪声等一系列优点。国外发达国家（如日本、法国、德国、英国、美国）均在研发制备铝合金基复合材料制动盘（又称陶瓷/铝合金、铝合金制动盘等），部分国家（如日本、德国、美国等）已开发出了铝基复合材料制动盘，并装车运用。

表 2-10　世界各国制动盘材料

分类		材料名称	特点	强度 /MPa	密度 /g · cm^{-3}	用途	研究的国家
钢铁系金属材料	铸铁系	片状石墨铸铁	摩擦特性稳定，价廉	250	7.2	客车高铁	世界各国
		Ni-Cr-Mo 低合金铸铁	摩擦特性稳定，合金化	250	7.2	新干线高铁	中国，日本
		蠕虫状石墨铸铁	高强度，石墨形状改变	500	7.2	旧线高铁，客车	中国，英国，日本
		奥氏体等温铸铁	高强度 热处理	400	7.2	正在研究	日本
		铸铁-铸钢复合	摩擦+强度材料符合	200+500	7.2+7.8	新干线高铁	日本
	钢系	铸钢	高强度，耐热裂纹	800	7.8	ICE 等	日本，德国等
		锻钢	高强度，耐热裂纹	800	7.8	新干线 TGV ICE	日本，德国，法国，中国

续表 2-10

分类		材料名称	特点	强度 /MPa	密度 /g · cm^{-3}	用途	研究的国家
复合材料	非金属系	C/C 纤维复合材料	质量轻耐热裂	150	1.5~1.8	正在研究，TGV	日本，法，德，英，中国
	金属系	铝基复合材料	质量轻，耐磨	300	2.9	正在研究开发	日，法，德，英，美国

2.10.1 陶瓷$_{3D}$/铝基复合材料制动盘的优点

（1）制动盘摩擦面采用 SiC_{3D}/Al 复合材料，在制动过程中 SiC 陶瓷形成硬的微突起并起到承载作用，可抑制基体铝合金的塑性变形和高温软化。长期服役过程中可在制动盘的摩擦表面形成一个坚固稳定的混合摩擦机械层（Mechanically Mixed Layer，MML），显著提高复合材料的高温摩擦性能。

（2）三维空间连续分布的陶瓷相和金属相在受力时，将集中在点或面上的热应力、剪切力、压应力迅速向各个方向分散和传递，可阻碍空穴和微裂纹形成。即使在长期服役过程中，因热疲劳形成的空穴和微裂纹，扩展及合并也受到 SiC 骨架阻碍，不能形成连续的裂纹，使得复合材料具有更高的承载或抗冲击能力。

（3）三维陶瓷/金属复合材料，使发生在传统的陶瓷颗粒增强金属基复合材料上的裂纹不易扩展，解决了传统金属基复合材料存在的各向异性。

（4）制动盘的基体采用铝合金，摩擦面采用复合材料，使得单盘仅重 19kg，与钢基材料相比减重超过 60%以上，可大大减少簧下质量。

（5）制动盘体径向方向有许多通风道，造成盘体表面的空气绕流，可强化散热，避免热量集结及在摩擦面形成热斑。

（6）制动盘具有质量轻、热容大、摩擦系数稳定、磨损量小、使用寿命长、对环境适应性强等优异性能；摩擦性能（包括耐磨性，抗热衰减，摩擦系数稳定性）超过钢基材料。

（7）制动盘与闸片摩擦产生的磨屑，可通过通风槽散到空气中，避免了因磨屑产生滚动摩擦和第三体磨损。

（8）在雨天行驶时，通风盘可有效避免产生水膜润滑，在晴天行驶可减轻空气产生的气膜，提高制动效率。

（9）不需改装其他任何零件，就能有效增加摩擦制动力，缩短制动距离。

（10）制动盘制作工艺简洁，制作流程绿色环保，可重复、连续化生产。

2.10.2 强散热型陶瓷$_{3D}$/铝基摩擦副的设计思想

我国目前尚未见到铁道车辆铝基复合材料制动盘的应用报道，而各国也只是报道了铝基复合材料制动盘的研究、试验和应用结果，对材料的制备、成型工艺等技术细节严密封锁、保密，并意图以高的价格进入中国市场。随着计算机及数值模拟技术的日益成熟和完善，数值模拟技术已经广泛应用到现代设计和制造的各个领域。计算机数值模拟技术为研究制动盘的制动温度场及热应力场提供了可能，这必将对优化制动盘的设计、提高制动盘的使用寿命、降低成本、提高产品竞争力具有重要价值。经过长期研究，发现传统摩擦学理论一般是将刹车盘、片作为热库，要求刹车盘、片的热容大，能够将刹车时产生的热吸收、再散发出去。尤其是飞机，因刹车盘、片在一个相对封闭的空间里，就更要求如此了。而高铁刹车盘裸露在外，散热条件较好，那么是否可这样考虑：SiC_{3D}/金属制动盘能否用于时速380km/h高速列车上的关键，除要达到相关的技术要求外，还要有优异的散热设计。即：

（1）如何将刹车时产生的约30MJ/盘（以380km/h紧急制动计算）摩擦热吸入制动盘盘体/闸片/轮毂并快速地耗散到空气中，是保证制动盘安全性、制动性的关键。

（2）铸造缺陷有可能通过影响制动盘的导热能力而对制动性能及热疲劳抗力产生十分显著的影响，减少铸造缺陷、提高加工精度对于保证制动盘的动平衡及导热性能有十分重要的影响。

针对制动盘在高速重载条件下，摩擦系数下降、磨损量急剧增加、服役寿命大幅缩短的问题，根据仿生耦合原理，制备出SiC_{3D}/铝合金制动盘材料和SiC_{3D}/铜合金以及C/SiC摩擦片材料；确定具有最佳摩擦性能的仿生耦合单元体的尺寸、形态和分布数据；研究高速干滑动摩擦热对摩擦副摩擦性能的弱化作用，探索出控制摩擦性能热衰减的方法。以此为基础，依据铝合金比强度高、导热性能远优于钢，以及低压铸造连续性、可再现性好等特点，本书详细计算了将SiC_{3D}陶瓷骨架增强铝合金复合材料做成强散热型制动盘后强度是否达标，摩擦热是否能及时散失等一系列参数，并制备出制动盘样品，如图2-18所示。

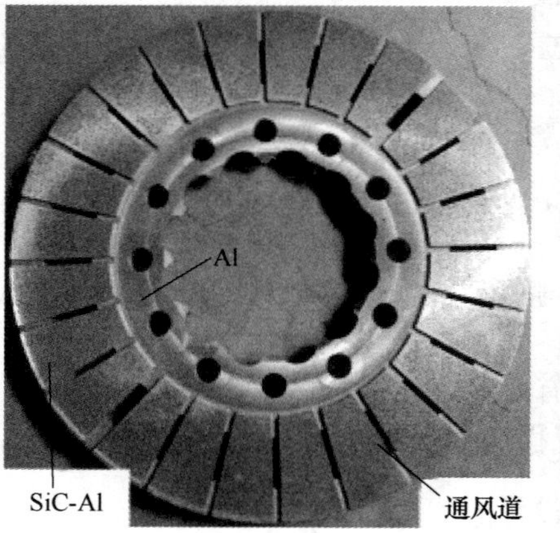

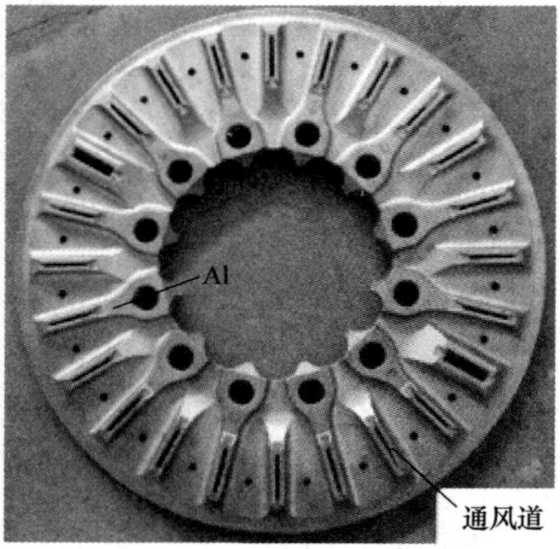

图2-18　陶瓷$_{3D}$/铝基复合材料做成强散热型制动盘

（a）摩擦面视图；（b）散热筋视图

将陶瓷$_{3D}$/Cu 基复合材料做成强散热型制动闸片，如图 2-19 所示，与 SiC_{3D}/铝合金制动盘匹配成摩擦副。已有实验数据、计算机模拟计算及研究表明，浙江天乐新材料科技有限公司研制的高铁用强散热型 SiC_{3D}陶瓷骨架增强铝基（SiC_{3D}/Al）新型制动盘与三维 SiC 陶瓷骨架增强铜基（SiC_{3D}/Al）闸片组成的摩擦副与钢基摩擦副相比，减重超过 50%，加之兼有优异的摩擦磨损性能使其能满足时速 380km/h 高速列车制动要求。

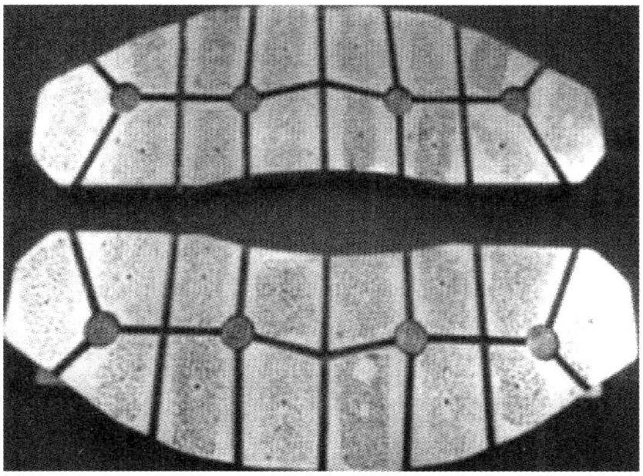

图 2-19　陶瓷$_{3D}$/Cu 基复合材料做成强散热型制动闸片

2.11　关键技术

（1）摩擦面显微/盘体结构、摩擦/抗热疲劳与服役环境的协同设计。制动盘散热结构、摩擦面显微结构均显著影响散热能力，决定盘的抗热疲劳、机械强度和摩擦性能。举例来说，通风槽有利一面是可增强气流散热能力，及时排出磨屑；不利一面是在盘高速旋转时易产生泵风和噪声，增大高铁前进风阻。通风槽的圆角倒角处空气流速快、温度梯度大、热应力易集中、易萌生微裂纹，在热-力循环作用下可能会导致裂纹扩展。又如，摩擦面由 SiC 骨架和铝合金构成，不可为了提高耐磨性、耐高温性而盲目增大 SiC 占复合材料比例，这样会降低摩擦面的韧性、抗冲击能力和散热性。

（2）探索散热结构与摩擦/抗热疲劳性能联系，研究制动盘抗热疲劳机理。制动盘的服役环境复杂，摩擦中材料存在氧化摩擦、黏着磨损、三体/二体磨损等复杂行为，会在摩擦面形成复杂机械混合层，显微结构在热-力作用下将发生不同程度变化，行驶中还有碎石等异物高速冲击盘体，闸片和盘间还可能夹杂异物，造成盘体划伤，严重时出现很深犁沟而破坏摩擦面，加之具有复合材料摩擦层通风盘的显微/盘体结构就很复杂，因此增大研究制动盘抗热疲劳机理难度。

2.12　制动盘组合设计原则

制动盘结构设计的一般性原则可概括为降低制动盘自身结构约束和释放装配机械约束。具体原则包括：

（1）制动盘整体温度均匀化原则。制动盘温度的不均匀分布是制动盘结构约束产生热应力的前提。制动盘温度均匀化的途径主要有以下几种：增加散热筋数量和加大散热筋的截面尺寸。这可使制动盘的整体温度下降，此方法应力下降较快，但会增加制动盘重量；制动盘材料径向不均匀分布，如摩擦面的内外厚度不同，内侧厚度小而外侧厚度大，这可实现制动盘整体温度的均匀化。

（2）制动盘内侧温度均匀化原则。因为实现制动盘温度场整体均匀化十分困难，制动盘裂纹萌生于制动盘内侧沿径向向外扩展，所以制动盘内侧的温度场分布均匀化设计是实际中通常采用的设计方法。可增加制动盘的连接柱的数量；减小内侧圆柱散热筋和连接柱的体积差别。

（3）力矩组合式传递原则。单纯的压紧装配严重限制了制动盘的径向和轴向的移动。解决途径是采用摩擦力矩和机械力矩的组合式装配。

2.13　制动盘结构创新设计

铝基复合材料制动盘结构的特点如下：

（1）制动盘的分体式结构更易于安装和维修。

（2）利用铝基复合材料轻质和良好的导热性，制动盘的摩擦面的厚度较钢铁盘厚，取 30mm（未包括散热筋部分的厚度），可减少制动盘摩擦面的温升和变形。

（3）具有能减少动力损耗的更好的通风设计。制动盘的散热筋采用组合式结构，外侧散热筋形状为圆形，可减少风阻，其他部位的散热筋形状为板状，主要用以增加摩擦面的刚度，减少摩擦面翘曲的发生。此外，辐射状分布的板状散热筋对制动盘内气流还具有导向作用，能减少盘内气体发生紊流，有利于散热。

（4）制动盘的力矩传递方法采用组合式，即螺栓压紧力产生的摩擦力矩和制动盘与盘毂的插入式连接产生的周向机械力矩。该方法可增加力矩传递的有效性。

3 SiC_{3D}/Al 复合材料液态成型有限元计算

SiC_{3D}/Al 复合材料的制备方法包括固态成型、液态成型以及固液两相成型法，综合国内外研究者的研究成果及其制备方法，如图 3-1 所示。

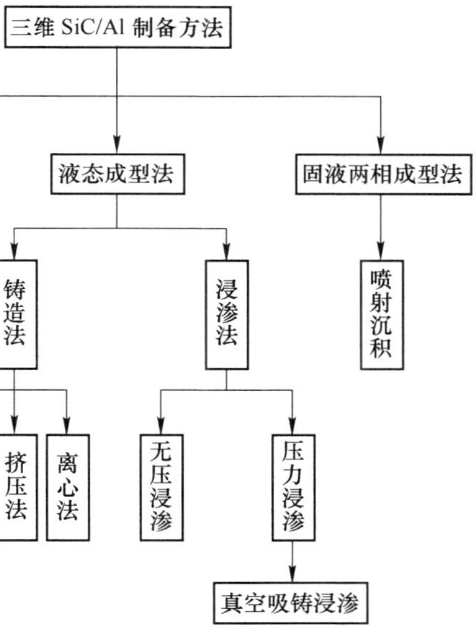

图 3-1 SiC_{3D}/Al 复合材料的制备方法

液态成型法的原理是将熔融的铝或铝合金液在施加外界压力条件下浸入已制备好的三维 SiC 骨架中，凝固后可制备出 SiC_{3D}/Al 复合材料。按生产过程中对铝合金液所施加压力的不同方式可分为四类：挤压铸造法、无压浸渗法、离心铸造法和压力浸渗法等。其中压力浸渗法根据压力方式不同可分为正压浸渗法与负压浸渗法（真空吸铸法），本章介绍真空吸铸法并利用有限元工具 ProCAST 模拟真空吸铸法制备 SiC_{3D}/Al 复合材料。

3.1 真空吸铸浸渗法

3.1.1 工作原理

为了克服重力铸造法造成的不足，美国 Hitchiner 制作公司发明了真空吸铸法。重力铸造中因为气垫的作用造成一系列的缺陷不足，比如，必须要考虑合金液的静压关系才会迫使合金液注入铸型型腔，下层的合金液受会到空气的负压影响，加上合金液在流动过程阻力的不断的增加，在不断上涨过程中，合金液会首先填充上层型腔的较厚截面，从而造成下层的较薄截面无法得到快速填充，出现严重浇不足现象。在型腔上部的合金液高度所产生的重力加上合金液从浇包降落到浇口时的产生的惯性力是充填型腔的最大浇铸压力，而重力浇注根本没有办法克服这种压力的变化，因此会出现各种各样的缺陷；同时因为人工操作把握不准也会造成浇注不连续等一系列问题。针对这一系列问题，由 G. D. Chandley 和 J. N. Lamb 开发出新熔模壳型以及砂型反重力铸造工艺，他们将这两种工艺成功地结合在一起，研制出了一种新的制备工艺，即反重力低压真空吸铸。真空吸铸浸渗法属于压力浸渗，在真空压力铸造中占据着非常重要的地位。

真空压力铸造工作原理是将事先已制备好的预制体置于铸型中并固定其位置，然后依靠抽去铸型中的空气，使铝合金液面与铸型之间产生一定真空，造成负压状态，铝合金液在负压的作用下逐渐上升注入铸型并且浸入预制体中。待铝合金液面上升至要求位置，关闭真空压力控制阀门使其处于保压状态。待浇道内铝合金液凝固后再释放负压，令在浇道内下部还未凝固铝合金液回流至熔池或者坩埚中。该方法可很大程度上提高合金液的充型能力，并且减少夹渣以及气孔等缺陷。

3.1.2　真空吸铸分类

真空吸铸法包括 CLV 真空熔化吸铸法、CLA 真空吸铸法以及 CLAV 真空砂型吸铸法三种。真空吸铸法可用来调控合金晶粒大小，制备材质均匀的高质量冶金铸件，还可用来严格控制合金液体的浸渗过程。使用该方法生产成本较低，操作控制也很简单，是当前世界上比较全面且先进的反重力铸造工艺。真空吸铸具体工作流程如图 3-2 所示。

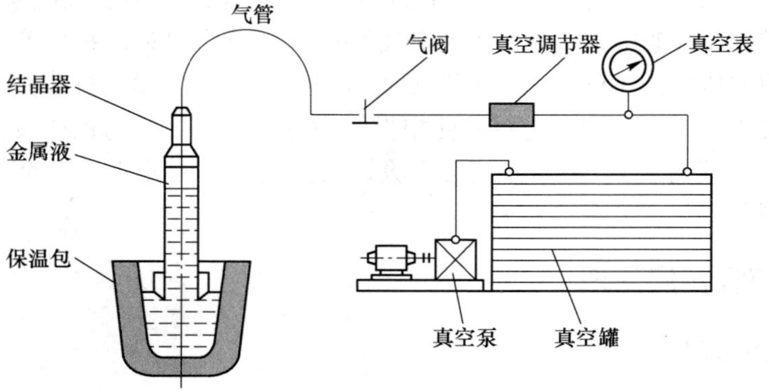

图 3-2　真空吸铸工作原理

3.1.2.1 CLA 真空熔模吸铸法

该工艺是将制备好的模壳放在可密闭条件的铸型中，将装有合金液的熔炉上升或者将铸型下降使得直浇口浸入铝合金液面以下，对密闭的铸型作抽真空处理。直到铸型内达到实验要求的负压状态，在该状态下铝合金液体就会逐渐地被吸进型腔中，完成充型，铸件凝固后，再释放真空达到常压条件后便可将模壳从型腔中拿出来，得到所需要半成品铸件。熔模吸铸工艺主要受真空度、模壳强度以及临界凝固时间这几个工艺参数影响。真空度是该工艺的主要影响参数。如果真空度达不到实验要求，将直接影响铸件品质，比如铸件出现浇注不足现象；而且如果真空度过低，会直接导致吸铸过程不能全部完成，只能充型一部分而已。一般情况下，模壳的透气性只要达到$\geq 0.025cm^3/(g \cdot min)$这个要求就可满足一般的模壳吸铸实验要求；模壳强度指在充型过程中合金液给予模壳的静压力。但是有一个前提是其强度还必须要承受住浸渗液体的温度。与重力浇铸相比较，真空吸铸使用的模壳强度要高约 1.5 倍。最后一个因素临界凝固时间包括从充型开始直到铸件完全凝固所用时间总和。该工艺有以下优势：

（1）材料的利用率比一般的熔模法高出约 45%～65%，减低熔化合金的浪费，降低生产成本，铸件的质量及成功率有一定的提高。（2）因其处于负压作用下充型，通过调节真空度可制备出不同类型以及不同尺寸晶粒的铸件，减少材料内部缩松等缺陷。（3）可以制备出其他铸造方法无法制备出来的极薄、投影面非常大的铸件。

3.1.2.2 CLAS 真空砂型吸铸法

利用该工艺方法生产出来的铸件的性能与 CLA 法相比差距不大，该工艺的优势是能在一定程度上缩短铸件的生产周期，因此提高生产效率，极大程度上地降低成本。

3.1.2.3 CLV 真空熔化吸铸法

CLV 法与 CLA 法相比较，它们之间唯一的差别就是 CLV 法是将铝合金液在真空条件下熔化，而 CLA 法是将铝合金在大气中熔化。研发出 CLV 法主要是为了避免铝合金液在大气中熔化与空气的接触问题，因为当合金液温度达到一定的程度，就会与空气中氧气发生反应，造成合金液氧化、吸气的问题，从而会间接影响制备出来的铸件的质量和综合力学性能。该工艺的特点：（1）真空条件下对铝合金进行熔化，可一定程度上提高合金液的质量，性能也相对得到一定的提升，使得生产成本再一次得到减少。（2）与 CLAS 法相比较，该工艺方法对用于制备投影面积比较大的薄截面铸件的成型能力更好。（3）由于对铝合金液的熔化措施采用在真空条件下进行，升液管下端直接浸入铝合金熔体中，充型过程中铝合金液中的杂质都悬浮在表面，而未进入到型腔中，故铸件中气体及氧化杂质得到很大程度的减少，比真空熔模吸铸法制备出来的铸件的各项优异性能都得到非常大的提升。目前该工艺是制备结构最复杂、最薄壁铸件的最佳工艺。

3.1.3 真空吸铸优点

（1）升液管浸入合金液面以下从中部吸取合金液，悬浮在合金液面的杂质不会进入型腔，一定程度上保证了铸件材质的性能。

（2）采用特殊材料制备的铸型可使得合金液与型腔内壁的接触非常紧实，使得合金液在凝固过程中温度下降，添加水冷装置使其凝固更快，铸件材质不会出现严重偏析。

（3）合金液由下而上缓慢地进入型腔，型腔一直处于真空状态，合金液中气泡中的气体会迅速上浮至表面并且融于真空。铸件中不会有气孔产生，不会有卷气现象，不会有缩松缺陷产生。

（4）升液管与熔化的合金液直接连接，在完成型腔的充型以及铸件的凝固后，通过释放真空，升液管内未凝固的合金液可回流至熔炉中，因此极大程度地避免了合金液的浪费，节约了成本。

（5）生产率高，易于实现机械化和自动化。

3.2 有限元分析

有限元法的概念就是将所要分析的物体用连续的有规则形状的细小质点划分，并且划分的连续体区域的划分是相互连接的，同时在平面或者空间是按照一定的方式进行排列。连续体划分的大小就是模型的离散化程度，即现在的有限元的网格划分。在对模型的网格划分过程中，可根据实际需要以及模拟分析要求的精度，将网格划分成三角形壳体、四面体等。网格划分完成后，会在模型上生成对应数量的节点，整个模型通过节点将网格串接起来，用于模拟时力和热等物理量的传递中介。可设置网格划分的大小程度以及网格的类型，来控制计算机的计算速度能力以及最后得出的计算数据的准确性等。如果网格划分比较粗糙的话，虽然在一定程度上会降低计算机的负载，但会影响计算数据的准确度，因此在划分网格的时候，需要综合这两方面的要求进行网格划分。网格划分后便可对各个网格单元进行物理场的分析，通过分析节点的力及位移数据的一般规律，将对节点的分析扩大至对整个模型进行分析。可在建模过程中对模型不断进行优化，提高网格的划分精度，加载正确的边界条件后，构建关于单元分析以及整体分析的数据的方程组，以便求解出来的数据值更加精确。

有限元方法的思想即通过创建出有限个单元求近似解，该方法的基础原理就是虚位移原理。就是内能变分等于外力功变分与体积力功变之和。具体公式如下：

$$\int \sigma_{ij} \delta \varepsilon_{ij} \mathrm{d}v = \int t_k \delta u_k \mathrm{d}s_0 + \int f_k \delta u_k \mathrm{d}v \quad (i,j,k=1,2,3) \tag{3-1}$$

式中，t_k 为外力功变分，指的是材料外部边条件作用在界面 S 上的 S_0 部分的面力；δ 代表内能的变分；f_k 为体积力分量，指的是作用在整个材料的体积力；各个节点的位移用 $u_k^{(i)}$ 表示，它的物理意义是第 i 个节点的第 k 个位移分量。节点的位移表达式如下：

$$u_i = \sum_{i=0}^{n} \phi^{(n)} u_i^{(n)} \tag{3-2}$$

式中，$\phi^{(n)}$ 为形状函数；n 为该单元的节点数目；$u_i^{(n)}$ 为节点位移。

$$\bar{\varepsilon} = \overline{LU} \tag{3-3}$$

$\bar{\boldsymbol{L}}$ 用数学矩阵的形式表示为：

$$\bar{\boldsymbol{L}} = \begin{bmatrix} \frac{\partial}{\partial X_1} & 0 & 0 \\ 0 & \frac{\partial}{\partial X_2} & 0 \\ 0 & 0 & \frac{\partial}{\partial X_3} \\ 0 & \frac{\partial}{\partial X_3} & \frac{\partial}{\partial X_2} \\ \frac{\partial}{\partial X_3} & 0 & \frac{\partial}{\partial X_1} \\ \frac{\partial}{\partial X_2} & \frac{\partial}{\partial X_1} & 0 \end{bmatrix} \tag{3-4}$$

将式（3-2）代入式（3-3），得到以下公式：

$$\bar{\varepsilon} = \bar{\boldsymbol{L}}\,\bar{\boldsymbol{\phi}}\,\bar{\boldsymbol{U}}^N = \bar{\boldsymbol{B}}\,\bar{\boldsymbol{U}}^N \tag{3-5}$$

式中，$\bar{\boldsymbol{\phi}}$ 为形状函数矩阵；N 为节点总数；通过计算公式可计算出网格中任何节点处的应力：

$$\bar{\sigma} = \bar{\boldsymbol{C}}\,\bar{\boldsymbol{B}}\,\bar{\boldsymbol{U}}^N \tag{3-6}$$

式中，$\bar{\boldsymbol{C}}$ 为单元弹性模量矩阵。可通过以下式（3-7）来计算应变能的变分：

$$\int \overline{\sum} \delta \bar{\varepsilon} \mathrm{d}v = \delta (U^N)^{\mathrm{T}} \bar{\boldsymbol{K}}\,\bar{\boldsymbol{U}}^N \tag{3-7}$$

式中，$\overline{\boldsymbol{K}}$ 为单元刚度矩阵：

$$\overline{\boldsymbol{K}} = \int \overline{\boldsymbol{B}}^{\mathrm{T}} \overline{\boldsymbol{C}}\, \overline{\boldsymbol{B}} \mathrm{d}v \tag{3-8}$$

3.2.1　ProCAST 介绍

美国的 USE 公司针对实际的铸造产品以及生产工艺中出现的问题研发出了一款关于铸造生产的 ProCAST 软件。该软件下的 CAE 系统在铸造工艺优化以及预测铸件的缺陷问题上具有一定的权威性，可对整个过程中的应力场、流场以及温度场进行三场耦合模拟。在一定程度上可很真实地模拟出实际中的铸造工艺情况，且为实际铸造提供一定的参考价值。该软件解决了以往铸造工艺只能定性分析而且需反复试制才能确定其工艺的局限性，能够模拟出合金液的流动全过程，准确显示出合金液在充型过程中产生的裹气、热节的位置以及残余应力的变化；而且还能够预判出缩松、缩孔以及微观组织的变化。ProCAST 主要特点如下：（1）CAD/CAE 高度集成，可直接从软件数据中获取数据，而且其自带材料参数库。（2）精确地进行几何描述，对薄壁制件以及复杂形状零件的模拟更加具有优势，能够更好地处理流动问题。（3）全部模块化设计，能够适合所有铸造过程的模拟，除了以往的砂型铸造，还可应用于半固态、精密、低压等特种铸造。

在 ProCAST 自带的数据库中，不仅包含了实际中常用的金属基材料库，如铝基、铁基、钢等，还包括有非传统铸造用合金以及聚合体。该软件对所有铸造工艺过程中产生的全部缺陷问题都能够通过有限元模拟分析出来，对实际生产铸造工艺带来非常有用的价值；并且通过对充型（过程与凝固）过程的观察及缺陷分析来指导实际应用中的工艺设计，或者修改影响工艺的参数值，来达到提升铸件的质量以及提升铸造效益的目的。

3.2.2　有限元分析的基本步骤

有限元分析包括前处理、求解、后处理，如图 3-3 所示。

第一步：前处理。在模拟分析中，前处理是后期分析工作的前提与保证，首先需要借助辅助绘图工具建立数学模型；并以软件自带的测量分析工具分析模型建立的准确性；将模型导入分析软件，对其网格进行划分处理并检验网格是否划分成功；对模型进行材料赋值以及相关性能参数值设置；对材料相关性能参数设置完成后就需要结合实际情况以及需要求解的参数，对模型进行界面参数设置、边界条件设置以及施加相关的载荷计算。其中建模步骤在前处理中是至关重要的，更是后期模型分析数据时候准确的保障。因此，在建模过程需要特别优化其模型结构。

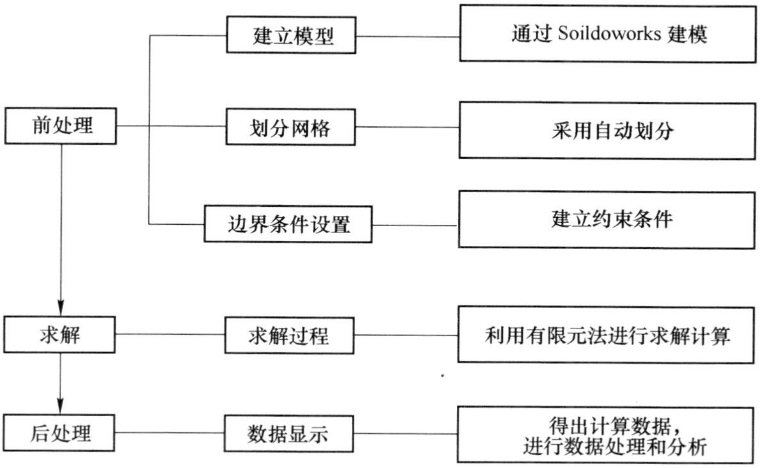

图 3-3 有限元分析流程

第二步：求解。在对模型完成前参数设置以后，根据前处理中的数据求解出想要知道的但未知参数的数值。通过有限元的方法，以及模型的结构选择最佳的求解方法。由于选择不同的求解方法得出的计算数据的准确度都不一样，因此在计算过程中需要选取正确的求解方法。

第三步：后处理。该部分是对计算得到的输出数据进行处理和分析，其数据输出形式主要有两种方式：一种是图表形式，另一种是数据报告形式。当然，通过有限元方法输出的数据其数据量极其巨大。而有限元计算得到的数据是各个节点之间的数据，对于应力以及热变形的分析需要从得到的庞大数据中提取有用的数据，因此就必须要有效处理数据，即要通过后处理得到清晰的可视化数据。前处理是有限元的前提条件，后处理则为得到有限元的必要条件。现在大型的有限元软件都能自行地对数据进行可视化处理，已经可输出主应力图，主应变图，X、Y、Z 方向应力、应变图，iso 图，界面图等，还可输出 Word、HTML 格式的报告，同时具有与 CAD 对接的数据接口，有利于建造几何模型和网格划分，处理图形等功能。

3.2.3 充型模拟理论

在真空吸铸铸造工艺的充型过程中，对液态铝合金液作不可压缩处理。该模型依然遵循三大能量方程。以热平衡方程来衡量充型过程中铝合金液与模具以及预制体间的热量交换，根据真空吸铸模型建立数学模型，其连续性方程式（3-9）以及 N-S 方程式（3-10）~式（3-12）如下：

$$D = \frac{\partial u}{\partial x} + \frac{\partial v}{\partial y} + \frac{\partial w}{\partial x} = 0 \tag{3-9}$$

$$\rho\left(\frac{\partial u}{\partial t}+u\frac{\partial u}{\partial x}+v\frac{\partial u}{\partial y}+w\frac{\partial u}{\partial z}\right)=-\frac{\partial p}{\partial x}+\rho g_x+\mu\nabla^2 u \tag{3-10}$$

$$\rho\left(\frac{\partial v}{\partial t}+u\frac{\partial v}{\partial x}+v\frac{\partial v}{\partial y}+w\frac{\partial v}{\partial z}\right)=-\frac{\partial p}{\partial x}+\rho g_y+\mu\nabla^2 v \tag{3-11}$$

$$\rho\left(\frac{\partial w}{\partial t}+u\frac{\partial w}{\partial x}+v\frac{\partial w}{\partial y}+w\frac{\partial w}{\partial z}\right)=-\frac{\partial p}{\partial x}+\rho g_z+\mu\nabla^2 w \tag{3-12}$$

式中，p 为单位密度的压力；μ 为运动学黏度；g 为重力加速度；∇^2 为拉普拉斯算子。

3.2.4　凝固过程的数学模拟

金属凝固过程非常复杂，伴随多种能量传输以及物理变化。在凝固过程中复合材料的相变可能会带来一系列的缺陷，如应力集中、缩松、缩孔等。该过程主要将对流、热辐射以及导热这三种形式结合起来进行计算。在合金液完成充型阶段即将进入凝固阶段时，如果不将合金液的对流现象结合起来，那么铸件的凝固过程就仅仅是一个导热的过程，在这个过程中很不稳定，对于铸件在凝固过程中的潜热释放问题必须要考虑，此时该模型遵循不稳定导热偏微分方程式（3-13）：

$$\rho c\frac{\partial T}{\partial t}=\frac{\partial}{\partial x}\left(\lambda\frac{\partial T}{\partial x}\right)+\frac{\partial}{\partial y}\left(\lambda\frac{\partial T}{\partial y}\right)+\frac{\partial}{\partial z}\left(\lambda\frac{\partial T}{\partial z}\right)+\rho L\frac{\partial f_s}{\partial t} \tag{3-13}$$

式中，ρ 为铸件材料密度；c 为铸件材料比热；λ 为铸件材料热导率；L 为结晶潜热；f_s 为固相率。

3.3　ProCAST 参数

采用的模型由 soildworks 建模，并将建立的装配体模型转化为格式为 . x _ t 的装配体文件，导入至 ProCAST 软件装配模式。在对模型的前参数设置之前先要对模型进行面网格以及体网格的划分，在 ProCAST 自带网格划分模块进行 . mesh 网格的划分，再将面网格进行体网格划分。为了更接近真实中的实际情况，在建立模拟的模型时尺寸与实际中 SiC 骨架的尺寸非常接近。因此使得模型的尺寸也很小，所以在划分网格的时候必须以更小的尺寸对模型进行网格划分，最终网格划分出来的模型中面网格数有 371358 个，体网格数为 6876713 个。SiC_{3D}/Al 复合材料的网格划分如图 3-4 所示，真空吸铸模型网格划分情况如图 3-5 所示，其中模具上部设置两个孔是用于抽真空孔，模具下部设置的孔是连接铝合金液的升液管道，即铝合金液从模具下部在一定负压条件下向模腔充型。

图 3-4 SiC_{3D}/Al 复合材料网格划分

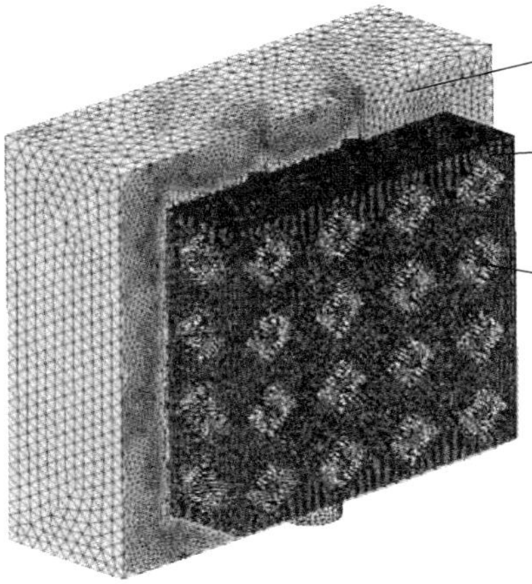

图 3-5 真空吸铸模型

对模型完成面网格以及体网格的划分后需要对建立的模型进行前参数设置。前参数主要包括材料参数、界面参数、边界条件设置以及运行参数等。其中材料参数、边界条件设置以及初始条件都可通过实际实验条件及逆行设定。根据实际中真空吸铸实验，外模具材料为石墨，预制体材料为 SiC。

真空吸铸浸渗实验采用基体合金是 Al-Si-Mg 系列合金，中国标准为 ZL111。ZL111、SiC 以及石墨的性能参数直接从软件的材料数据库中导出。

为了对模型完成应力计算，需要对所有材料完成应力应变模型设置。关于应力应变模型的种类主要有五种：Vacant、Rigid、Linear-Elastic、Elasto-Plastic、Linear-ViscoElastic。其中 Linear-ViscoElastic 指的是弹-黏塑性模型；Elasto-Plastic 指的是弹塑性模型；Linear-Elastic 指的是线弹性模型；Rigid 指的是不计算应力，但参与接触计算；Vacant 指的是不参与应力计算。分析 SiC/Al 复合材料内部应力，对于外模具石墨的应力不做具体要求，但必须要考虑到其接触计算。因此，外模具石墨设置为 Rigid 模型。在实际实验情况中 SiC 骨架发生的收缩与 Al 相相比可以忽略，故对 SiC 骨架以刚体处理。将 SiC 骨架设置为 Rigid 模型，Al 相在实际中材料属性中具有一定的弹性和塑性，故在模型中将 Al 相设置为 Elasto-Plastic，即弹塑性模型，主要界面条件设置包括压力条件设置、降温设置、对称面设置。因为在实验中需要进行抽真空处理，而且在真空达到一定的负压后还需要采取保压措施，吸铸压力对该实验是一个非常重要的参数，因此在实验中主要是在压力-0.6MPa 条件下保压 8min，实验中吸铸压力工艺参数与时间关系如图 3-6 所示。对于降温参数的设置，主要采用在浇铸完成采用空冷的方式。因为建立的模型是对称模型，因此需要在对称面上加载一个对称（symmetry）条件。

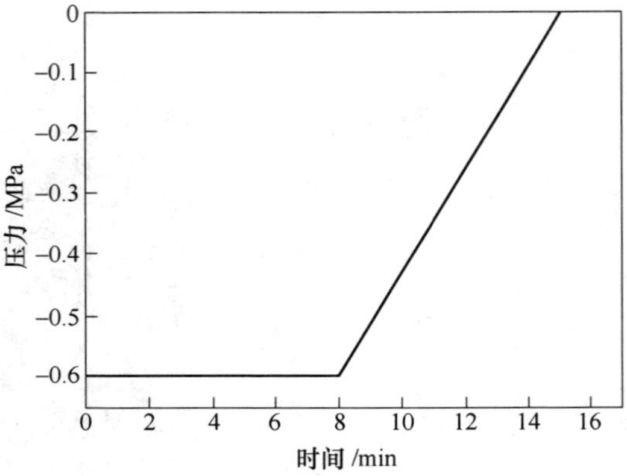

图 3-6　压力与时间的关系

3.4　温度场模拟

3.4.1　充型温度场模拟分析

采用 ProCAST 软件对充型过程以及凝固过程进行温度场模拟，分析熔液初始温度对充型以及凝固过程的影响。首先需要对模具以及 SiC 骨架进行预热，工艺参数：预制体温度为 540℃，吸铸压力为−0.6MPa，DTMAX 为 5 时，研究不同熔液初始温度对其造成的影响。图 3-7 所示是熔液初始温度为 720℃时的充型模拟数据。从图 3-7 可知，在充型中，随着 ZL111 合金液面上升，ZL111 合金溶液温度逐渐降低，待其充型至 75%，温度降低至 ZL111 合金液的固相线温度以下，导致充型不能继续。所以该温度下使得 ZL111 合金不能在石墨模具内完全充型。图 3-8 所示是吸铸温度为 750℃时的充型模拟数据，从图 3-8 可知在充型过程中合金液温度始终处于其固相线温度以上。充型中铝液上升平稳，没有出现紊流。当充型接近完成的时候，复合材料最顶部的四角最先凝固，最后凝固的部位是上平面中心位置。

图 3-9 所示是吸铸温度为 780℃时的充型模拟数据。可知，虽然在整个充型中合金液的温度也在其固相线温度以上，充型过程可完成；但是在充型至 25%以及 50%的时候，SiC 骨架中心偏上的位置会出现局部低温区域，该位置容易产生缩松及残余应力的产生。考虑高温会影响 SiC 与 ZL111 合金的界面反应，通过对不同熔液初始温度对充型过程的温度场的分析，可知当熔液初始温度 750℃时，熔液有足够高的温度，使得充型过程不会因为熔液对 SiC 骨架及模具的热传导而导致熔液温度下降，造成固熔液液面温度低于合金成分固相线温度而凝固，使充型过程终止。又避免因熔液与 SiC 骨架温差过大造成充型过程中，SiC 骨架上出现局部低温区域使铸件中产生缩松。

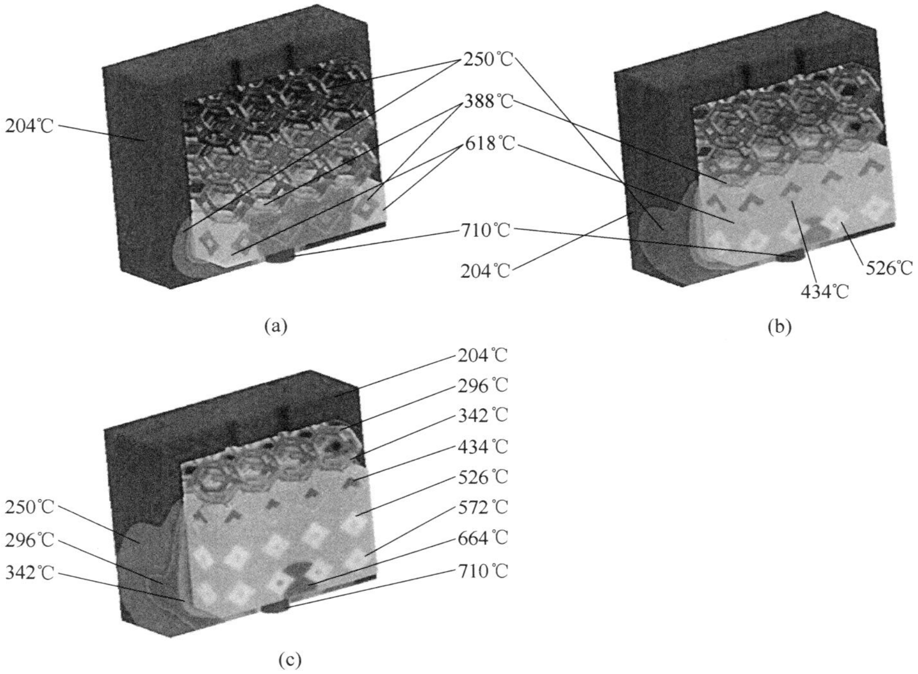

图 3-7　熔液初始温度为 720℃时的充型模拟数据

（a）充型 25%；（b）充型 50%；（c）充型 75%

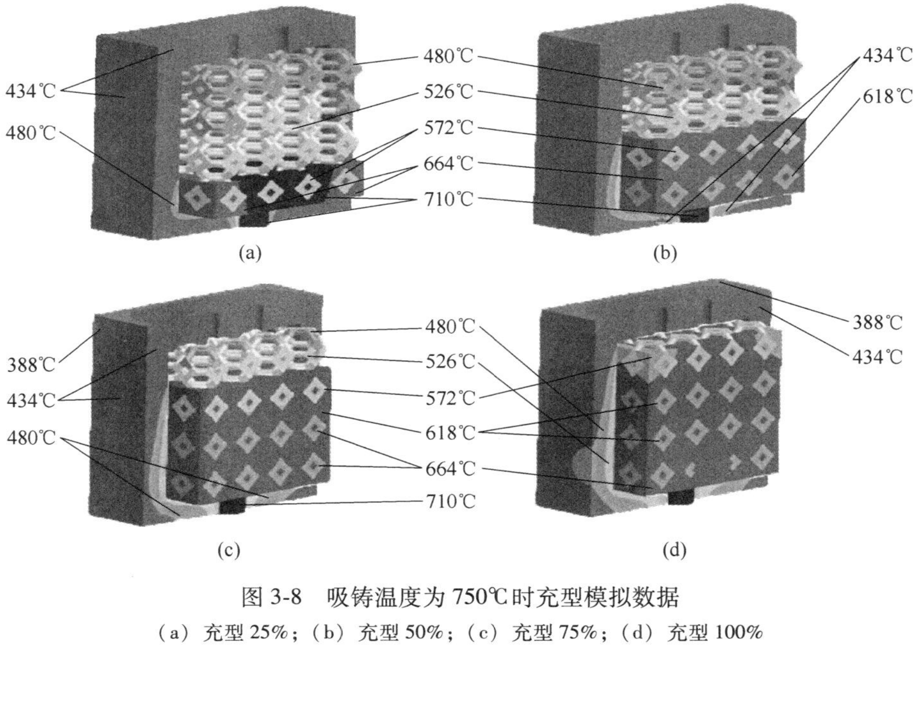

图 3-8　吸铸温度为 750℃时充型模拟数据

（a）充型 25%；（b）充型 50%；（c）充型 75%；（d）充型 100%

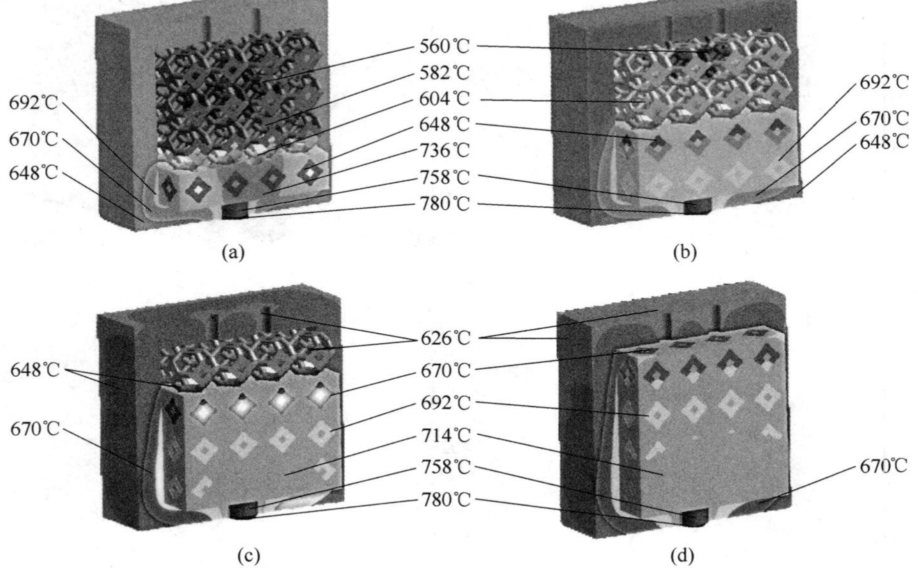

图 3-9　浸渗温度为 780℃时充型模拟数据

（a）充型 25%；（b）充型 50%；（c）充型 75%；（d）充型 100%

3.4.2　凝固过程的温度场模拟分析

图 3-10 所示是合金液的浸渗温度为 750℃时的凝固过程，图 3-11 所示是浸渗温度为 750℃时 SiC 骨架的温度场。计算数据表明凝固时复合材料的中心位置温度降低速率相对比较慢。从 SiC 骨架的温度变化中可知，SiC 骨架在垂直方向（重力方向）上存在着明显的温度梯度，各水平截面上 SiC 骨架上温度大致相同。

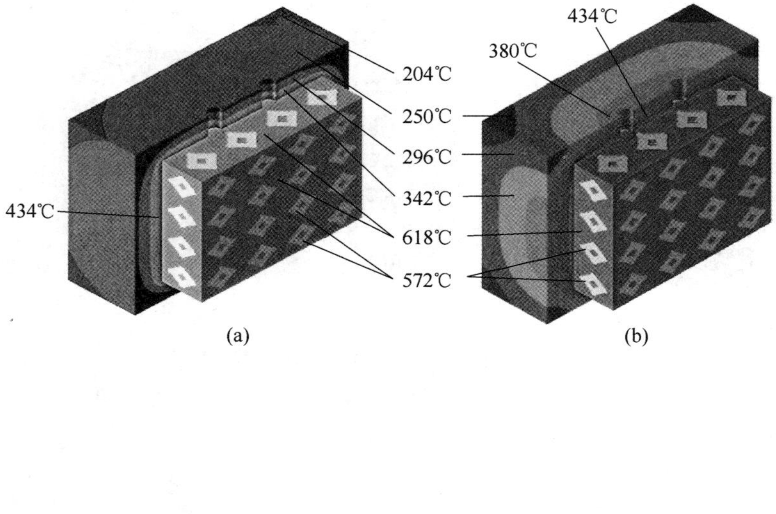

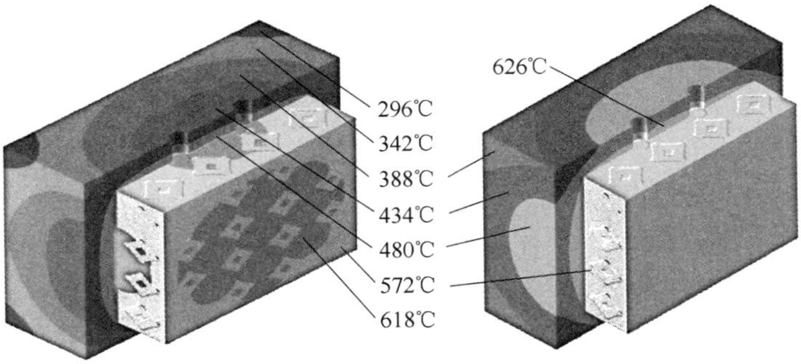

(c) (d)

图 3-10 熔液初始温度为 750℃时凝固过程模拟数据

（a）充型 20%；（b）充型 40%；（c）充型 60%；（d）充型 100%

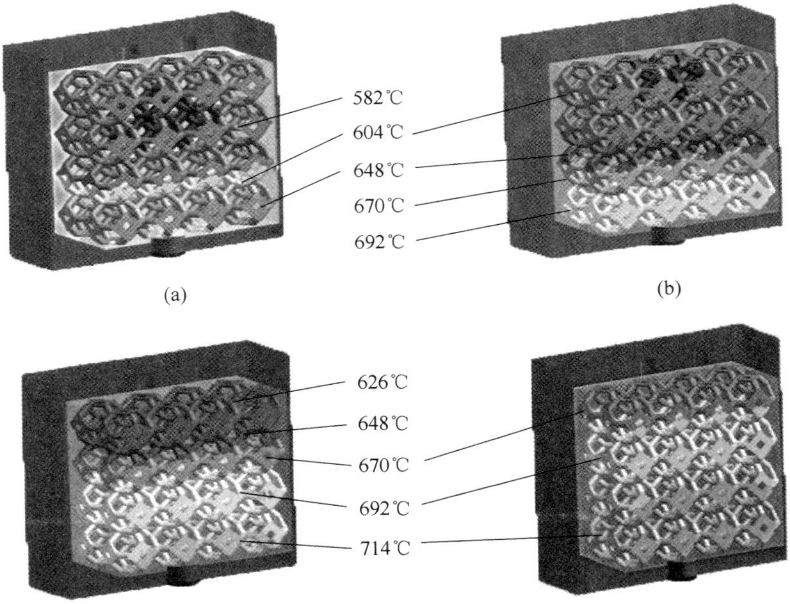

(a) (b)

(c) (d)

图 3-11 熔液初始温度为 750℃时 SiC 温度变化模拟数据

（a）充型 20%；（b）充型 40%；（c）充型 60%；（d）充型 100%

3.5 最大时间步长（DTMAX）对充型过程的影响及优化

本节探讨 ProCAST 软件中的 DTMAX 参数对充型过程的影响。随着 DTMAX 数值增大，会很大程度上缩短计算时间，但降低模拟的精确度。采用相同的优化工艺参数，即预制体温度为 540℃，浸渗温度为 750℃，浸渗压力为-0.4MPa，以不同的 DTMAX 值进行模拟计算，且分别以 DTMAX 值为 1、5、10 模拟分析所得到的数据。当 DTMAX 值为 1 时，得到充型过程液面情况如图 3-12 所示。该图是从模型 *XZ* 平面得到的不同的充型液面情况，从图中可知在充型至 20%、30%、40%的时候，充型平面很不稳定，直到充型至 50%的时候，充型平面逐渐平稳。

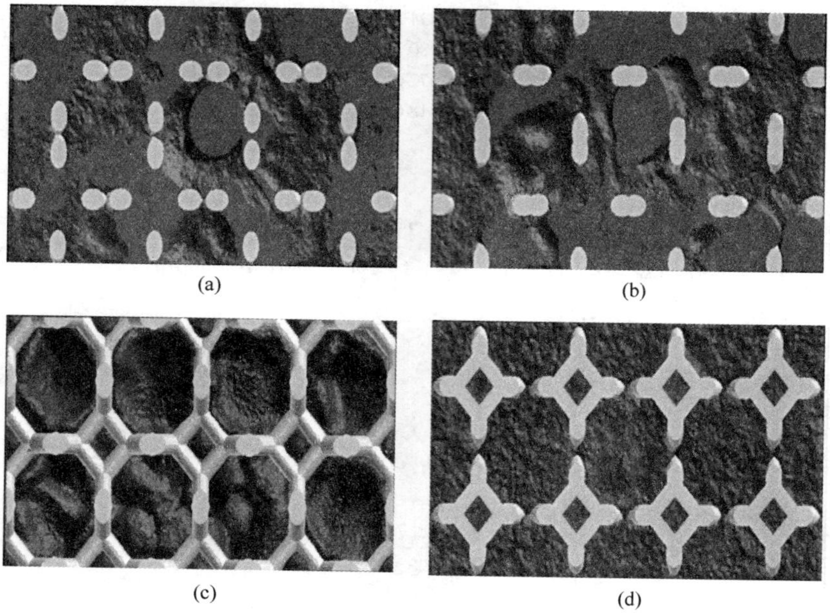

图 3-12　DTMAX = 1 时充型液面模拟数据

（a）充型 20%；（b）充型 30%；（c）充型 40%；（d）充型 50%

图 3-13 所示是 DTMAX 值为 5 的充型液面的情况，从图中可知液面平稳，虽然中间中心位置会有局部部位不平稳，那是因为进液口刚刚好在材料中心位置的正下方，所以不可避免会有一点点影响，但可忽略不记。

图 3-14 所示是 DTMAX 值为 10 的充型液面的情况，从图中可知当充型过程已经达到 50%的时候，液面没有平稳。

(a)　(b)

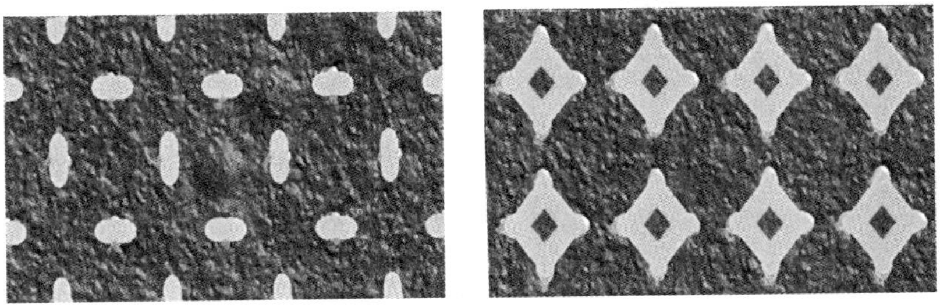

(c) (d)

图 3-13 DTMAX = 5 时充型液面模拟数据

（a）充型 20%；（b）充型 30%；（c）充型 40%；（d）充型 50%

(a) (b)

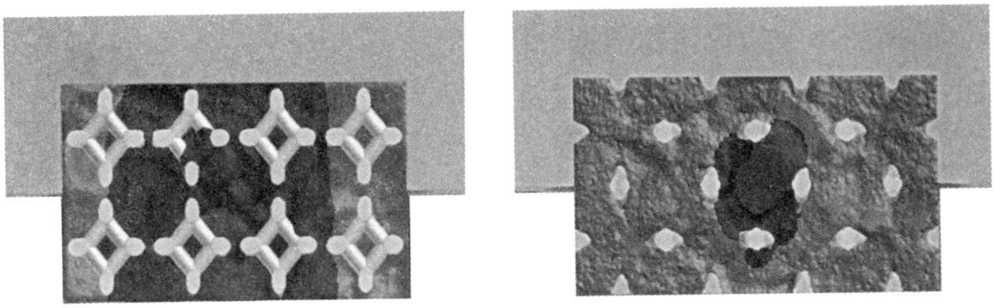

(c) (d)

图 3-14 DTMAX = 10 时充型液面模拟数据

（a）充型 20%；（b）充型 30%；（c）充型 40%；（d）充型 50%

因此通过以上分析，得到最优的 DTMAX 参数值为 5，当该值为 5 时，不但可使得模拟液面趋于平稳，在一定程度上还兼顾了模拟的精确性。

3.6 参数优化及数据分析

3.6.1 反求算法中模拟参数设置

模型涉及 3 种材料，3 种材料中两两相接触，总共涉及 3 个界面换热系数，需要计算出 3 个两两相交的界面（C-SiC、C-ZL111 和 ZL111-SiC）换热系数。在逆运算模型中，也必须有这 3 种材料和 3 个界面。模型材料从外到内分别是石墨、ZL111 合金液和 SiC 骨架。

在 Procast 软件的逆运算模块中关于材料参数、初始条件、界面类型、边界条件和运行参数等相关的设置，和正算模式下的相关参数设置一致。即使在逆运算过程中是对各界面的换热系数进行迭代计算，但是仍然必须对各界面之间的换热系数设定初始值。C-ZL111 的界面换热系数值可取 600W/(m^2 · K)，C-SiC 的界面换热系数数值可取 600W/(m^2 · K)，ZL111-SiC 的界面换热系数可取 500W/(m^2 · K)。在 Procast 中利用反求算法来求解并优化相关参数时，与正求算法最大的不同在于其完成相关参数设置后还必须激活 Inverse 模块，在激活 Inverse 模块后选取相关界面功能选项以及完成相关参数的设置。

具体操作：在激活 Inverse 模块后选择模块下的“Boundary Conditions”子模块；接着在弹出来的“Inverse Settings”面板中勾选 Activate 选项，特别需要注意的是：由于在模块的逆运算过程，每次只能逆运算出一个界面换热系数，所以只能在 Interfaces 中根据需要计算的界面换热系数选择相关的界面，因此就需要分别进行三次迭代反求计算。最重要的是在完成以上操作后需要选取所设置的“热电偶”的编号和顺序，逆运算过程中的“热电偶”的编号和顺序设置一定要与之前测试正算温度以及得到温度数据的“热电偶”完全对应，否则必将造成逆运算出来的数据不收敛。最后选取“Inverse Solver”求解模块开始反求计算。

3.6.2 界面换热系数的优化及数据分析

3.6.2.1 C-SiC 界面换热 $h_{C\text{-}SiC}$

在逆运算过程中，在模型中设置 4 个“热电偶”，位于石墨内部，且靠近石墨与 SiC 的界面处。导出 $h_{C\text{-}SiC}$的逆运算数据如图 3-15 所示。在此次逆运算过程中总共经过了两次迭代，相比初始数据，第一次迭代计算出来的数据上升了 8.33%，

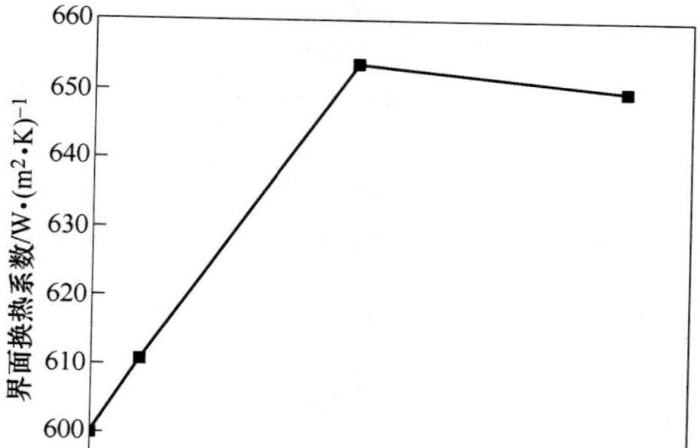

图 3-15　C-SiC 界面换热系数逆运算数据

而第二次迭代出来的数据虽然有微小的篇幅下降但不会产生很大的影响，逆运算出来的 C-SiC 界面换热系数 $h_{C\text{-}SiC}$的值是 640W/(m^2 · K)。

3.6.2.2 C-ZL111 界面换热系数 $h_{C\text{-}ZL111}$

在石墨模具与 ZL111 合金液的界面处设置 4 个“热电偶”。位于石墨模具的内部且靠近 ZL111 合金液。图 3-16 所示为 $h_{C\text{-}ZL111}$逆运算的数据。迭代逆运算的数据表明在迭代过程中的 $h_{C\text{-}ZL111}$数值变化没有特定规律，在前四次迭代过程中 $h_{C\text{-}ZL111}$值呈现出增加的趋势并且当第四次迭代完成后达到了最大值，可是在第五次迭代结束的数据相比第四次的数据突然下降了 40%，之后迭代的数据再次呈上升的趋势，最后两次迭代的 $h_{C\text{-}ZL111}$数值才基本保持不变。此次迭代逆运算过程总共历经 7 次迭代，而且数据波动比较大，造成这个结果的主要原因是在给定材料的界面换热系数初值与最终计算值差距偏大，而最终计算值约是其初值的 1.2 倍。所以，通过逆运算迭代计算得出石墨模具和 ZL111 合金液界面的换热系数的最终值是 $h_{C\text{-}ZL111}$ = 1416W/(m^2 · K)。

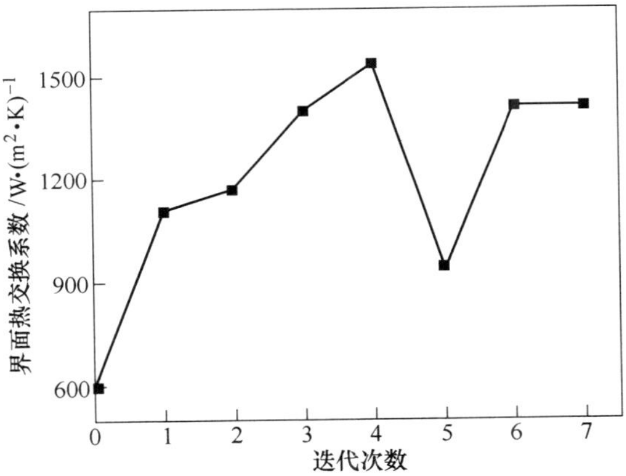

图 3-16　C-ZL111 界面换热系数逆运算数据

3.6.2.3 ZL111-SiC 界面换热系数 $h_{ZL111\text{-}SiC}$

由于在逆运算模型中 ZL111 合金液与 SiC 骨架的接触界面比较多，故在 X 平面内且在其相交的界面处设置了 4 个“热电偶”，热电偶的位置在 ZL111 内部并且靠近 SiC 界面。界面换热系数 $h_{ZL111\text{-}SiC}$的逆运算数据如图 3-17 所示。

从图 3-17 可知此次迭代逆运算只进行了一次就完成了，原因是初始设置的该界面换热系数参数值与其理论值非常接近。所以，ZL111-SiC 的界面换热系数迭代数据是 $h_{ZL111\text{-}SiC}$ = 480W/(m^2 · K)。通过 ProCAST 的 Inverse 模块完成了最大时间步长和界面换热系数的优化，完成了对真空吸铸的充型过程以及凝固过程的温度分布分析，且为后期的实验工艺参数的模拟做好了前期的工作。

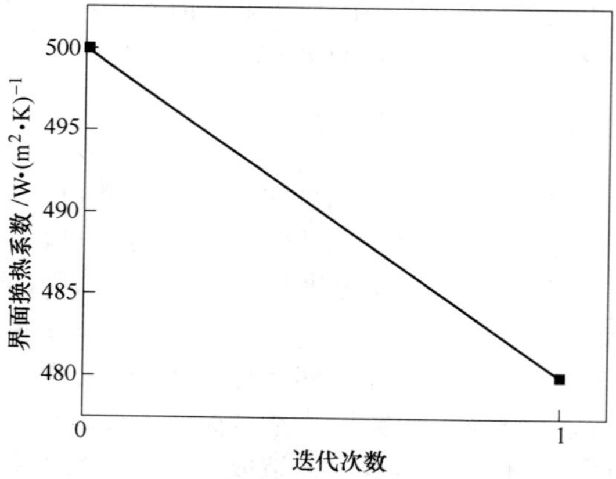

图 3-17　ZL111-SiC 界面换热系数逆运算数据

3.7　吸铸模拟工艺参数优化

简化微孔模型能够更为方便地研究吸铸压力变化以及凝固后的应力状况。吸铸压力是真空吸铸的主要工艺参数之一，选择简化微孔模型进行真空压力吸铸工艺参数优化的模拟计算。

3.7.1　正交实验

真空吸铸实验可调节的参数分别是预制体温度、熔体初始温度和吸铸压力。通过这三个工艺参数设计出合理的正交实验，探讨这三个工艺参数对复合材料在制备过程中的最大残余应力、浸渗时间和缩松等方面的影响。设计了三因素三水平正交模拟实验，设计的正交实验见表 3-1。在设计正交模拟实验中，以 ZL111 的熔点为参照，以 40℃ 为水平间隔设置预制体的温度参数，分别选取 540℃、580℃、620℃进行正交实验。熔体初始温度基于考虑到 ZL111 合金液在三维 SiC 骨架中的流动性问题，使得 ZL111 铝合金液能够与三维 SiC 骨架有充分时间接触，用于计算的熔体初始温度应略高于一般工艺参数值。以 30℃ 为间隔。分别选取 720℃、750℃、780℃进行正交模拟分析。吸铸压力考虑到实际制备复合材料的尺寸大小，以模型尺寸的大小为基础，选取三个压力值，分别为 -0.6MPa、-0.4MPa 和 -0.2MPa。基于考虑到尽量减弱 Al 和 SiC 之间的界面反应，达到最大程度地提高材料性能，要尽可能地减小浸渗温度以达到要求。

此次正交模拟实验中，其他的工艺参数（如材料赋值参数、界面换热系数参数、边界约束条件和运行设置参数等）都保持一致。对正交模拟数据采用极差法进行分析，极差能够极大程度上反映各因素造成的影响的波动，其数值越大，表示该因素对实验指标造成的影响越大。

表 3-1 正交模拟实验表

实验编号	因素 *a*	因素 *b*	因素 *c*
	预制体温度/℃	熔体初始温度/℃	吸铸压力/MPa
1	a1（540）	b1（720）	c2（-0.4）
2	a1（540）	b2（750）	c3（-0.6）
3	a1（540）	b3（780）	c1（-0.2）
4	a2（580）	b1（720）	c3（-0.6）
5	a2（580）	b2（750）	c1（-0.2）
6	a2（580）	b3（780）	c2（-0.4）
7	a3（620）	b1（720）	c1（-0.2）
8	a3（620）	b2（750）	c2（-0.4）
9	a3（620）	b3（780）	c3（-0.6）

3.7.2 缩松

在制备 SiC_{3D}/Al 复合材料过程中其中心位置容易产生缩松。而该缺陷一旦出现就会导致 SiC 和 Al 界面结合力下降，造成材料中心位置的孔隙或者直接产生裂纹。因此从缩松分布、最大缩松值和缩松体积三个因素分析缩松数据。

3.7.2.1 缩松体积

对于缩松体积，可直接从 ProCAST 的正交模拟数据中得出其缩松分布范围大小。从计算后的数据中统计出缩松体积，其数据如图 3-18 所示。表 3-2 是三因素的极差值。从图中可知，缩松体积随预制体温度的升高而急剧增大。预制体温度为 540℃时缩松体积为 $4.0\times10^{-3}mm^3$，当预制体温度升至 620℃时缩松体积增大为 $16.25\times10^{-3}mm^3$，上升了近 3 倍。而熔体初始温度以及吸铸压力这两个因素的改变仅仅只造成了缩松体积的细小改变，极差数据显示出缩松体积主要是受预制体温度的影响。

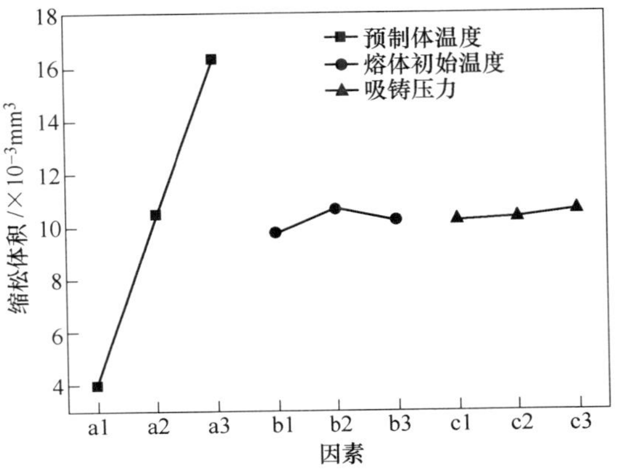

图 3-18 缩松体积与三因素关系

表 3-2　缩松体积极差值

因素	预制体温度	熔体初始温度	吸铸压力
极差值	12. 25	0. 92	0. 76

因此，通过对正交模拟数据的分析可知：预制体温度对铸件中缩松体积的大小有很大的影响，而熔体初始温度与吸铸压力对缩松体积的影响较小，可忽略；最佳的预制体温度为 540℃。

3. 7. 2. 2　缩松分布

缩松分布是指在对称面 *XY* 上产生缩松分布的中心点到复合材料与石墨模具下端进液口接真空泵相连接的平面（即实验中石墨模具下端进液口的内切面）的垂直距离 *L*（单位为 mm）。模拟得到的三因素的缩松分布数据如图 3-19 所示。从图中可知，当模拟的预制体温度为 580℃和 620℃时，造成的缩松分布程度相近，随着预制体温度降低至铝合金液熔体固相线以下（540℃），其垂直距离 *L* 及缺陷逐渐向石墨管内切面移动，使得缺陷远离复合材料中心位置，即使得缺陷远离复合材料中心位置而向材料的表面移动。从表 3-3 中显示的极差值可知，造成缩松分布主要取决于预制体的温度，而其他两个因素对缩松分布造成的影响并不显著。如果材料中心位置存在缩松缺陷会严重降低材料的综合性能，所以希望把该缺陷尽量转移至材料的边缘部位，这样便可通过后期加工切除。根据模拟数据分析可得到预制体温度为 540℃时是最佳选择。

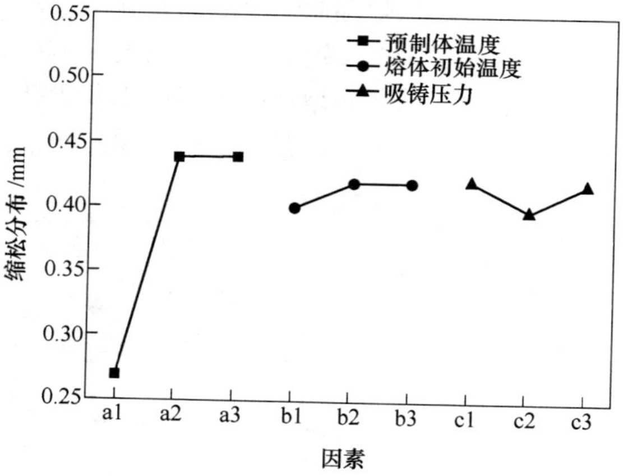

图 3-19　缩松分布与三因素关系

表 3-3　缩松分布极差值

因素	预制体温度	熔体初始温度	吸铸压力
极差值	0. 17	0. 04	0. 03

3.7.2.3 最大缩松率

最大缩松率是指造成的缩松体积分数最大值。模拟得到的最大缩松率统计如图3-20所示，从图中可知，造成最大缩松率的主要因素仍然是预制体温度，而改变熔体初始温度和吸铸压力对其产生的影响很小。当预制体温度从540℃升高至580℃时，最大缩松率从51.2%升至61.6%，增大近了20.3%。当预制体温度升高至620℃时，最大缩松率再次增大近了14.0%。因此，预制体温度为540℃且低于ZL111铝合金液固相线可降低最大缩松率，达到最佳效果。

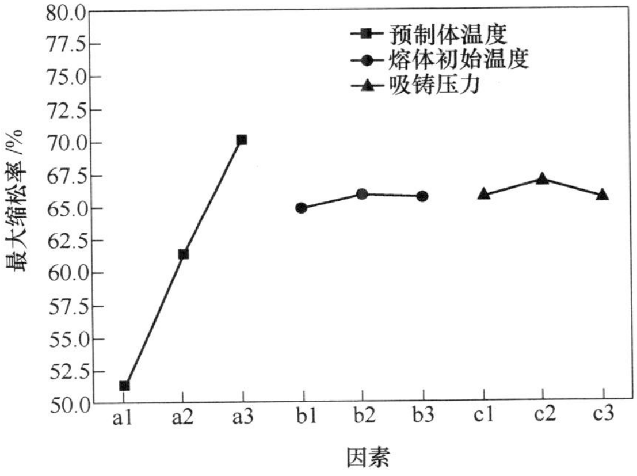

图3-20 最大缩松率与三因素关系

表3-4 最大缩松率的极差值

因素	预制体温度	熔体初始温度	吸铸压力
极差值	19.2	1	1.8

3.7.3 充型时间

模拟过程中的充型时间的长短直接受熔体初始温度以及吸铸压力的影响。充型时间越长，铝合金液熔体在高温下停留的时间也就越长，即也就会导致界面反应程度会加强，所以充型时间越短越好。图3-21所示是充型时间与三因素关系的正交模拟实验数据，表3-5是充型时间与三因素的极差值。从图可知充型时间主要是受吸铸压力值的影响，即吸铸压力越大，充型时间就越短。吸铸压力从负压0.2MPa升至负压0.4MPa时，充型时间缩短了47.6%；再从负压0.4MPa升至负压0.6MPa时，其充型时间再次缩短了27.3%。

表3-5 充型时间的极差值

因素	预制体温度	熔体初始温度	吸铸压力
极差值	0.004	0.002	0.210

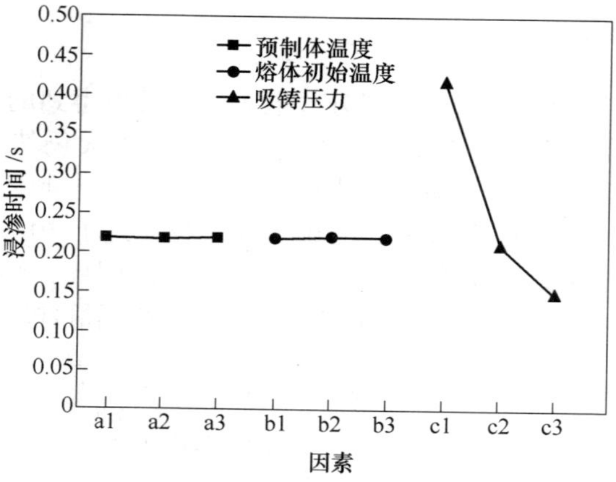

图 3-21　充型时间与三因素的关系

3.7.4　最大残余应力

最大残余应力指的是在模拟过程中复合材料中存在的最大的残余应力，图 3-22 所示是最大残余应力与三因素的关系。从图可知，随着预制体温度的不断升高，最大残余应力也随之升高，当预制体温度从 540℃ 升高至 580℃ 时，最大残余应力从 191. 5MPa 升高至 203. 8MPa，增大了近 6. 4%。预制体温度继续升高至 620℃，相应的残余应力发生了细微的增高，最大残余应力值增大约为 1. 1%。所以，在一定程度上降低预制体温度可有效地降低最大残余应力，综合前面各因素对缩松分布、最大缩松率以及缩松体积的影响，所以预制体温度为 540℃ 为最佳温度。图中随着熔体初始温度以及吸铸压力的逐渐升高，最大残余应力都是呈现先增大而后减小的趋势。

表 3-6 是三因素对最大残余应力影响的极差值，从极差数值可得到影响最大残余应力的主要因素是吸铸压力，其次为预制体温度，相比之下最大残余应力值受到熔液初始温度的影响。但是总体而言，三者的极差值没有太大的差距。残余应力值过大会导致裂纹的产生，在一定程度上造成细小裂纹的扩散。所以，在模拟分析和实际中残余应力值是越小越好，当然残余应力值不可能不存在，只能最大程度地降低其数值。

表 3-6　最大残余应力极差值

因素	预制体温度	熔体初始温度	吸铸压力
极差值	13. 5	7. 2	16. 8

考虑到前面对充型时间模拟数据分析得到吸铸压力较优值为-0. 6MPa，对缩

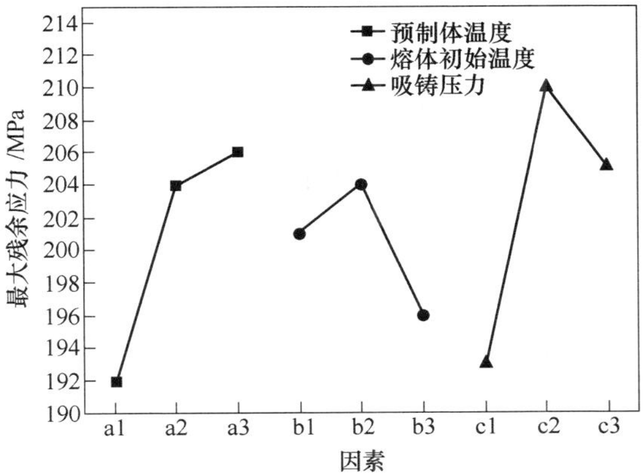

图 3-22 最大残余应力与三因素的关系

松参数优化得到预制体温度为 540℃，熔体初始温度为 750℃。

综合三因素对充型时间、缩松、最大残余应力的总体影响，最终得到的真空吸铸浸渗最佳工艺参数是：预制体温度 540℃，熔体初始温度 750℃，吸铸压力 -0.6MPa。

4 低压铸造 SiC_{3D}/Al 凝固过程数值模拟

本章使用铸造模拟软件 ProCAST，以 SiC_{3D}/Al 制动盘为研究对象，对制动盘铸件的充型和凝固过程进行三维温度场有限元分析，来确定 SiC_{3D}/Al 制动盘的最优成型参数。

4.1 制动盘铸件和模具的热物性参数的设定

模具材料为 H13 钢，模具的热材料特性假设为均匀；铝合金为 ZL111（化学成分按质量分数：6.8%～7.5%（Si），1.8%～2.3%（Cu），0.33%～0.50%（Mg），0.15%（Ti），0.07%～0.1%（Fe），0.003%（Sr），余量（Al））。其成分点对应的液相线、固相线温度分别为 615℃ 和 577℃。模具钢及铸件的热物理性能参数见表 4-1。计算中采用的铝合金液浇铸温度 690～750℃，模具初始温度为 350～500℃，SiC 骨架预热为 400～600℃。

表 4-1 H13 的热物理参数

热物理性能	导热系数 λ/W·(m·℃)$^{-1}$				比热容 C/J·(kg·℃)$^{-1}$		
温度/℃	20	200	350	650	20	500	600
H13	32.2	28.6	28.4	28.8	460	548	590
ZL111	158	163	168	170	1100	1380	1430
SiC	129	114	93	78	540	1490	1560

4.2 模拟参数

考虑模具水冷却，热传导，浇口横截面积和 SiC 骨架预热温度对铝合金熔液的影响，模具与铸件间换热系数 $h=1000$，计算时间设置为 500～800s，载荷步 50 步，铸件在凝固过程中，温度变化将引起金属的相变，主要有液-固相变和固-固相变。通常，由于固态相变潜热与液-固相变潜热相比是较小的，所以在凝固温度场模拟计算中，一般不考虑固态相变的影响。因此在温度场计算中，本模拟只考虑液-固相变潜热。

4.3 铸件充型过程

经 ProCAST 模拟数据获得最优化的充型参数如下：

（1）铝合金熔液温度 690~710℃；SiC 骨架预热温度 500~600℃。

（2）上模温度 360~420℃；滑块温度 350~400℃；下模温度 430~480℃；浇口预热温度 430~480℃。

（3）加压压力与加压时间：

到浇口处	(0.18±0.03) kg/cm^2	4s
到制动盘上部	(0.06±0.02) kg/cm^2	15s±3s
冒口压力	(0.07±0.02) kg/cm^2	5s±2s
保持冒口压力	(0.07±0.02) kg/cm^2	250s±30s

图 4-1 所示为模拟低压铸造充型过程中在不同时间点铝液填充模具的计算值，可知在充型 18s 后，铝合金熔液完成充型，且模拟结果未显示出冷隔。

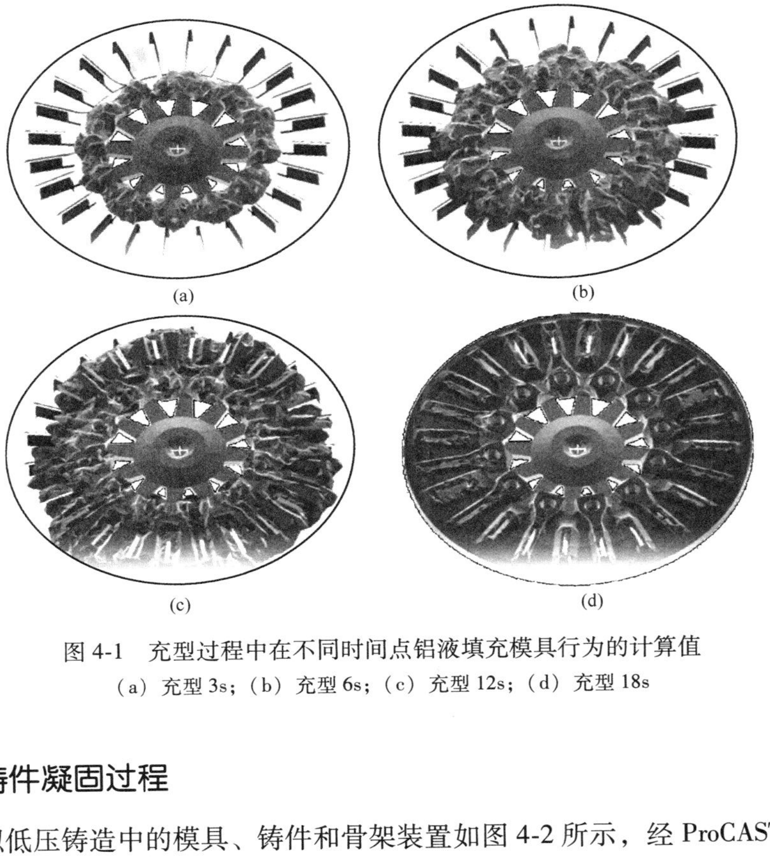

图 4-1 充型过程中在不同时间点铝液填充模具行为的计算值
（a）充型 3s；（b）充型 6s；（c）充型 12s；（d）充型 18s

4.4 铸件凝固过程

模拟低压铸造中的模具、铸件和骨架装置如图 4-2 所示，经 ProCAST 模拟结果分析得最优化的凝固参数为上模、下模冷却水流速 0.8~1m/s。

图 4-3 所示为铸件凝固过程中的温度分布。由图可知，凝固过程中铸件符合顺序凝固原则，有利于补缩，防止缩孔、缩松缺陷；同时顺序凝固有利于降低铸造应力，防止热裂、冷裂产生。利用 ProCAST 模拟凝固和随后冷却过程中制动盘

图 4-2　低压铸造中的模具、铸件和骨架装置

未见裂纹。在生产过程中制动盘都未见裂纹，实际生产的制动盘铸件如图 4-4 所示。将制动盘切开后，经观察未见缩松等缺陷，如图 4-5 所示。制动盘冷却至 80s（图 4-3b）时，其热节部位才开始缓慢冷却，直至 550s 才凝固。

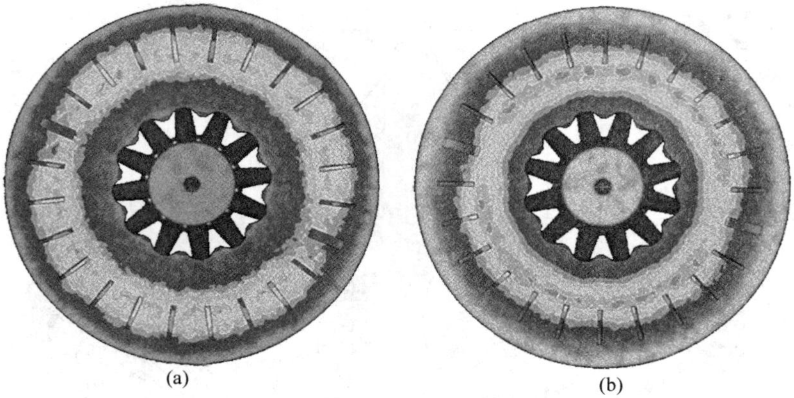

图 4-3　铸件凝固过程中的温度场

（a）凝固 60s；（b）凝固 80s

图 4-4　实际生产的制动盘铸件照片

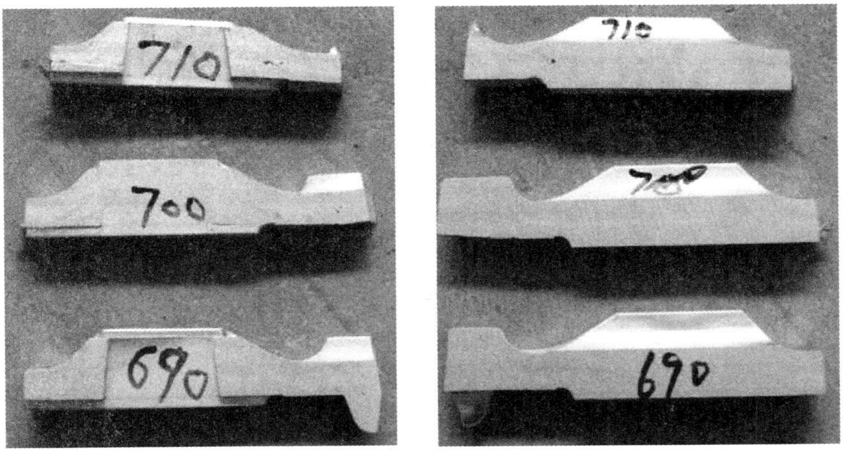

图 4-5 实际生产中制动盘铸件切开后截面照片

5 SiC_{3D}/Al 复合材料单元体机械行为数值模拟

通过建立 SiC_{3D}陶瓷骨架与铝基体组成的复合材料单元体计算模型，并使用有限元软件模拟该计算模型在不同正压力与剪切力条件下模型中各处的应力、应变数值，分析复合材料的微观损伤机理。

5.1 有限元计算方法

在有限元计算细观力学中，假设连续性本构关系能够合适地描述所有相的力学性能，在初值和边界条件下通过对控制方程和能量平衡的求解确定宏观变形。一般认为各种边界条件施加比较快，一步到位，这样忽略热力梯度、边缘效应等因数可简化计算。对于周期性分布的单胞模型，其计算公式为

$$\sigma(\chi) = \sigma(\chi + d),\ \varepsilon(\chi + d)$$

$$d = \sum_{i=1}^{3} 2m_i\alpha_i\beta e_i$$

式中，$m_i(i = 1,\ 2,\ 3)$ 为任意整数；$\alpha = (\alpha_1 e_1)$ 是体元边矢。

假设 $\langle\varepsilon\rangle$ 和 $\langle\sigma\rangle$ 表示的是平均应变、应力，由已知定边界条件 $u^0 \mid \partial\nu = \varepsilon^0 \cdot \chi$ 可得到它们的平均值：

$$\langle\varepsilon\rangle = \frac{1}{V}\int_V \varepsilon v(\chi)\,\mathrm{d}V = \frac{1}{V}\int_{gv}\frac{1}{2}(nu^0 + u^0 n)\,\mathrm{d}s = \sum_m \sum_n \varepsilon_{ij}^{mn}\mathrm{d}V^{mn}$$

$$\langle\sigma\rangle = \frac{1}{V}\int_V \sigma(x)\,\mathrm{d}V = \frac{1}{V}\int_v C(\chi);\ \varepsilon(\chi)\,\mathrm{d}V = \sum_m \sum_n \sigma_{ij}^{mn}\mathrm{d}V^{mn}$$

式中，m 和 n 表示网格单元数和高斯点数，通过各向异性基本线性关系推出有效弹性模量。

$$\langle\sigma\rangle = C^0 : \langle\varepsilon\rangle,\ \langle\varepsilon\rangle = S^0 : \langle\sigma\rangle$$

式中，C^0 为弹性张量；S^0 为柔度张量，一般采用 6×6 的代数矩阵来表示：

$$
[S_{ij}^0] = \begin{bmatrix}
\frac{1}{E_{11}^0} & \frac{v_{21}^0}{E_{22}^0} & \frac{v_{31}^0}{E_{33}^0} & 0 & 0 & 0 \\
0 & \frac{1}{E_{22}^0} & \frac{v_{32}^0}{E_{33}^0} & 0 & 0 & 0 \\
0 & 0 & \frac{1}{E_{33}^0} & 0 & 0 & 0 \\
0 & 0 & 0 & \frac{1}{G_{23}^0} & 0 & 0 \\
0 & 0 & 0 & 0 & \frac{1}{G_{13}^0} & 0 \\
0 & 0 & 0 & 0 & 0 & \frac{1}{G_{12}^0}
\end{bmatrix}
$$

式中，v^0 为有效泊松比；E^0 为杨氏模量；G^0 为有效剪切模量，这三个量构成了一个上三角形矩阵。

陶瓷增强金属基复合材料中基体是金属，所以一般用 J_2 流动理论来计算。σ'为应力偏量，σ_e 为有效应力，应力增量和应变增量的关系为

$$\bar{\sigma}' = \left[\frac{E}{1+\nu}\left(I + \frac{\nu}{1-2\nu}\delta\delta\right) - \frac{3}{2}\frac{a}{g}\sigma'\sigma'\right] : \bar{\varepsilon}'$$

$$g = 1 \Big/ \left[1 + \frac{2}{3}(1+\nu)\left(\frac{E}{E_t} - 1\right)^{-1}\right] : \sigma_e^2$$

式中，$\bar{\sigma}'$为增加的应力偏量；E 为弹性模量；ν 为泊松比；I 为四阶等同张量；δ 为 Kronecker delta；a 为正标量，表示给定材料的性质；g 为给定材料的状态函数；σ'为应力偏量；$\bar{\varepsilon}'$为增加的应力偏量；E_t 为当前应力状态下的割线模量；“:” 为两个张量的双点积。在单轴加载条件下，应力-应变可用 Ram berg and Osgood 关系式

$$\varepsilon = \frac{\sigma}{E} + \alpha\frac{\sigma_0}{E}\left(\frac{\sigma}{\sigma_0}\right)^n$$

式中，α 可取为 3/7；σ_0 是单轴屈服应力；n 为应变硬化指数。

5.2 SiC_{3D}/Al 复合材料的结构特点

SiC_{3D}/Al 复合材料是先把 SiC 烧结成特殊结构的骨架，预热到合适的温度，再把加热熔融的铝液浇入已放置有 SiC 骨架的模具中，由于铝液对 SiC 骨架的润湿性差，因此常常使用高压或负压、超声等辅助装置，改善界面润湿条件，使铝液充满整个骨架孔隙，冷却凝固后再经过一定的热处理，得到三维交叉的复合材

料。连续的铝基体和 SiC 骨架增强相相互贯穿，即增强相 SiC 陶瓷骨架和铝基体三维空间内是连通的。SiC 增强相具有空间拓扑结构的特殊几何特性，它的孔隙率和孔径制备时可控制，连通的孔隙充满整个三维空间，如图 5-1 所示。

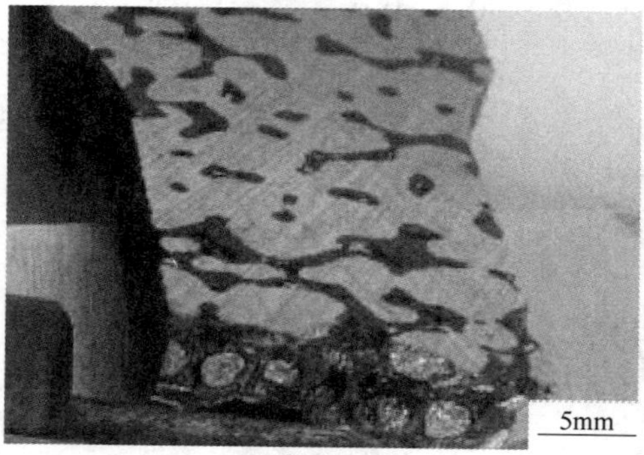

(a)

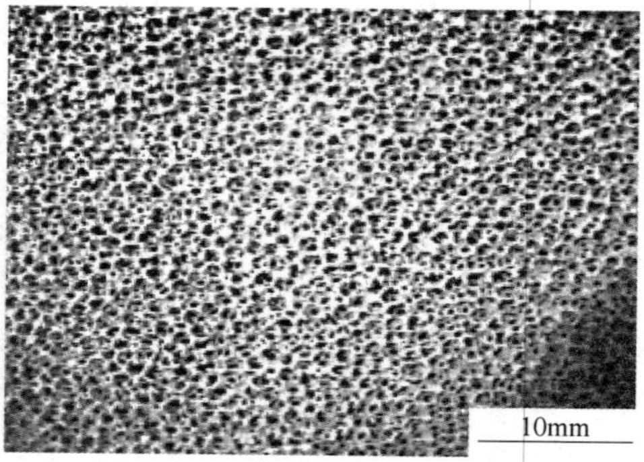

(b)

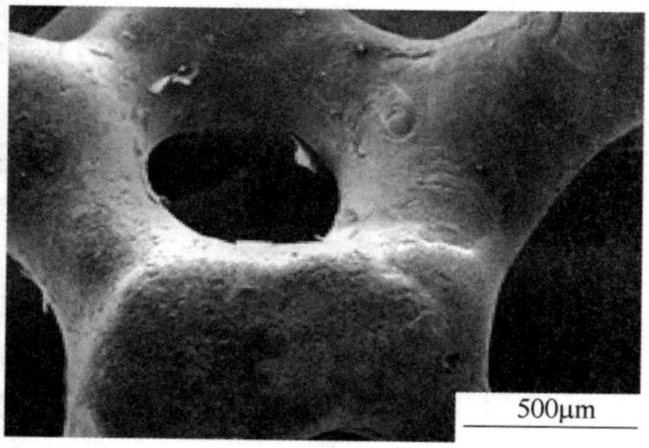

(c)

图 5-1　三维 SiC 铝基复合材料和 SiC 骨架

（a）三维 SiC 铝基复合材料；（b）SiC 骨架；（c）SiC 骨架显微结构

5.3　建立模型

（1）建立数学模型。数学模型即三维 CAD 模型，是对组合体进行与实际工况条件的定义，包括定义参数、属性等。使用 Solid Work 建立分析要用的几何模型。首先绘制草图，添加尺寸，绘制出模型的零部件。其次，将零件进行合理配合，得到装配体模型。有限元中最关键的是建立的模型是否正确，关系到结果的准确度合理性，需要反复修正模型才能计算出正确的结果。（2）建立有限元模型。用插件 Simulation 对模型进行分析。先创建算例，再检验该几何模型是否能够网格划分，一般能够网格划分就可模拟计算，否则重新修改模型，如添加或消除圆角、改变配合关系等，直到能够正确地网格划分。确认模型能够分析之后，对模型各个零件应用材料类型，添加固定约束和载荷等边界条件，选择合理大小的网格划分参数。（3）求解有限元模型。设定参数以后就可运行求解，得出结果。实际工况中影响到 SiC_{3D}/Al 基复合材料性能的因数比较多且相对较复杂。若要将所有影响因数考虑到 Simulation 的算例计算中是很困难的，因此在研究中使用如下理想化的几何体模型：1）SiC 增强骨架和铝基体均具有连续性，两者的界面结合是理想的，属于机械结合；2）SiC 增强骨架在三维空间内呈周期性排列，其最小的六方重复单元对其整体的力学性能具有代表性；3）复合材料中没有掺杂有其他物质。利用 Solid works 建立三维 SiC 铝基复合材料装配体模型，该软件中装配体建模有两种方法，分别是自底向上和自顶向下。自底向上的特点是利用已经建立的零件，选择配合关系将零件配合成为装配体。自顶向下则是先建立装配体，然后再在装配体中编辑和新建零件特征。采用的是自底向上先建立零件再配合成装配体的方式建立如图 5-2 计算模型。其步骤如下：

（1）建立 SiC 骨架模型，直径为 2mm。

（2）建立 20mm×20mm×20mm 的铝基体模型。

（3）用型腔将骨架装配入基体中。

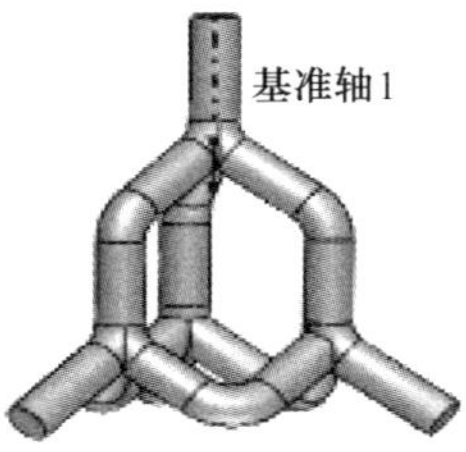

(a)

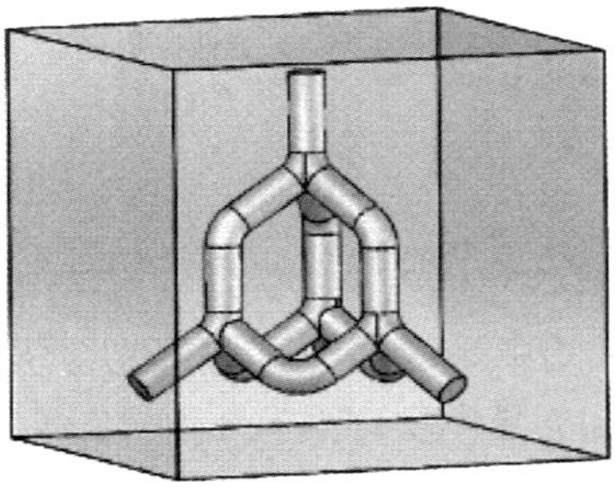

(b)

图 5-2 建立装配体的方式
（a）SiC 骨架；（b）复合材料单胞模型

由于计算机计算能力有限，为了简化计算但又能够得到准确的模拟结果，从复合材料中取出了具有代表性的体积单元，即周期性的单胞模型。该模型理想化了细观结构，整个材料由这样的单胞模型周期性排列组成。

（1）建立静态算例。为了清楚、完整地表达物理场问题，需要创建一个算例，即选择一个所要研究的物理场。如静态、频率、屈服、热力、跌落测试、疲劳等，根据研究的物理场选择创建不同的算例。新建一个算例包括各零件材料的指定，各零件的连结，使用夹具约束几何体，根据实际工况为模型施加外部载荷，网格划分。本实验中以载荷大小与载荷施加方向为变量创建四个静态算例，分别是 1MPa、2MPa、单边剪切、双边剪切。

（2）应用材料。在运行算例之前，必须定义模型中各个零件的材料属性。

材料参数的设置就是输入材料的本构关系，既可在 Simulation 材料库中选择，也可自定义材料属性新建材料。在自定义材料中插入新类别，然后新建新材料并给材料定义名称，输入材料的属性（如屈服强度、泊松比、密度等材料属性）即可完成自定义材料。在装配体中，每一个零件可指定不同的材料，其中骨架应用的材料为 SiC，基体材料是 Al（2024），见表 5-1。2024 为铝-铜-镁系中的典型硬铝合金，其成分比较合理，综合性能较好。很多国家都生产这个合金，是硬铝中用量最大的。该合金的特点是：强度高，有一定的耐热性，可用作 150℃ 以下的工作零件。温度高于 125℃ 时，2024 合金的强度比 7075 合金的还高。热状态、退火和新淬火状态下成形性能都比较好，热处理强化效果显著，但热处理工艺要求严格。抗蚀性较差，但用纯铝包覆可得到有效保护；焊接时易产生裂纹，但采用特殊工艺可焊接，也可铆接。由于有高强度和高的疲劳强度，被广泛应用于飞机结构（蒙皮、骨架、肋梁、隔框等）、铆钉、导弹结构、螺旋桨元件及其他各种结构。

表 5-1　SiC 和铝合金的力学性能参数

材料	密度 ρ/kg · m^{-3}	弹性模量 E/GPa	泊松比 μ	屈服应力 σ_s/MPa	剪切模量 G/MPa
SiC	3200	450	0.17	200	192
Al（2024）	2800	73	0.33	75.83	28000

（3）添加约束。创建一个静态分析后，根据实际工况对模型进行约束。在 Simulation 中的夹具类型有固定几何体、固定铰链、弹性支撑、轴承夹具、滚柱/滑杆等夹具类型，运用夹具可将几何模型的点、线、面进行约束。在算例设计树中用右键单击夹具符号，运用“固定几何体”夹具来固定单胞模型的下底面，限制 X、Y、Z 方向上的移动和转动。固定面上出现的符号即为夹具标志，如图 5-3 所示。

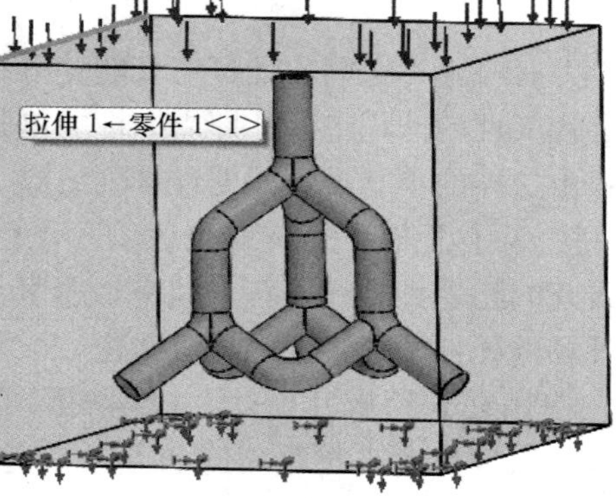

图 5-3　模型的约束和加载过程

（4）施加载荷。在算例设计树中用右键单击载荷符号，选择“压力”，设定压力单位为“MPa”，输入压力的值为 2MPa 结果，如图 5-3 所示。

（5）生成网格。在 Simulation 中为用户提供了参数设置，有网格类型、网格品质、雅克比点、单元类型与大小等。由于计算机计算能力有限，网格划分过多会加大计算量，必须有所侧重。在 SiC 骨架与铝基体的界面和骨架区域应力变化比较大，所以网格划分应该精细些，而在对结果分析影响较小的区域，如铝基体边界区域，可使用稀疏的网格划分。在算例设计树中右键单击网格划分符号，选择“生成网格”，设置网格参数后单击“确定”，对模型进行网格划分。

（6）求解。对零件指定材料、底面固定几何体、顶面施加压力和对模型完成网格划分后，进行求解。

5.4 SiC_{3D}/Al 复合材料应力分析

对 SiC_{3D}/Al 复合材料在 1.0MPa 和 2.0MPa 的压力条件下的力学性能进行了模拟分析。Simulation 模拟结果的应力图表明（图 5-4）：在 1MPa 的压力下，最大等效应力值为 5.8MPa，出现在 SiC 骨架拐弯节点处。X、Y 和 Z 方向上的最大应力分别是 2.5MPa、−5.126MPa（负号表示与所施加的压力方向相反）、3.3MPa，最大应力都出现在 SiC 骨架的节点处。在相同的边界条件下，改变负载压力值为 2MPa，模拟结果中最大等效应力 11.7MPa，X、Y 和 Z 方向上的最大应力分别是 5.6MPa、−11.661MPa、5.9MPa。最大应力值也在 SiC 骨架的节点处出现。

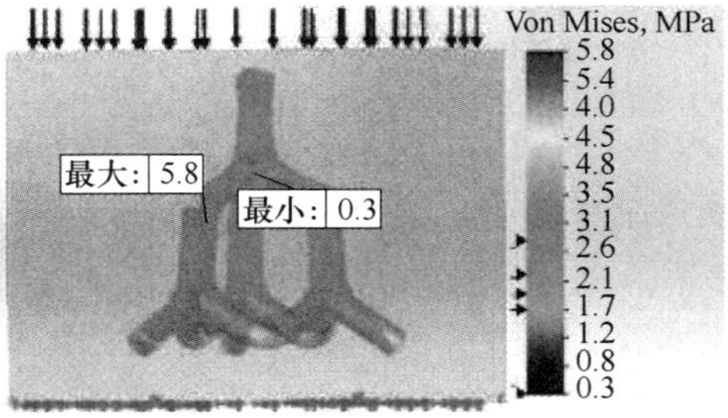

(a)

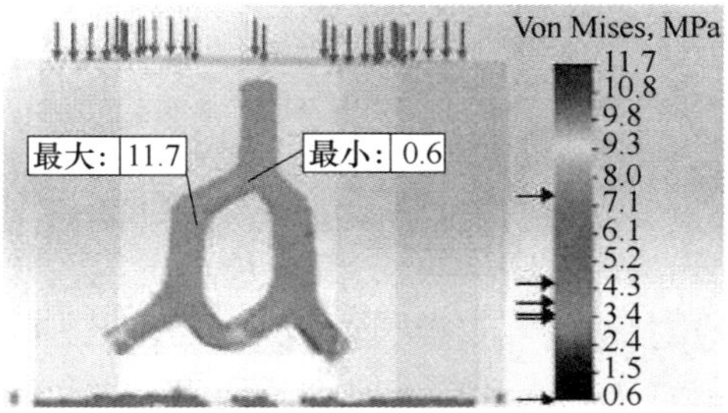

(b)

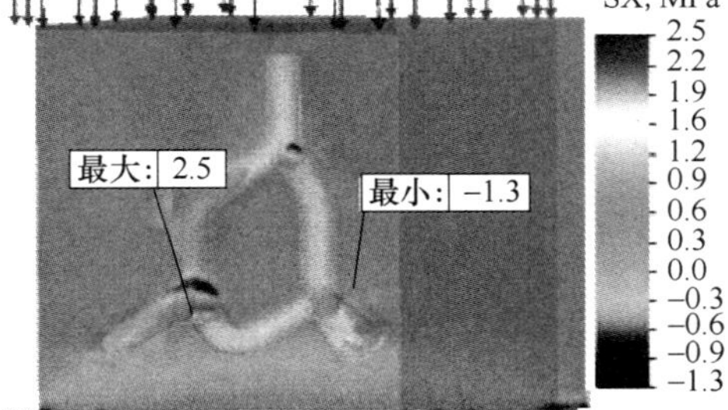

(c)

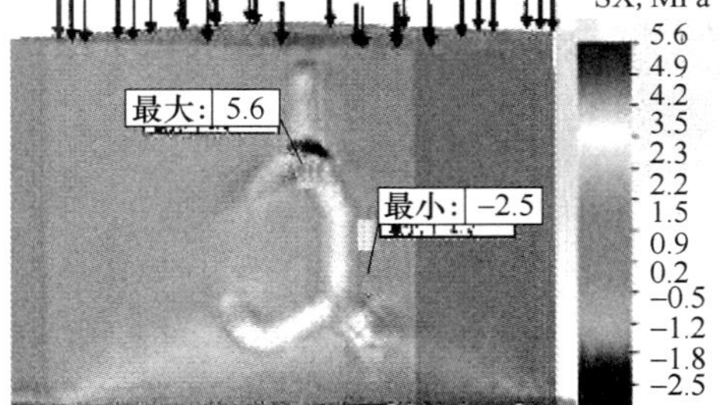

(d)

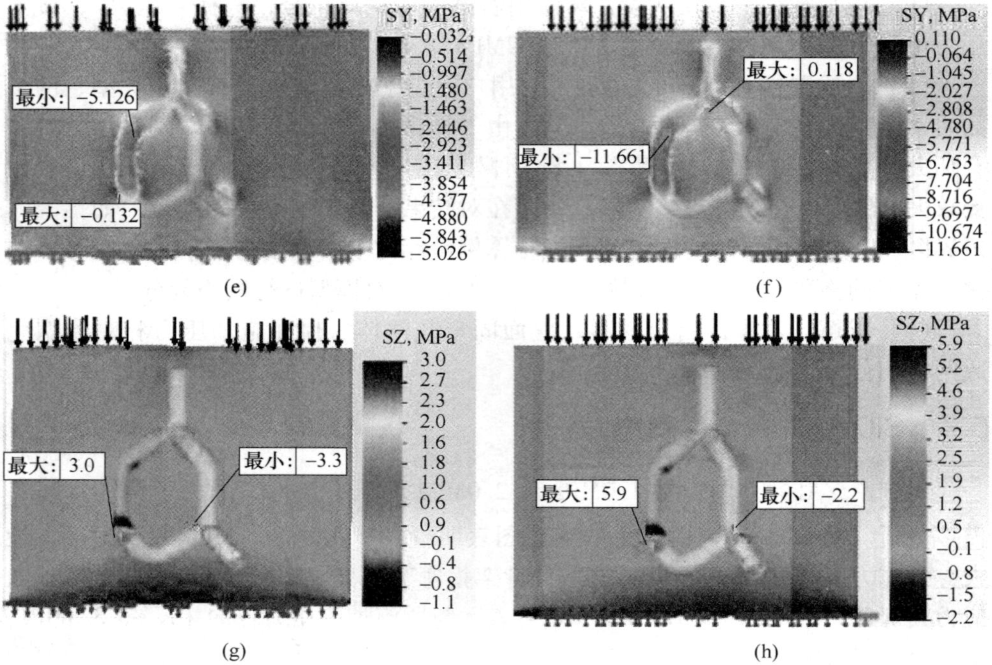

图 5-4　SiC_{3D}/Al 复合材料在 1.0MPa 、2.0MPa 的压力下的应力分布

(a) 1MPa 压力下的主应力图；(b) 2MPa 压力下的主应力图；
(c) 1MPa 压力下 *X* 方向上应力图；(d) 2MPa 压力下 *X* 方向上应力图；
(e) 1MPa 压力下 *Y* 方向上应力图；(f) 2MPa 压力下 *Y* 方向上应力图；
(g) 1MPa 压力下 *Z* 方向上应力图；(h) 2MPa 压力下 *Z* 方向上应力图

对比分析上述两种不同压力下的模拟结果的应力图，不难发现应力主要分布在 SiC 骨架上，最大应力出现在 SiC 骨架节点处。在铝基体中应力的分布具有对称性，且较为均匀。结果表明 SiC 骨架承载了主要的压力，起到增强复合材料抗压能力和传递应力的作用。在相同的压力条件下 *X*、*Y* 和 *Z* 方向上应力分布也是不同的，但是最大的应力依然出现在 SiC 骨架的筋节点。

5.5　SiC_{3D}/Al 复合材料应变分析

SiC_{3D}/Al 复合材料在 1.0MPa 和 2.0MPa 的压力下的应变结果如图 5-5 所示，不同压力条件下，该复合材料的最大主应变分别为 2.6×10^{-5}m、5.2×10^{-5}m，出现在铝基体的约束边界上。1.0MPa 时 *X*、*Y* 和 *Z* 方向上的最大应变值分别为 1.4×10^{-5}m、-1.9×10^{-6}m、1.64×10^{-5}m，而在 2.0MPa 压力时，*X*、*Y* 和 *Z* 方向上的最大应变值分别为 2.7×10^{-5}m、-3.7×10^{-6}m、3.2×10^{-5}m，最大应变都发生在铝基体与 SiC 骨架的界面处。

通过分析两种不同压力条件下的应变结果图，看到单胞模型的应变量是很小的，基本上可认为没有发生应变，高压缩模量 SiC 骨架承载了主要的力，从而减小了铝基体的形变，大大提高了复合材料整体的压缩强度。

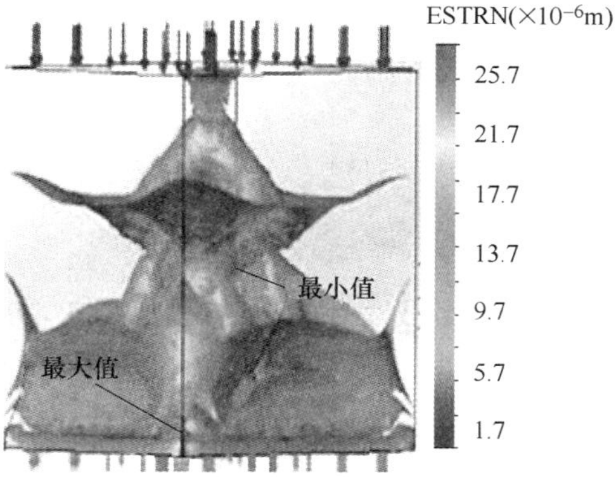

1MPa 合应变

(a)

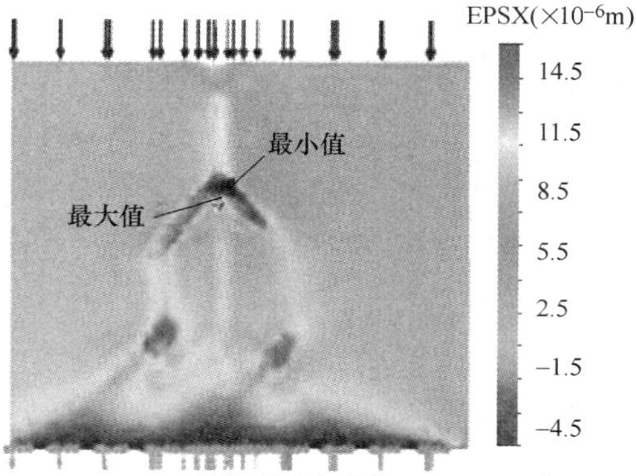

1MPa X 方向应变

(b)

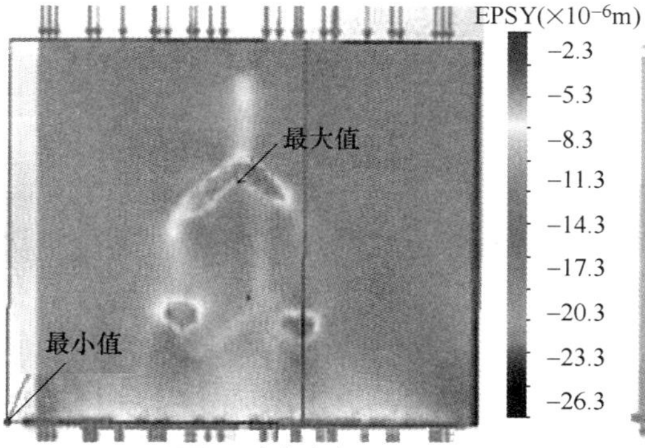

1MPa Y 方向应变

(c)

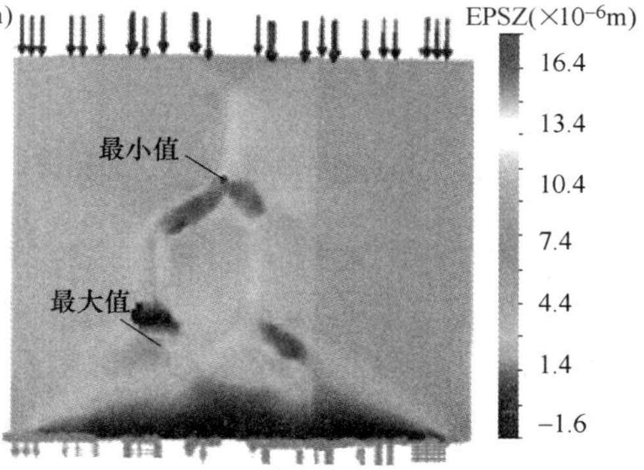

1MPa Z 方向应变

(d)

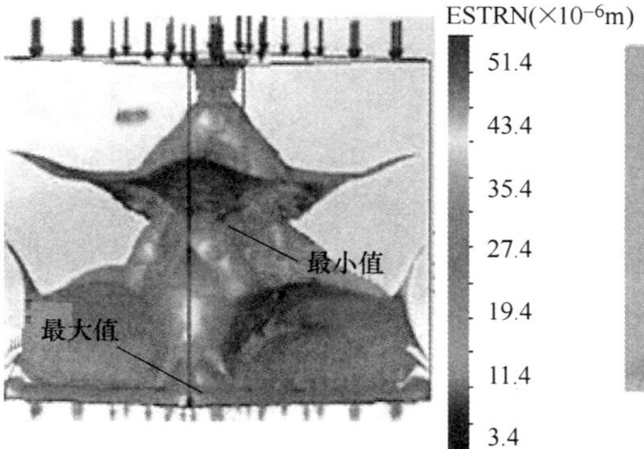

2MPa 合应变

(e)

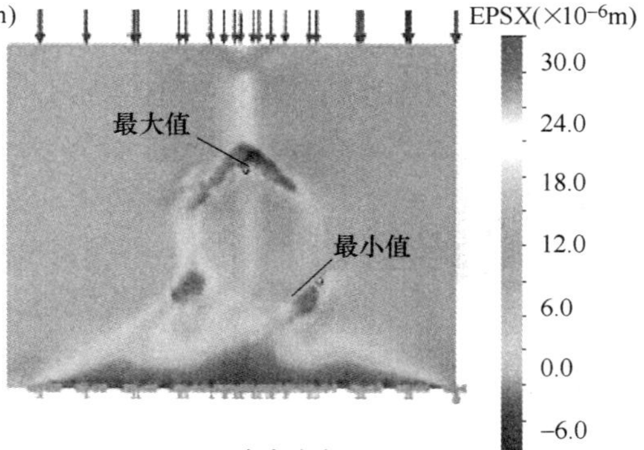

2MPa X 方向应变

(f)

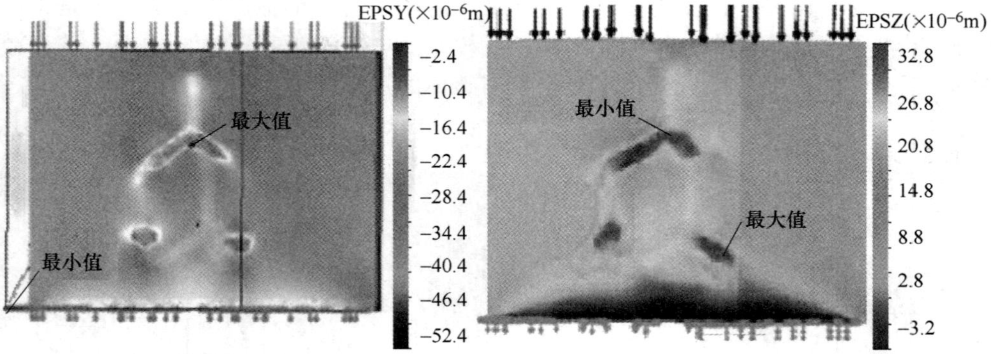

2MPa Y 方向应变　　　　2MPa Z 方向应变

(g)　　　　(h)

图 5-5　SiC_{3D}/Al 复合材料在 1.0MPa、2.0MPa 的压力下的应变分布

（a）1MPa 压力下的主应变；（b）1MPa 压力下 X 方向的应变；

（c）1MPa 压力下 Y 方向的应变；（d）1MPa 压力下 Z 方向的应变；

（e）2MPa 压力下的主应变；（f）2MPa 压力下 X 方向的应变；

（g）2MPa 压力下 Y 方向的应变；（h）2MPa 压力下 Z 方向的应变

5.6　SiC_{3D}/Al 复合材料抗剪切性能分析

采用单边约束和双边约束的边界条件研究该复合材料单边剪切、双边剪切性能。模拟结果如图 5-6 所示，无论是单边约束还是双边约束条件，应力主要作用在 SiC 骨架上，SiC 骨架高的切变模量使得两种条件下复合材料的应变值都很小。说明由于 SiC 骨架的存在减小了材料的形变，极大增强了复合材料的抗剪切能力。

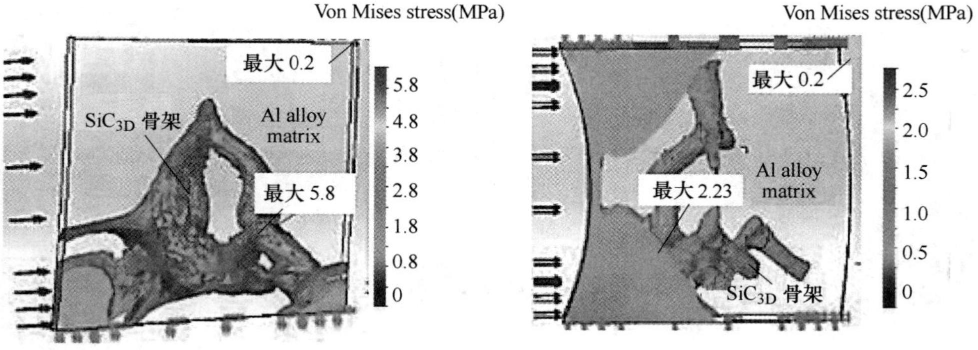

单边剪切应力　　　　双边剪切应力

(a)　　　　(b)

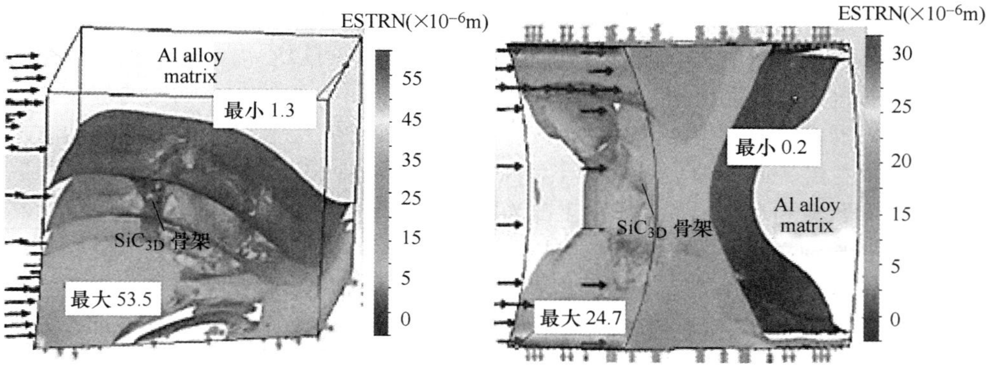

单边剪切应变
(c)

双边剪切应变
(d)

图 5-6　SiC_{3D}/Al 复合材料单边、双边剪切的应力应变

(a) 单边剪切应力；(b) 双边剪切应力；

(c) 单边剪切应变；(d) 双边剪切应变

5.7　裂纹应力强度因子的计算

确定 SiC_{3D}/Al 复合材料热疲劳裂纹扩展速率曲线方程，即

$$\frac{da}{dN} = 1.0965 \times 10^{-11} \cdot (\Delta K)^{4.8764}$$

式中，ΔK 为应力强度因子范围，$MPa \cdot \sqrt{m}$；$\frac{da}{dN}$ 为裂纹扩展速率，$\frac{m}{cyc}$；N 为热疲劳裂纹扩展寿命（制动次数）。

从裂纹长轴长度为 2mm 开始计算，为了便于观察，取表面裂纹长度计算 ΔK，不同短长轴比下的应力强度因子范围随表面裂纹长度的变化曲线如图 5-7 所示。

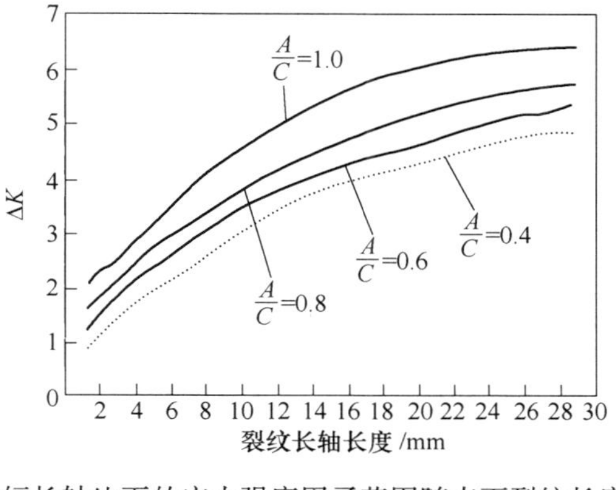

图 5-7　不同短长轴比下的应力强度因子范围随表面裂纹长度的变化曲线

可见，随着裂纹长度的增大，应力强度因子范围也不断增大。在不同短长轴比下裂纹扩展速率与裂纹长轴长度的关系如图 5-8 所示。可以看出，裂纹扩展速率随裂纹长轴长度的增加而增大，相同的裂纹长轴长度下，更大的短长轴比的裂纹扩展速率更大。通常只有在紧急制动工况或者具有初始残余应力状态下的常用制动下才会引起裂纹扩展，即单纯常用制动（盘面无初始残余应力）对裂纹扩展没有贡献。因此，设定紧急制动后续常规制动工况为裂纹扩展寿命的分析工况，则考虑盘面裂纹不同的短长轴之比下的热疲劳裂纹扩展寿命如图 5-9 所示。从计算数据可知，当初始裂纹长度为 5mm，盘面裂纹扩展到复合材料制动盘热疲劳评价临界裂纹尺寸所需的制动次数（即为热疲劳裂纹扩展寿命）均在 14000～16000 次，当盘面裂纹长度达到 18mm 时，裂纹扩展寿命仅为 690 次，且热疲劳裂纹扩展寿命随着短长轴比的增大而降低。通过对制动盘盘面热疲劳裂纹形成寿命和扩展寿命的定量评价，表明复合材料制动盘具有裂纹扩展寿命高于裂纹形成寿命的特点，制动盘的热疲劳寿命主要取决于裂纹扩展寿命，在裂纹扩展阶段主要承受热残余拉应力控制。

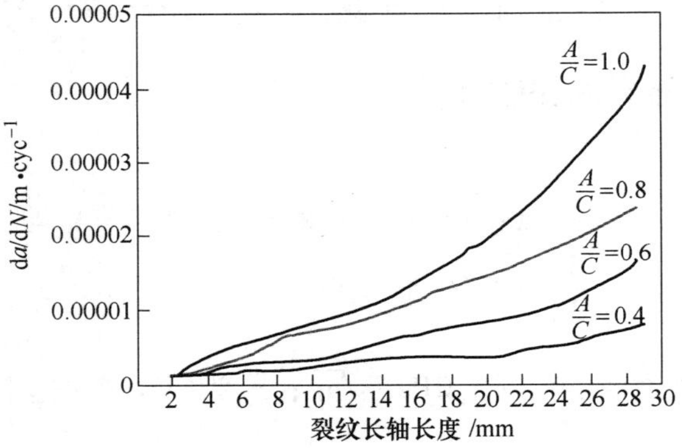

图 5-8　不同短长轴比下裂纹扩展速率与裂纹长轴长度的关系

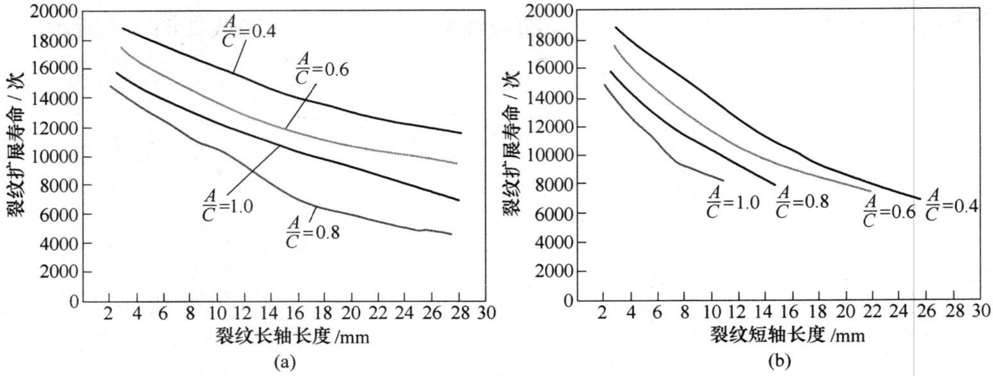

图 5-9　不同裂纹长度的裂纹扩展寿命

（a）长轴长度；（a）短轴长度

6　高铁用 SiC_{3D}/Al 盘与不同摩擦片匹配的摩擦副摩擦行为数值模拟

在本章建立了材料与温度相关的机械性能及热物理性能的高铁制动盘热弹塑性有限元分析模型。研究了常用制动紧急制动和坡道制动工况下制动盘的温度场和热应力场，揭示了制动盘摩擦面应力-应变响应规律及残余热应力的形成机制。

6.1　有限元理论

6.1.1　热计算理论基础

有限元法在很多应用上解决偏微分方程。这计算一个连续方程的未知因素的近似值。最后变成一个成品尺寸的方程组，可写成这样的形式 $\boldsymbol{AU}=\boldsymbol{L}$，$\boldsymbol{U}$ 是未知的矢量，$\boldsymbol{A}$ 是一个矩阵而 $\boldsymbol{L}$ 是一个矢量。图 6-1 所示的系统受到以下的热负载：特定的热源 Q，W；单位体积的热源 q，W/m^3；应用（或规定的）在表面的温度 T_p；表面磁通密度，W/m^2；表面对流的热传递；表面辐射的热传递。

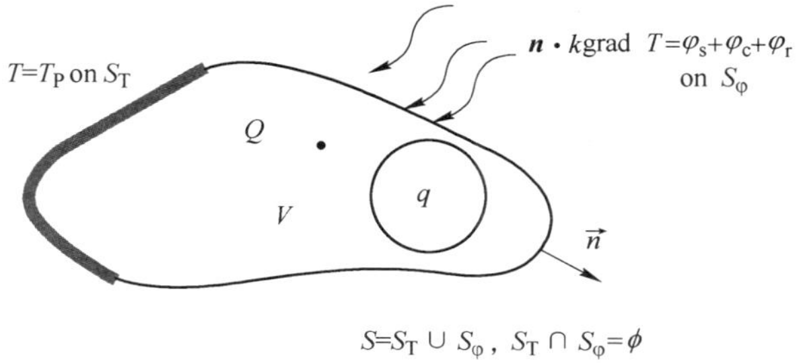

图 6-1　应用热负荷的连续方法

解决热量问题的方法是在一个固体上的任意一点找到温度的坐标 $T(x, y, z, t)$，所以：

$$\rho c_p\dot{T}-\mathrm{div}(-k\mathrm{grad}T)-q=0 \tag{6-1}$$

（1）边界条件

$$T=T_p \text{ on } S_T$$

$$\boldsymbol{n}\cdot(-k\mathrm{grad}T)=\varphi_s+h(T_f-T)+\varepsilon\sigma(T_\infty^4-T^4) \text{ on } S_\varphi$$

$$S=S_T\cup S_\varphi,\ \mathrm{STI}\ S_\varphi=\Phi \tag{6-2}$$

（2）在 $t=t_0$ 时的初始条件：

$$T(x, y, z, t_0)=T_0(x, y, z) \tag{6-3}$$

式中，ρ 为材料的密度，kg/m^3，c_p 为比热容，$J/(kg \cdot K)$。

方程组：

$$\int_v T^* \rho c_p d_v + \int_v \text{grad}T^*(-k\,\text{grad}T)\,|d_v| - \int T^*(\varphi_s + h(T_f - T) + \varepsilon\sigma(T_\infty^4 - T^4)) - \int_v T^* q d_v = 0 \quad \forall T^* \tag{6-4}$$

式中，T^* 是加权函数（或者功能测试）。

最初的和接下来的边界条件：$T(x, y, z, t_0)=T_0(x, y, z)$　(6-5)

温度场 $T(x, y, z, t)$ 在整个领域 V 中的表达：

$$T(x, y, z, t)=[N_1(x, y, z)\cdots N_i(x, y, z)\cdots N_n(x, y, z)]\begin{Bmatrix} T_1 & M(t) \\ T_i & M(t) \\ T_n & M(t) \end{Bmatrix}=[N]\{T\} \tag{6-6}$$

式中，$[N(x, y, z)]$ 为插值矩阵；$\{T(t)\}$ 为节点温度的矢量。

通过带入下列的关系到式（6-5）中：

$$T=[N]\{T\} \tag{6-7}$$

$$T^*=[N]\{\dot{T}\} \tag{6-8}$$

$$\{\text{grad}T\}=[B]\{T\}\text{avec}[B]=[\{B_1\}\cdots\{B_i\}\cdots\{B_n\}] \tag{6-9}$$

$$T^*=[N]\{\dot{T}\}=\{T^*\}^T[N]^T,\ \{\text{grad}T^*\}=[B]\{T^*\},\ \{\text{grad}T^*\}^T=\{T^*\}^T[B]^T \tag{6-10}$$

得到

$$\{T^*\}^T[\boldsymbol{C}]\{\dot{T}\}+[K]\{T\}-\{F\}=0 \tag{6-11}$$

这里

$$[\boldsymbol{C}]\int_v \rho C_p[N]^T[N]\text{d}V \tag{6-12}$$

$$[K]=\int_v [B]^T[\lambda][B]\text{d}V+\int_{S_\varphi} h[N]^T[N]\text{d}S \tag{6-13}$$

$$\{F\}=\int_v [N]^T q\text{d}V+\int_{S_\varphi}[N]^T(S_\varphi + hT_f + \varepsilon\sigma(T_\infty^4 - T^4))\text{d}S \tag{6-14}$$

式中，$[\boldsymbol{C}]$ 为热容量矩阵，J/K；$[\boldsymbol{K}]$ 为导热系数矩阵，W/K；$\{F\}$ 为节点热量矢量，W；$\{T\}$ 为节点温度矢量，K。

假设制动盘的初始温度是不变的，在时间 $t=0$ 时

$$T(x, y, z, t)=60℃ \tag{6-15}$$

6.1.2　流体计算理论基础

6.1.2.1　连续性方程

连续性方程也称质量守恒方程，任何流动问题都必须满足质量守恒定律，该定律可表示为：单位时间内流体微元中质量的增加等于同一时间间隔内流入该微元体的净质量，其形式如下：

$$\frac{\partial \rho}{\partial t}+\frac{\partial(\rho u)}{\partial x}+\frac{\partial(\rho v)}{\partial y}+\frac{\partial(\rho w)}{\partial z}=0 \tag{6-16}$$

也可写成：

$$\frac{\partial \rho}{\partial t}+\mathrm{div}(\rho \boldsymbol{u})=0 \tag{6-17}$$

式中，ρ 为密度；t 为时间；$\boldsymbol{u}$ 为速度矢量；$\boldsymbol{u}$，$\boldsymbol{v}$和$\boldsymbol{w}$为速度矢量在 x，y 和 z 方向上的分量。

若流体不可压缩，密度为常数，有：

$$\frac{\partial \boldsymbol{u}}{\partial x}+\frac{\partial \boldsymbol{v}}{\partial y}+\frac{\partial \boldsymbol{w}}{\partial z}=0 \tag{6-18}$$

若流体处于稳态，则密度不随时间变化，有：

$$\frac{\partial(\rho \boldsymbol{u})}{\partial x}+\frac{\partial(\rho \boldsymbol{v})}{\partial y}+\frac{\partial(\rho \boldsymbol{w})}{\partial z}=0 \tag{6-19}$$

6.1.2.2　动量守恒定律

该定律可表述为微元体中流体的动量对时间的变化率等于外界作用在该微元体上的各种力之和，该定律实际是牛顿第二定律，按照这一定律，可导出 x，y 和 z 三个方向上的动量守恒方程：

$$\begin{cases}\dfrac{\partial(\rho \boldsymbol{u})}{\partial t}+\mathrm{div}(\rho \boldsymbol{u}\boldsymbol{u})=-\dfrac{\partial p}{\partial x}+\dfrac{\partial \tau_{xx}}{\partial x}+\dfrac{\partial \tau_{yx}}{\partial y}+\dfrac{\partial \tau_{zx}}{\partial z}+F_x\\ \dfrac{\partial(\rho \boldsymbol{u})}{\partial t}+\mathrm{div}(\rho \boldsymbol{u}\boldsymbol{v})=-\dfrac{\partial p}{\partial y}+\dfrac{\partial \tau_{xy}}{\partial x}+\dfrac{\partial \tau_{yy}}{\partial y}+\dfrac{\partial \tau_{zy}}{\partial z}+F_y\\ \dfrac{\partial(\rho \boldsymbol{u})}{\partial t}+\mathrm{div}(\rho \boldsymbol{u}\boldsymbol{w})=-\dfrac{\partial p}{\partial z}+\dfrac{\partial \tau_{xz}}{\partial x}+\dfrac{\partial \tau_{yz}}{\partial y}+\dfrac{\partial \tau_{zz}}{\partial z}+F_z\end{cases} \tag{6-20}$$

式中，p 为微元体上的压力；τ_{xx}，τ_{xy}和 τ_{xz}等是因分子黏性作用而产生的作用在微元体表面上的黏性应力 $\boldsymbol{\tau}$ 的分量；F_x、F_y 和 F_z 是微元体上的体力，若体力只有重力，且 z 轴竖直向上，则：$F_x=0$，$F_y=0$，$F_z=-\rho g$。

对于牛顿流体，黏性应力 $\boldsymbol{\tau}$ 与流体的变形率成比率，有：

$$
\begin{cases}
\tau_{xx} = 2\mu \dfrac{\partial \boldsymbol{u}}{\partial x} + \lambda \mathrm{div}(\boldsymbol{u});\tau_{xy} = \tau_{yx} = \mu\left(\dfrac{\partial \boldsymbol{u}}{\partial y} + \dfrac{\partial \boldsymbol{v}}{\partial x}\right) \\
\tau_{yy} = 2\mu \dfrac{\partial \boldsymbol{v}}{\partial x} + \lambda \mathrm{div}(\boldsymbol{u});\tau_{xz} = \tau_{zx} = \mu\left(\dfrac{\partial \boldsymbol{u}}{\partial z} + \dfrac{\partial \boldsymbol{w}}{\partial x}\right) \\
\tau_{zz} = 2\mu \dfrac{\partial \boldsymbol{w}}{\partial x} + \lambda \mathrm{div}(\boldsymbol{u});\tau_{yz} = \tau_{zy} = \mu\left(\dfrac{\partial \boldsymbol{v}}{\partial z} + \dfrac{\partial \boldsymbol{w}}{\partial y}\right)
\end{cases}
\tag{6-21}
$$

式中，μ 为动力黏度；λ 为第二黏度，一般可取 $\lambda = -\dfrac{2}{3}$，将式（6-21）代入式（6-22）得：

$$
\begin{cases}
\dfrac{\partial(\rho \boldsymbol{u})}{\partial t} + \mathrm{div}(\rho \boldsymbol{u}\boldsymbol{u}) = \mathrm{div}(\mu \mathrm{grad} u) - \dfrac{\partial p}{\partial x} + S_u \\
\dfrac{\partial(\rho \boldsymbol{v})}{\partial t} + \mathrm{div}(\rho \boldsymbol{u}\boldsymbol{v}) = \mathrm{div}(\mu \mathrm{grad} v) - \dfrac{\partial p}{\partial y} + S_v \\
\dfrac{\partial(\rho \boldsymbol{w})}{\partial t} + \mathrm{div}(\rho \boldsymbol{u}\boldsymbol{w}) = \mathrm{div}(\mu \mathrm{grad} w) - \dfrac{\partial p}{\partial z} + S_w
\end{cases}
\tag{6-22}
$$

其中：

$$
\mathrm{grad}(\ ) = \partial(\ )/\partial x + \partial(\ )/\partial y + \partial(\ )/\partial z
$$

式中，μ 为动力黏度（dynamic viscosity）；λ 为第二黏度（second viscosity），一般可取：$\lambda = -\dfrac{2}{3}$；S_u，S_v 和 S_w 为动量守恒方程中的广义源项，$S_u = F_x + S_x$，$S_v = F_y + S_y$，$S_w = F_z + S_z$：

$$
\begin{cases}
S_x = \dfrac{\partial}{\partial x}\left(\mu \dfrac{\partial \boldsymbol{u}}{\partial x}\right) + \dfrac{\partial}{\partial y}\left(\mu \dfrac{\partial \boldsymbol{v}}{\partial x}\right) + \dfrac{\partial}{\partial x}\left(\mu \dfrac{\partial \boldsymbol{w}}{\partial x}\right) + \dfrac{\partial}{\partial x}(\lambda \mathrm{div}(\boldsymbol{u})) \\
S_y = \dfrac{\partial}{\partial x}\left(\mu \dfrac{\partial \boldsymbol{u}}{\partial x}\right) + \dfrac{\partial}{\partial y}\left(\mu \dfrac{\partial \boldsymbol{v}}{\partial y}\right) + \dfrac{\partial}{\partial x}\left(\mu \dfrac{\partial \boldsymbol{w}}{\partial y}\right) + \dfrac{\partial}{\partial y}(\lambda \mathrm{div}(\boldsymbol{u})) \\
S_z = \dfrac{\partial}{\partial x}\left(\mu \dfrac{\partial \boldsymbol{u}}{\partial z}\right) + \dfrac{\partial}{\partial y}\left(\mu \dfrac{\partial \boldsymbol{v}}{\partial z}\right) + \dfrac{\partial}{\partial x}\left(\mu \dfrac{\partial \boldsymbol{w}}{\partial z}\right) + \dfrac{\partial}{\partial z}(\lambda \mathrm{div}(\boldsymbol{u}))
\end{cases}
\tag{6-23}
$$

一般来讲，F_x，F_y 和 F_z 是体积力在 x，y，z 方向上的分量。S_x，S_y 和 S_z 是小量，对于黏性为常数的不可压缩流体，$S_x = S_y = S_z = 0$，动量守恒，简称动量方程，也称 N-S 方程。

流体的内摩擦剪切力 τ 由牛顿内摩擦定律决定：

$$
\tau = \mu \lim_{\Delta u \to 0} \frac{\Delta \boldsymbol{u}}{\Delta n} = \mu \frac{\partial \boldsymbol{u}}{\partial n}
\tag{6-24}
$$

式中，Δn 为沿法线方向的距离增量；Δu 对应于 Δn 的流体速度的增量；$\dfrac{\Delta u}{\Delta n}$为法向距离上的速度变化率。所以，牛顿内摩擦定律表示：流体的内摩擦应力和单位距离上的两层流体间的相对速度成比例，比例系数 μ 称为流体的动力黏度，常称为黏度，单位为：N · s/m^2。

若 μ 为常数，则该类流体为牛顿流体，否则为非牛顿体。空气、水等均为牛顿体；聚合物溶液、含有悬浮粒杂质或纤维的流体为非牛顿体。

对于牛顿流体，通常用 μ 和［质量］密度 ρ 的比值 ν 代替动力黏度 μ：

$$\nu = \frac{\mu}{\rho} \tag{6-25}$$

式中，ν 称为运动黏度，m^2/s。

6.1.2.3 能量守恒方程

该方程可描述为：微元体中能量的增加率等于进入微元体的净热流量加上体力与面力对微元体所做的功，实际为热力学第一定律。

$$\frac{\partial(\rho T)}{\partial t} + \mathrm{div}(\rho \boldsymbol{u} T) = \mathrm{div}\left(\frac{k}{c_p}\mathrm{grad}T\right) + S_T \tag{6-26}$$

式中，k 为流体传热系数；c_{p} 为比热容；T 为温度；S_T 为流体内热源及由于黏性作用流体机械能转换为热能的部分，有时简称 S_T 为黏性耗散项。

6.1.2.4 通用控制方程

上面的基本方程可写成下面的通用形式：

$$\frac{\partial(\rho \phi)}{\partial t} + \mathrm{div}(\rho \boldsymbol{u} \phi) = \mathrm{div}(\Gamma \mathrm{grad}\phi) + S \tag{6-27}$$

展开为：

$$\frac{\partial(\rho\phi)}{\partial t} + \frac{\partial(\rho u\phi)}{\partial x} + \frac{\partial(\rho v\phi)}{\partial y} + \frac{\partial(\rho w\phi)}{\partial z} = \frac{\partial}{\partial x}\left(\Gamma\frac{\partial\phi}{\partial x}\right) + \frac{\partial}{\partial y}\left(\Gamma\frac{\partial\phi}{\partial y}\right) + \frac{\partial}{\partial z}\left(\Gamma\frac{\partial\phi}{\partial z}\right) + S \tag{6-28}$$

式中，ϕ 为通用变量，可代表 u，v 和 w 以及 T 等求解变量；Γ 为广义扩散系数；S 为广义源项。

瞬态的边界热问题：

（1）一个进入制动盘局限在两边的闸片的接触带的热通量；

（2）在制动盘的自由表面的对流热传递的交流系数 h 取决于时间，因为圆盘的旋转速度随时间的变化而变化。每个制动盘表面的换热系数 h 是利用有限元分析软件 Solidworks Simulation Flow 模块来进行计算和输入的。图 6-2 所示为在工作台上用有限元分析软件 CFX 模拟的步骤。

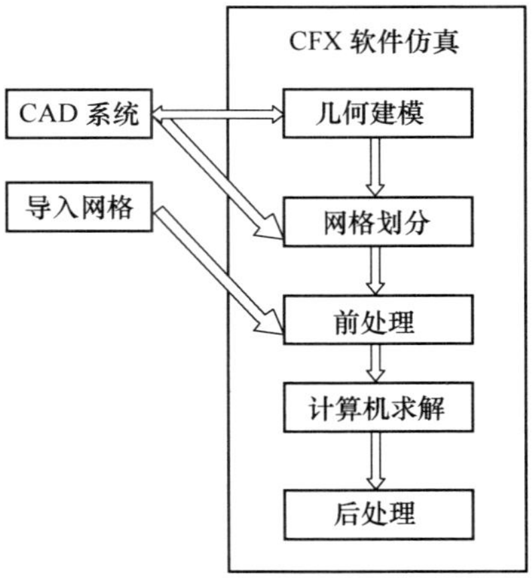

图 6-2　软件 CFX 的仿真步骤

6.2　建模

先在 Solid Works 工作台上建立制动盘模型，利用热力-流场耦合方式计算流场下的制动盘热力行为，如图 6-3 所示。具体为在 simulation 中计算热力行为，然后导出数据，在流体计算插件 Flow 中定义空气场围绕着制动盘，规定好边界条件后进行计算，如图 6-4 所示。制动盘与四个绝热表面和流体域上的两个对称表面有关，它的环境温度等同于 20℃。采用不稳定状态的分析或非线性分析。在一个制动系统中，机械能转化为热能。这个能量的特点是它是在制动阶段时制动盘和闸片的总热量。能量以热形式耗散，摩擦副的区域温度达到 300～800℃。一般来说，刹车片材料的导热系数要比制动盘的小。产生的热量大部分（总机械能的 85%～95%）被制动盘吸收。

(a)

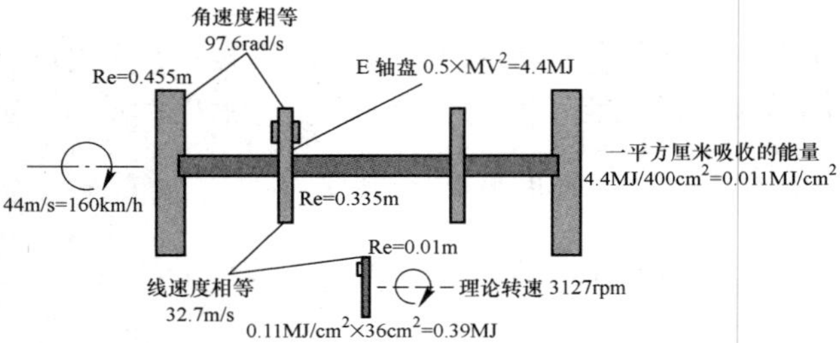

(b)

图 6-3　制动盘在热力-摩擦性能模拟中的数学模型
（a）制动盘实物照片；（b）数学模型

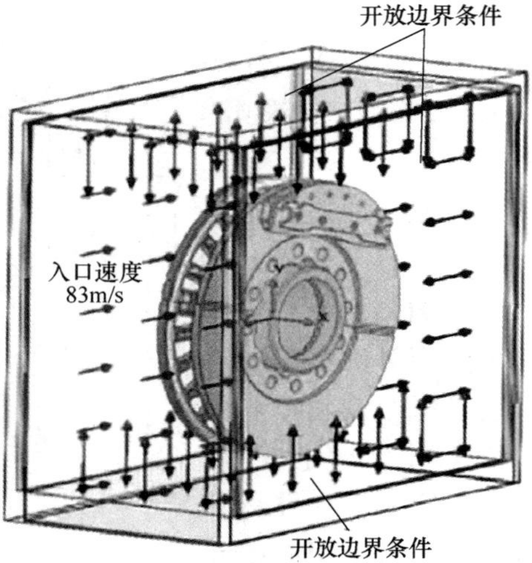

(a)

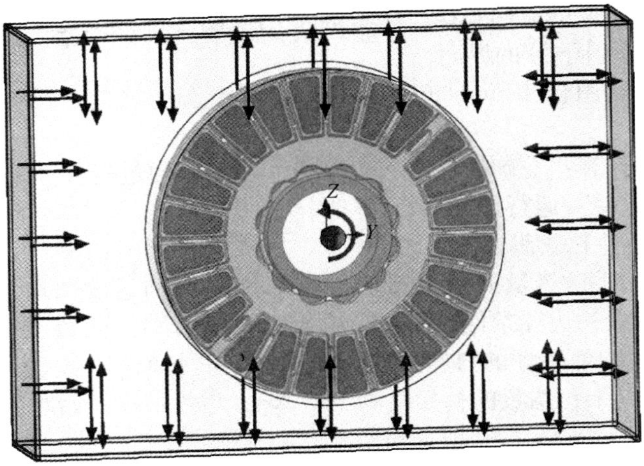

(b)

图 6-4 流体计算插件 Flow 中定义空气场围绕着制动盘的计算模型
（a）制动盘不带通风槽；（b）制动盘带通风槽

最初进入制动盘的热量由式（6-29）计算：

$$q_0 = \frac{1-\varphi}{2}\frac{mavz}{2A_d\varepsilon_p} \tag{6-29}$$

式中，a 为车辆减速度，m/s^2；φ 为制动力在前后轮的分配率；A_d为制动盘被刹车片扫过的面积，m^2；v 为车辆的初速度，m/s；ε_p 为制动盘表面载荷分布的系数；m 为轴重，kg。

6.3 计算步骤

（1）领域的定义：开始，一个有效的详尽的模型和一个在计算热传递热量的活化的选项。

（2）流体域：速度输入：$V_{\text{ent non st}} = V_{\text{ent}} - V_{\text{a t}}$。

（3）制动盘域：流量输入：$FLUX_{\text{non st}} = (\text{CF})(V_{\text{ent non st}})$，CF = 149893.838。

（4）$V_{\text{entnonst}} = V_{\text{ent}} - V_{\text{a t}}$。

（5）$FLOW_{\text{non. st}}$：非平稳的流量进入。

（6）V_{entnonst}：非平稳的速度进入的空气。

（7）材料的定义：引入图书馆资料中材料的物理特性。在本研究中，选择三种铸铁材料（25 号灰铸铁铝、20 号灰铸铁和 15 号灰铸铁）。

（8）边界条件的定义：第一步是要选择进口和出口的表面热流密度。选项在软件 CFX Pre 的插入菜单的“边界条件”里。

（9）边界条件涉及的衬垫：选择选项“墙”和“对称”，因为将会有可能在边界条件下调整一定数量的参数，例如进入制动盘的流量。

（10）接口领域的应用：接口区域通常用来创建连接或连接区。位于相互作用区域的表面记为固-液的界面。

（11）在开始用软件 Simulation & Flow 计算和分析之前，要确保模型没有任何错误。

（12）开始计算：在确认模型和边界条件之后，通过打开“文件”菜单并且点击“写求解文件”运行计算。

输入边界条件和载荷：

热载荷的特征是热量通过真正的接触区域（制动盘的两边）进入制动盘，如图 6-5 所示。最初边界条件被引入模块 ANSYS 工作台，热量的计算通过选择瞬态的情形和引入物理特性的材料来实施，见表 6-1。即初速度 380km/h；制动时间 = 105/1.02 = 103s；增量的初始时间 = 0.25s；增量最小初始时间 = 0.125s；增量最大初始时间 = 0.25s；制动盘初始温度 = 60℃。

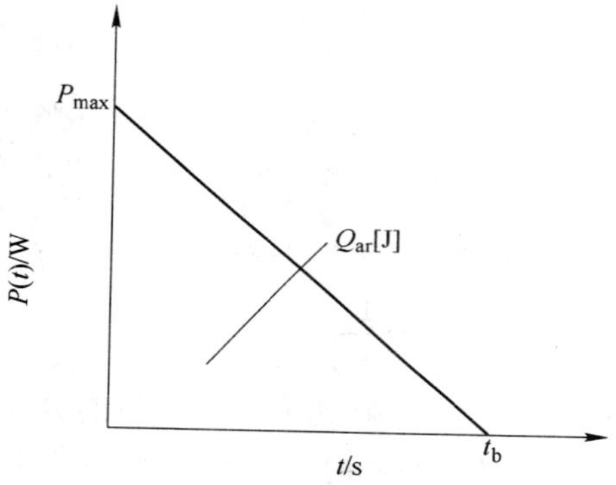

图 6-5　热量通过真正的接触区域（制动盘的两边）进入制动盘模型

表 6-1　SiC_{3D}/Al 制动盘及基体铝合金基本性能

材料	拉伸强度 /MPa	耐压强度 /MPa	摩擦系数	硬度 HB	冲击值 /J · cm^{-2}	线膨胀系数 /m · $℃^{-1}$
制动盘	184~220（铸态）300~350（热处理）	275~290（铸态）410~450（热处理）	0.3~0.35 干摩擦 0.2~0.25 水雾湿摩擦	260（经热处理，铝/SiC 界面）	8.4~10.3（复合材料经热处理）	8.43×10^{-6}

注：目前只完成铝盘体局部测试。

6.4　制动盘热力耦合的模拟数据与分析

6.4.1　SiC_{3D}/Al 制动盘与 SiC_{3D}/Cu 铸闸片组成的摩擦副

模拟计算结果表明：SiC_{3D}/Al 制动盘与粉末冶金法制备铜闸片组成的摩擦副

在时速 380km/h 实施紧急制动的摩擦和力学的综合性能比 SiC_{3D}/Al 制动盘与真空气压铸造 SiC_{3D}/Cu 铸闸片组成的摩擦副的综合性能优越，并确立了 SiC 在制动盘和闸片中的体积百分含量为 25%～30%时为最佳，SiC 面积百分比占 SiC_{3D}/Cu 复合材料体积摩擦面积的 25%。图 6-6 所示为 SiC_{3D}/铝合金制动盘和 SiC_{3D}/铜合金闸片摩擦副在 40～380km/h 制动后的接触应力和摩擦系数计算数据。由图可知，闸片的最大接触应力为 270MPa。制动盘最大接触应力为 250MPa。摩擦系数为 0.38(40km/h)～0.28(380km/h)。在本章只给出了有限元模拟 SiC_{3D}/Al 制动盘与粉末冶金法制备的闸片组成的摩擦副在时速 40～380km/h 实施制动的摩擦行为。

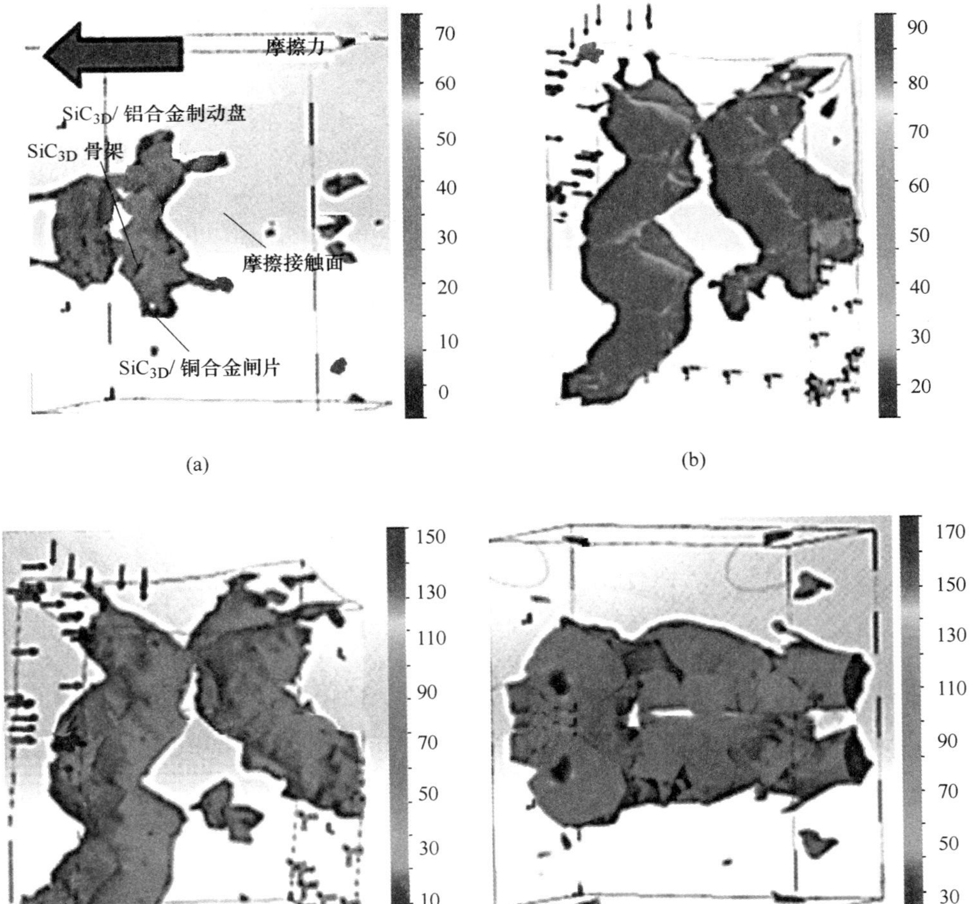

(a) (b)

(c) (d)

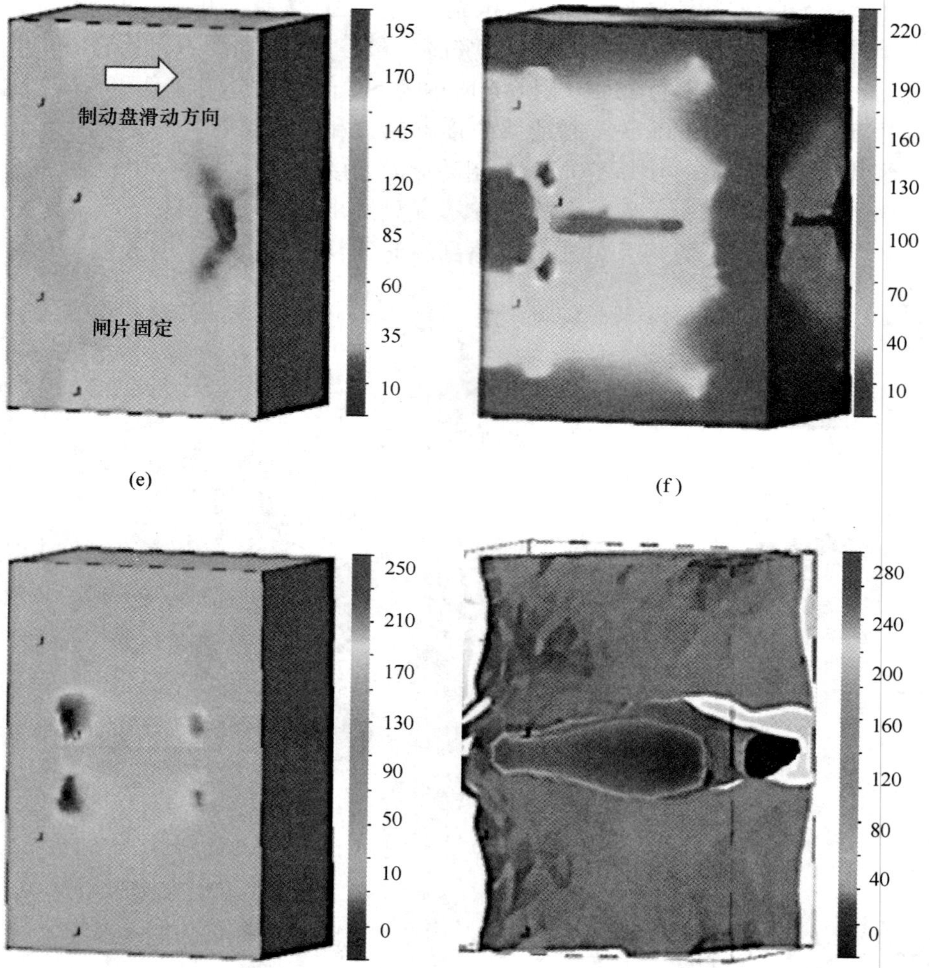

图 6-6　SiC_{3D}/铝合金制动盘和 SiC_{3D}/铜合金闸片摩擦副接触应力（40~380km/h）
(a) 40km/h; (b) 80km/h; (c) 120km/h; (d) 160km/h; (e) 200km/h; (f) 280km/h; (g) 350km/h; (h) 380km/h

6.4.2　SiC 骨架

表 6-2 为不同的 SiC（分别为梯形状、倒角梯形状、水滴状增强的）SiC/Al 盘与粉末冶金组成的摩擦副在压力为（0.5MPa）的紧急制动工况时摩擦性能计算值。选用具有最佳综合性能的组分，即 SiC 面积百分比占 SiC_{3D}/Al 复合材料体积摩擦面积的 25%。SiC 参考制动盘报废的磨损量约 5~7mm，确定最厚 10mm 的

厚度的 SiC_{3D}/Al 复合材料用于制动盘，SiC 骨架的外轮廓形状如图 6-7 所示。

计算了此摩擦副在不同压力下（0.1MPa、0.2MPa、0.3MPa、0.4MPa、0.5MPa）的摩擦性能。图 6-8 所示为 SiC 骨架在制动盘中的位置设计尺寸示意图，具体位置为 SiC 骨架在散热筋的正上方，SiC 骨架的对称中心线与散热筋对称中心线重合（此种摆放方式由前期计算证明能最大程度降低制动盘的热应力）。

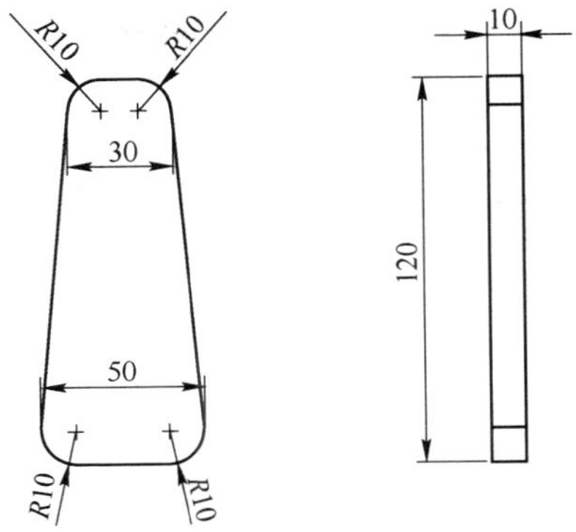

图 6-7 带倒角的梯形 SiC 梯形骨架设计图

表 6-2 SiC/Al 盘与粉末冶金闸摩擦副（压力 0.5MPa，初速度 380km/s）紧急制动工况摩擦性能模拟

编号	摩擦副组成 制动盘（SiC/Al 盘）SiC 占 SiC/Al 盘摩擦面积百分比/%	摩擦副组成 闸片（SiC/Cu 铸闸）SiC 占 SiC/Cu 铸闸摩擦面积百分比/%	平均摩擦系数/干摩擦	摩擦系数稳定性	全程制动时间/s	平均制动减速度/m·s^{-2}	制动距离/m	摩擦面最高温度/℃
1（梯形 SiC）	S25	S25	0.31	0.65	108.4	1.15	6771	420
2（带倒角 SiC）	S25	S25	0.31	0.70	105.2	1.22	6756	420
3（水滴形 SiC）	S25	S25	0.32	0.78	102.0	1.29	6720	410

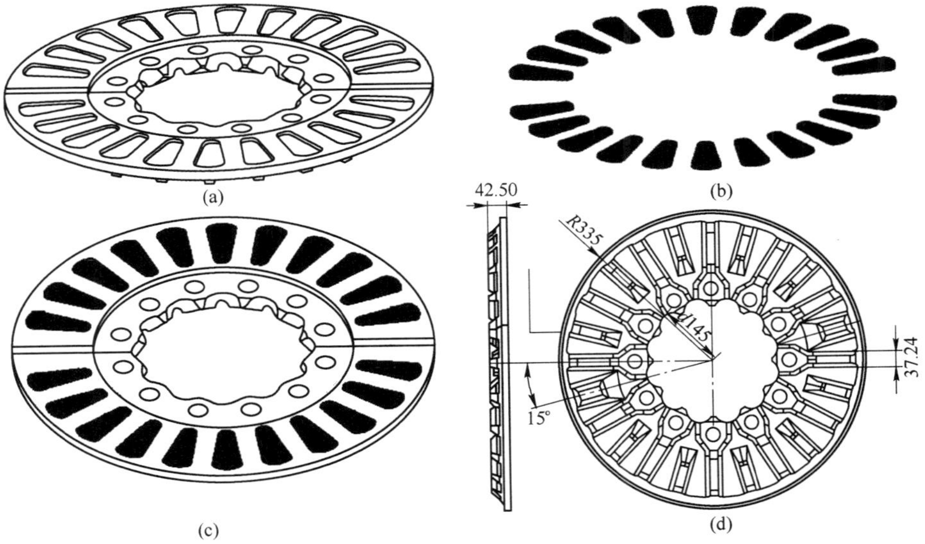

图 6-8 SiC 骨架在制动盘中的位置设计尺寸示意图

（a）铝合金基体；（b）SiC 骨架；（c）从摩擦面方向看制动盘，黑色处即 SiC 骨架；（d）散热劲筋方向看制动盘

选择具有倒角和类似水滴形的 SiC 片的目的是为了减少梯形 SiC，增强相梯形顶点处的内应力。SiC 陶瓷骨架增强相的厚度为（6±3）mm 比较适合，厚度不能超过 12mm，否则严重影响散热筋的强度。因制动盘厚度 23mm（不包括散热筋），可嵌入 1 层 5~7mm 厚的 SiC 骨架。SiC 陶瓷骨架占 SiC/Al 盘体积百分比为 30%，SiC 陶瓷骨架一共 24 片，面积百分比占制动盘体积摩擦面积的 25%，如图 6-8（c）所示。

6.4.3 制动盘摩擦系数

图 6-9 所示为模拟的 SiC/Al 盘与粉末冶金铜闸片摩擦副在不同的压力下紧急制动工况制动盘的摩擦系数。由图可知，随制动压力增大，平均摩擦系数增加，全程制动时间减少。当制动压力为 0.1MPa 时，制动时间为 150.2s；压力为 0.2MPa 时，制动时间为 131.5s；压力为 0.3MPa 时，制动时间为 118.8s；压力为 0.4MPa 时，制动时间为 108.2s；压力为 0.5MPa 时，制动时间为 101.1s。

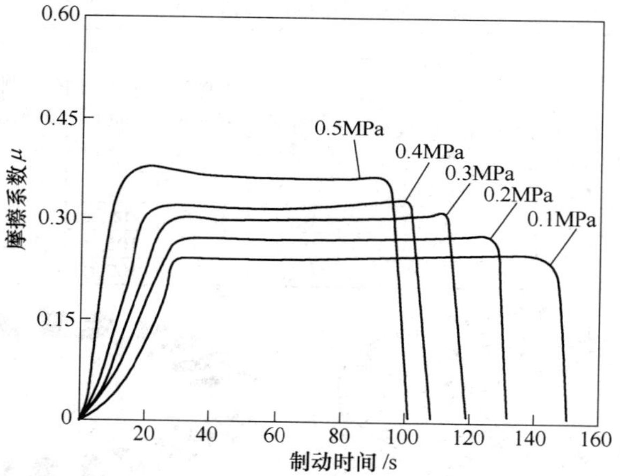

图 6-9 SiC/Al 盘与粉末冶金铜闸片组成的摩擦副在不同压力时的摩擦性能

6.4.4 制动盘表面温度

模拟制动盘的材料选用铸造铝合金，闸片材料选用铜基粉末冶金材料。制动初速度选取 380km/h，闸片压力 14kN，初始温度 60℃，其他计算参数见本书 6.3 节。模拟数据表明，铝基制动盘的摩擦面不存在局部高温区域，即“热斑”。热斑的形成机理是制动盘摩擦面的局部高温聚集区域在摩擦剪切力作用下，使该区域发生显微结构变化和表面氧化。

模拟计算结果很好地验证了铝基复合材料制动盘无“热斑”形成的根本原因是铝合金的导热能力很好，其导热系数是钢的 3 倍，铝基制动盘摩擦表面的温升在 380km/h 紧急制动的条件下盘面最高温度不超过 570℃，摩擦面上呈现微观的凹凸不平，制动盘和闸片摩擦是局部的凸出点接触摩擦，限制了热量在摩擦面的扩张，且采用了通风盘的设计思路，极大程度上将摩擦热散失。图 6-10 给出具有通风槽结构的摩擦副在 380km/h 紧急制动过程中不同点的 SiC_{3D}/Al 盘摩擦面的温度场计算数据。时间点分别选择在 10s、30s、89s、105.6s，摩擦表面最高温度时刻为 89s，以及制动结束时刻的温度计算值。某一时刻的温度场分布，不同的数据代表不同的温度，数据 1 代表最高温度。由图 6-10 可知，制动盘摩擦面存在的不均匀温度场，局部高温区域较多，区域的温度比制动盘摩擦面其他部位的温度高出约 200℃。摩擦面上存在的高温度差使高温部位首先发生较大的局部塑性变形。模拟数据表明在制动前 100s 左右时间内，制动盘摩擦表面温度随制动时间大约成线性规律变化，如图 6-11 所示。

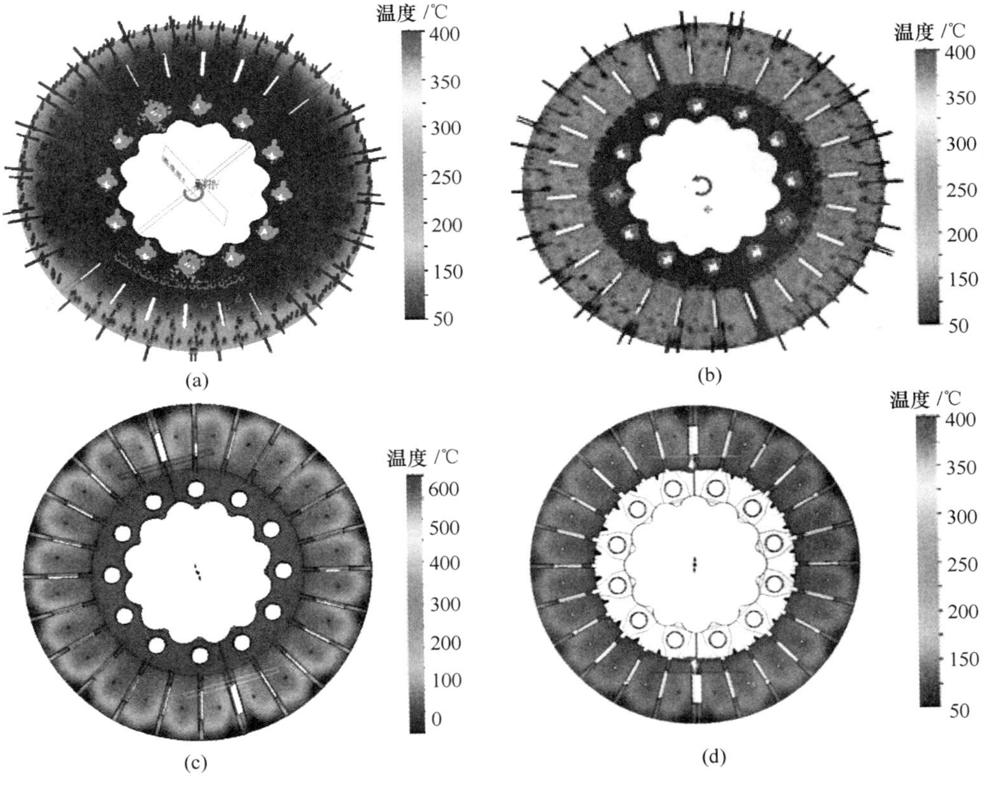

图 6-10　具有通风槽结构的摩擦副在 380km/h 紧急制动过程中不同点的 SiC_{3D}/Al 盘摩擦面的温度

（a）10s，140℃；（b）30s，220℃；（c）89s，525℃；（d）105.6s（制动结束时刻）410℃

为了考察通风槽结构对散热的影响，作为对比，给出不具有通风槽结构摩擦副在 380km/h 紧急制动过程中不同点的 SiC_{3D}/Al 盘摩擦面的温度场计算数据，如图 6-12 所示。时间点分别选择在 10s、30s、79s、108s，摩擦表面最高温度时

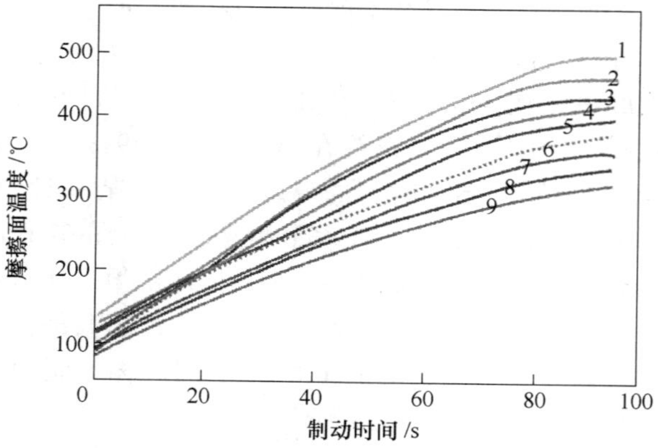

图 6-11　通风制动盘摩擦表面温度随制动时间大约成线性规律变化（未考虑流场的作用）

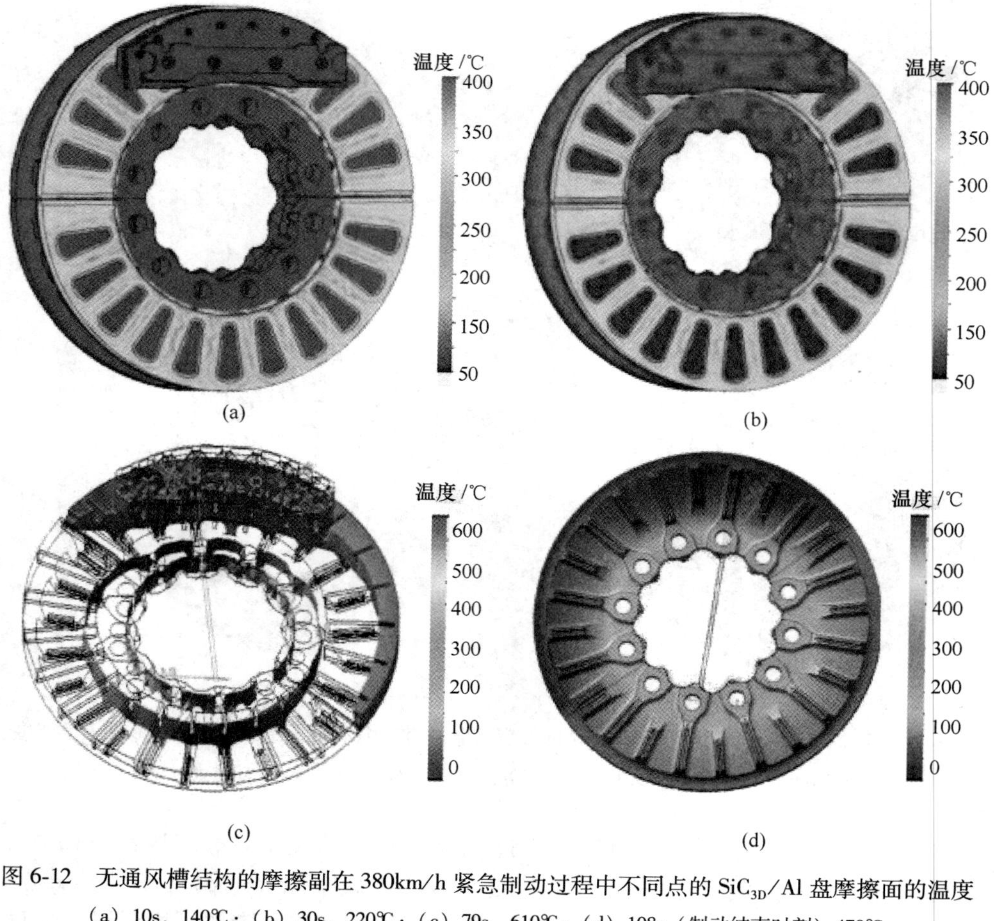

图 6-12　无通风槽结构的摩擦副在 380km/h 紧急制动过程中不同点的 SiC_{3D}/Al 盘摩擦面的温度

（a）10s，140℃；（b）30s，220℃；（c）79s，610℃；（d）108s（制动结束时刻）470℃

刻 79s，同时给出制动结束时刻的温度计算值。由图 6-12 可知制动时间到 79s 时，制动盘摩擦面达到最高温度 610℃；然后降温，当制动结束时，制动盘摩擦面温度 470℃。由此可见未加通风槽的摩擦面最高温度超过了 600℃，瞬时温度接近铝合金的熔点，制动盘的稳定性和安全性受到威胁。

选择 MM3000-Ⅱ惯性制动试验机。其最高转速为 7000r/min，选取制动压力分别为 0.3MPa、0.5MPa，制动初速度 200km/h，进行紧急制动条件下的模拟刹车试验，结果见表 6-3。由表 6-3 可知，模拟计算数据和实测数值误差不大，说明选用的计算方法对制动盘摩擦表面温度的预测是科学有效的。

表 6-3　不同制动压力、速度下制动盘摩擦表面计算与实测温度

样品	最高温度实测值/℃	最高温度计算值/℃	最高温度所对应速度（m/s）/压力（MPa）
1	381	360	380/0.29
2	270	300	300/0.29
3	401	380	380/0.5
4	307	320	180/0.59
5	344	350	350/0.5
6	325	350	380/0.5
7	341	350	350/0.29
8	382	350	350/0.5
9	351	330	380/0.5
10	312	330	180/0.59
11	366	340	380/0.5
12	322	330	380/0.29

6.4.5　制动盘法向位移

图 6-13 所示为制动盘在 380km/h 紧急制动工况下，制动某时刻制动盘的摩擦面法向位移，最大法向位移为 1.2mm。由图可知，制动盘的内侧承受拉应力作用。模拟计算的法向位移发生位置与实际制动中萌生出现微裂纹的位置一致，验证了弹塑性热-机耦合模型计算数据准确。

当制动盘、盘毂和压圈装配时，不同材料的部件由于材料线膨胀系数不同，当部件温度升高时，各部件在结合面处进一步压紧。本质上是由材料的线膨胀引起的。因此，称由这种压紧力变化产生的应力为制动盘的特征热应力。当各部件的温度降低时，会导致装配约束释放，特征热应力降低。制动盘、盘毂、压圈及螺栓之间的装配关系引起了制动盘的轴向机械约束。当热量由摩擦面的表面输入到制动盘内部后，由于材料间的热传导作用，盘毂和压圈的温度也将升高。理想

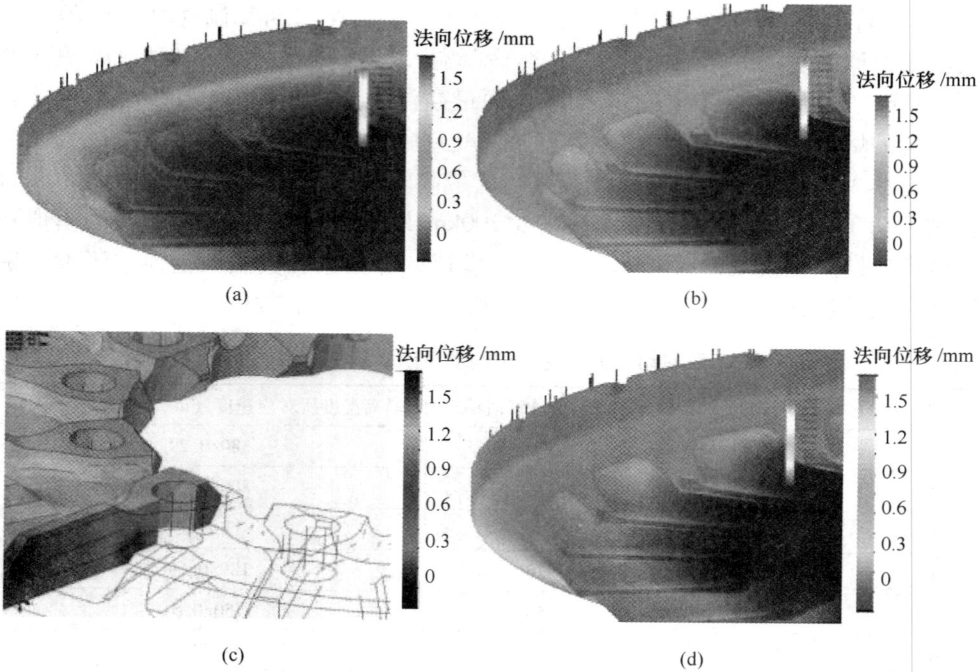

图 6-13 制动盘，380km/h 一次紧急制动工况下，制动某时刻的法向位移
（a）10s；（b）30s；（c）78s；（d）108s（制动结束）

情况下，制动盘、盘毂、压圈及螺栓的温度和材料相同，盘爪及其与盘连接的部位将发生如图 6-13 所示的变形，用方格表示。当摩擦面均匀升温时，摩擦面变形结果如图 6-13（b）所示，其中虚线表示制动盘升温前的形状。制动盘在摩擦升温过程中，由于摩擦面内侧的材料体积分布多并与盘毂和压圈发生传导传热，摩擦面内侧的温度在同一时刻低于摩擦面的外侧的温度，摩擦面发生图 6-13（c）所示变形。

6.4.6 制动盘热应力

为了直观得到通风槽对 SiC 增强相对制动盘热应力的影响，模拟了紧急制动全过程，得到了带通风槽制动盘的热应力随制动时间的变化曲线，如图 6-14 所示。

由图 6-14 可知通风槽的宽度对制动盘盘体的热应力有较为显著的影响，宽度为 7.5mm 的通风槽所对应的盘体最大热应力为 307MPa，较宽度为 5.5mm 的通风槽所对应的 220MPa 的盘体最大热应力高出近 90MPa。说明较宽的通风槽具有较好的冷却能力，但大的冷却能力又使盘体中产生大的温度梯度，导致大的热应力的产生，因此制动盘的几何设计应兼顾好的冷却能力与低的热应力。此外，还表明，通风槽的宽度不影响制动结束时间。

图 6-15 给出不带通风槽的制动盘，在 10s、30s、79s（热应力最大）和制动

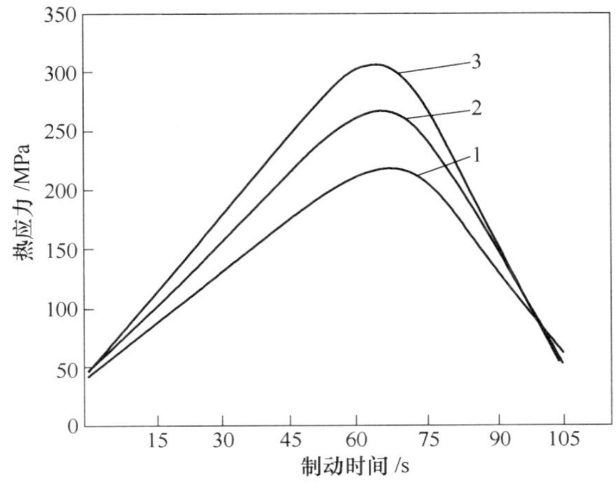

图 6-14　带通风槽的制动盘热应力随制动时间变化曲线

1—通风槽宽度 5.5mm；2—通风槽宽度 6.5mm；3—通风槽宽度 7.5mm

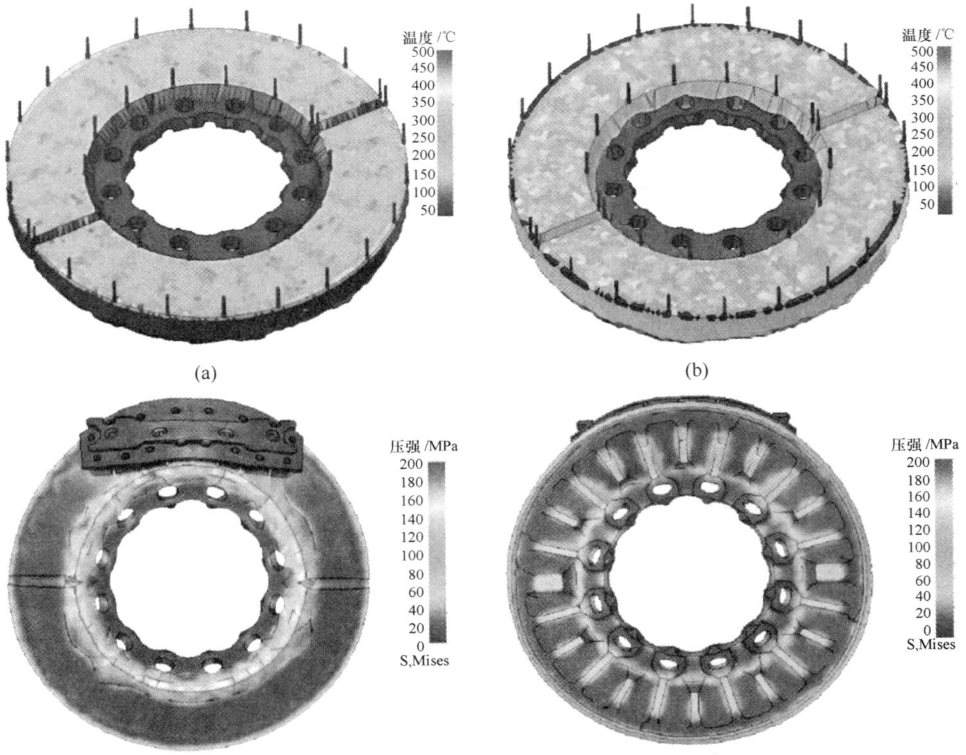

图 6-15　制动盘热力-流场耦合的模拟数据与分析

（a）10s；（b）30s；（c）79s；（d）108s（制动结束时刻）

结束时刻的热应力计算数据。由图可知，最大热应力分布在筋板所对应的盘体正表面上，且靠近盘的内侧。从计算数据来看，最大等效应力 250MPa，小于复合材料常温下的最大许用应力 305MPa。受其他约束的情况下，摩擦面内侧受到拉应力，当摩擦面内侧所受的拉应力超过材料热损伤后的极限强度时，摩擦面将沿周向发生开裂失效。

6.5 制动盘热力-流场耦合的模拟数据与分析

6.5.1 制动盘温度场

温度是制动过程中的一个重要的物理参数，它随着制动时间与制动条件及制动盘上的不同位置而变化。有时过高的制动盘摩擦面温度将使摩擦副间产生黏结磨损，导致制动盘闸片的摩损率大大增高，缩短摩擦副的使用寿命。甚至出现摩擦面温度过高使基体合金熔化，从而影响车辆的制动安全。因此在制动盘的几何设计中必须考虑制动盘的几何外形与制动盘的冷却过程的关系，从而设计出具有优良冷却能力的制动盘几何结构。用制动盘热力-流场耦合的模拟数据与分析模型来计算制动工况，图 6-16（a）所示为不带通风槽的制动盘，图 6-16（b）所示为带通风槽的制动盘在 380km/h 紧急制动时的 CFX 模型。

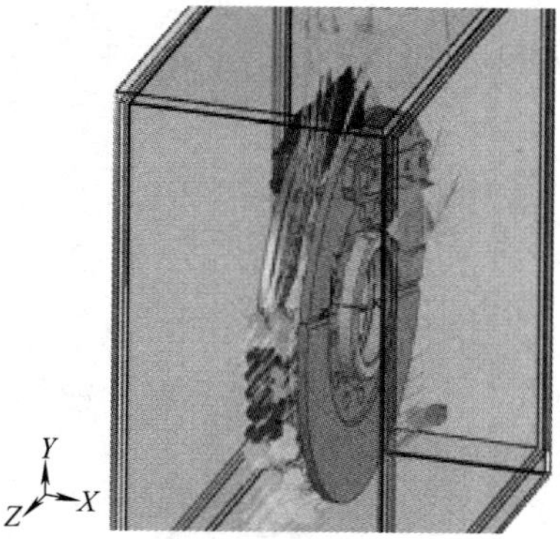

(a)

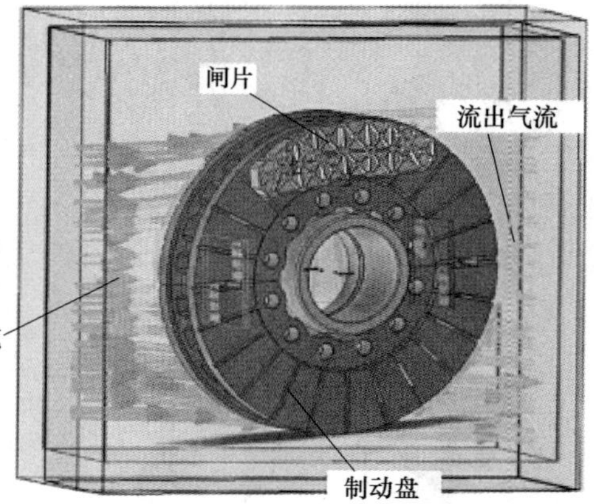

(b)

图 6-16 制动盘热力-流场耦合的模拟数据与分析模型

（a）不带通风槽制动盘；（b）带通风槽制动盘

考虑风冷却条件下对 SiC_{3D}/Al 盘与粉末冶金组成的摩擦副的紧急制动工况摩擦系数模拟的数据见表 6-4。

对不同制动条件下的 SiC_{3D}/Al 制动盘进行计算机模拟计算，发现强散热型-通风盘式的结构设计能将摩擦产生热量的 60%以上通过气流散失到空气中。经 380km/h 紧急制动后，制动盘最大摩擦热流量为 150kJ/(mm^2 · s)。摩擦表面最

表 6-4 SiC_{3D}/Al 盘与粉末冶金闸片组成的摩擦副紧急制动计算数据（0.5MPa 压力）

编号	摩擦副组成 制动盘（SiC/Al）	摩擦副组成 粉末冶金闸片（SiC/Cu）	平均摩擦系数/干摩擦	摩擦系数稳定性	制动时间/s	平均制动减速度/$m \cdot s^{-2}$	制动距离/m	摩擦面最高温度/℃
	SiC 面积占 SiC/Al 盘摩擦面积百分比/%							
1	S25	Knorr	0.33	0.65	108.4	1.15	6771	510
2	S25	某国产	0.33	0.70	105.2	1.22	6756	500

高温度约 500℃，热应力最高约 100MPa。闸片的最大热应力为 210MPa，产生在 SiC 筋连接处的位置，最大热应变 0.02mm。制动盘吸收动能转化的热能约 9MJ，经过通风盘散热约 20MJ，闸片吸收动能转化的热能约 4MJ。温度梯度均匀，热疲劳裂纹小于 0.003mm，可满足时速≥380km/h 高速列车使用，如图 6-17 所示。

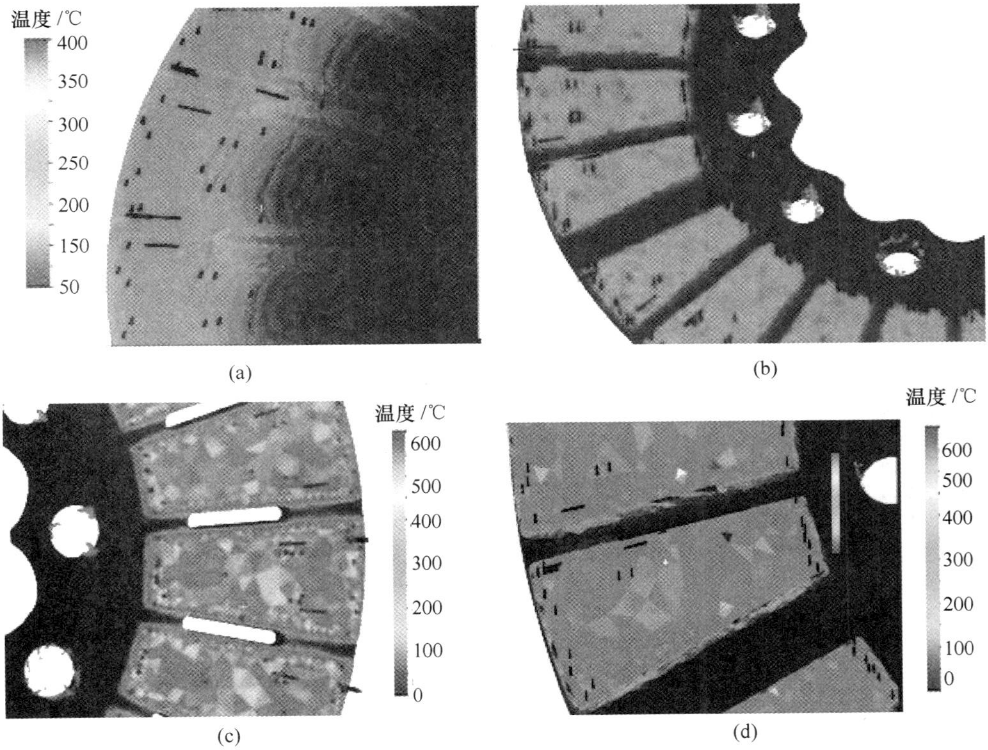

图 6-17 带通风槽制动盘和 SiC_{3D}/铜合金闸片摩擦副，在 10s、30s、89s（温度最高）制动结束时刻的温度场（考虑风冷）

（a）10s；（b）30s；（c）89s 温度最高 500℃；（d）制动结束时刻

多组对偶材料在不同制动压力、速度下，模拟计算摩擦表面的温度与使用 MM1000-Ⅱ型环-环对磨小台架试验机所做 ϕ180mm 试样的实测温度，模拟计算温度与实测温度基本吻合（表 6-3）。

6.5.2 制动盘热应力

图 6-18 所示为 SiC_{3D}/铝合金制动盘和 SiC_{3D}/铜合金闸片摩擦副在 40～380km/h 制动后的热应力计算数据。可知，闸片的最大热应力为 290MPa，制动盘最大接触应力为 350MPa，摩擦系数在 0.38（40km/h）～0.28（380km/h）之间。以上计算采用的 SiC 块的厚度均为 7mm。为了说明 SiC 硅块的厚度对热应力的影响，计算了 SiC 块的厚度均为 5mm 的制动盘在紧急制动下的热应力，

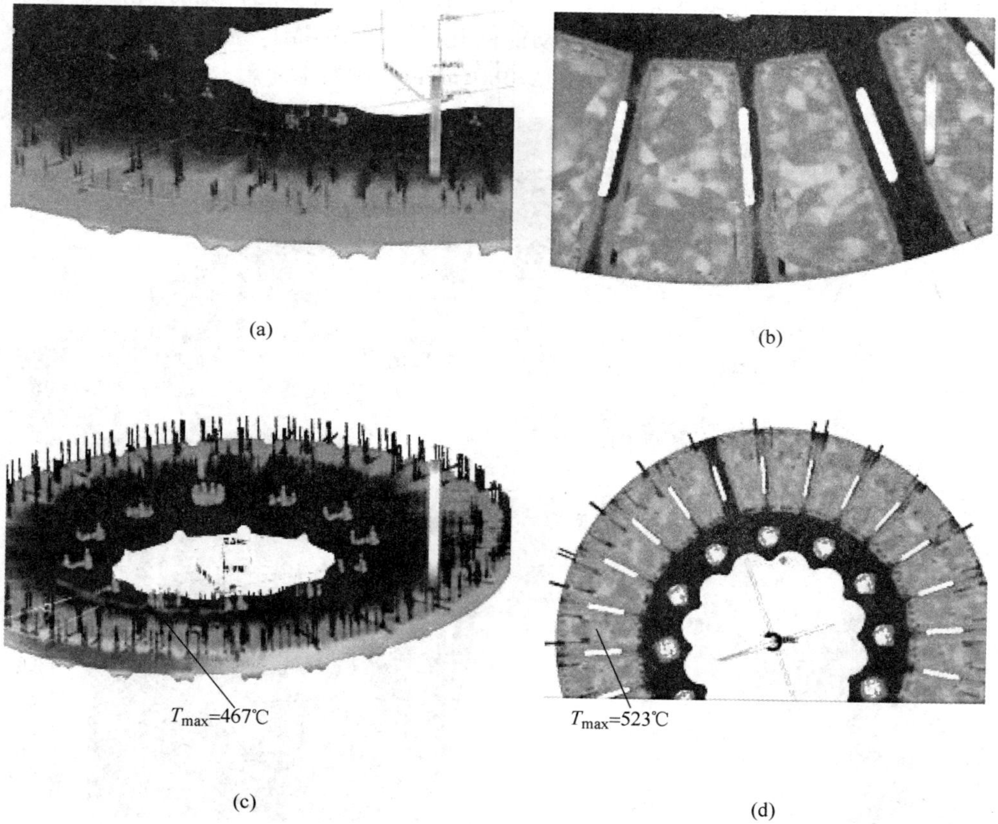

图 6-18 带通风槽制动盘和 SiC_{3D}/铜合金闸片摩擦副，在 10s、30s、82s（热应力最大）制动结束时刻的热应力（考虑风冷，考虑制动盘磨损后 SiC 厚度 5mm）

（a）10s；（b）30s；（c）82s；（d）制动结束

为 240MPa，说明减少 SiC 块的厚度能降低制动盘的热应力。数据表明，SiC 块的厚度对摩擦副摩擦的综合性能的影响不大。当制动盘上最大正压力为 0.50MPa 时，这 2 组摩擦副的全程平均摩擦系数均达到 0.33（干摩擦状态下），紧急制动全程制动时间为分别为 108.4s 和 105.2s，紧急制动距离分别为 7725m 和 7716m，均小于 SiC_{3D}/Al 制动盘与铸闸片组成的摩擦副摩擦的制动时间和制动距离。

图 6-19 所示为 SiC/Al 盘与粉末冶金组成的摩擦副在不同的压力下的紧急制动工况模拟 $SiC/Cu_{粉闸}$ 的摩擦系数计算值（粉闸(SiC/Cu)SiC 的厚度均为 6mm)。由图可知，随制动压力增大，平均摩擦系数增加。当制动压力 0.1MPa 时，摩擦系数 0.26；压力为 0.2MPa 时，摩擦系数约 0.28；压力为 0.3MPa 时，摩擦系数约 0.30；压力为 0.4MPa 时，摩擦系数约 0.34；压力为 0.5MPa 时，摩擦系数约 0.36。与制动盘相比，闸片的摩擦系数稍高，而且摩擦系数更稳定。

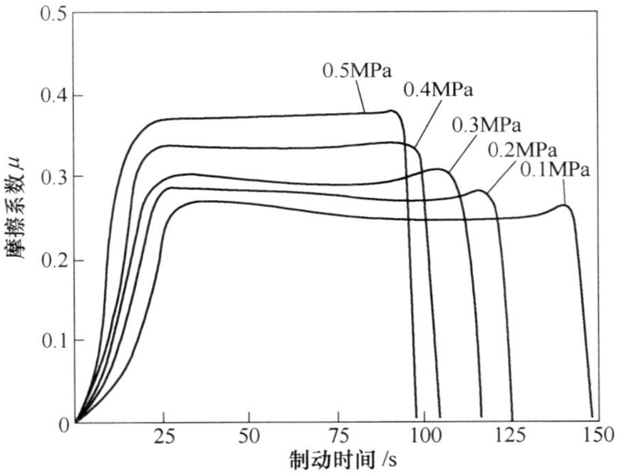

图 6-19 SiC/Al 盘与粉末冶金闸片 SiC/Cu 组成摩擦副在紧急制动工况不同压力的闸片摩擦性能

6.5.3 粉末冶金闸片温度场

图 6-20 给出粉末冶金闸片在紧急制动时（压力 0.5MPa）摩擦表面的温度随制动时间的变化。由图可知，SiC 的厚度对闸片表面温度的影响不大，SiC 厚度为 9mm 的闸片在制动时间到 61s 时，闸片最高温度 610℃，然后降温，制动结束时，闸片温度 500℃；SiC 长度 6mm 的闸片在 67s 时，闸片最高温度 690℃，然后降温，制动结束时，闸片温度 510℃。这 2 种不同 SiC 铸闸片表面温度均低于闸片所能承受的最高温度 800℃。

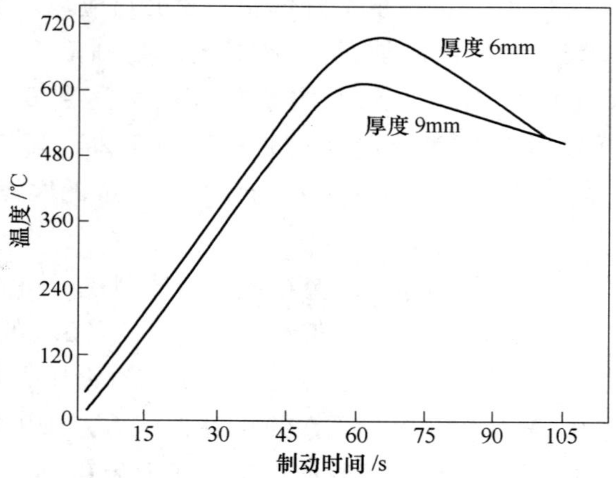

图 6-20　紧急制动时（压力 0.5MPa，制动初速度 380km/h）
粉末冶金闸片摩擦表面温度随制动时间的变化

7 高铁用 SiC_{3D}/Al 盘制备与性能

复合材料中增强相和基体在三维空间呈 Voronoi 状连续分布，具有和传统孤立相增强完全不同的拓扑结构。这种三维结构使复合材料在保持基体良好导热性的同时具有优异的抗蠕变性、耐磨性和低的热膨胀系数等性能。

7.1 低压铸造工艺简介

低压铸造机原理是将熔融的金属液加入密闭的保温炉内，用液面加压系统给密封的保温炉充一定的干燥的压缩空气，使保温炉内的金属液通过升液管缓慢注入金属模型腔，在压力作用下凝固成形，再经过自动开模并取件，完成低压铸造工艺过程。我国低压铸造机技术经过几十年的研究与发展，在结构、原理、功能上基本接近进口机水平，但国产机同进口机相比在外观、铸造工艺、机械精度、自动控制及算法等精细方面还是有差距。目前产品现状和前期模拟低压铸造工艺表明，要完成高质量陶瓷$_{3D}$/有色金属复合材料产品，需采用电控设计的智能制造低压铸造机来实现铝合金与多孔陶瓷的复合过程，达到降低生产成本、提高铸件质量和满足生产安全、提高生产率、提升自动化程度的目的。因此需要进行硬件系统技术方案设计。

7.2 系统整体设计

低压铸造机系统经过改造，智能架构主要由数据采集处理系统和通信系统构成，如图 7-1 所示。采集处理系统在主控系统采用 PLC 的基础上主要由以下几部分组成：炉温控制系统、液面加压系统、开合模及顶出系统、模具冷却系统、型腔温度及液面检测系统、人机界面、操控面板、工艺参数采集系统和报警系统。其中，型腔液面检测与液面加压系统共同构成闭合回路。主控利用工业以太网交换机与服务器/客户端建立联系，进行数据通信。上位机系统采用 B/S 架构，即浏览器和服务器结构。随着互联网技术的兴起，对 C/S 的一种变化或者改进的结构。在这种结构下，用户工作界面是利用 www 浏览器来实现，极少部分事务在前端（Browser）实现，但是主要事务逻辑在服务器端（Server）实现。B/S 结构最大的优点就是可以在任何地方进行操作而不用安装任何专门的软件。只要有一台能上网的电脑就能使用，客户端零维护。系统的扩展非常容易，只要能上网，再由系统管理员分配一个用户名和密码，就可以使用了。远程通信系统，即 PLC 和服务器工作站之间的通信，采用工业以太网进行，这样可以很方便地和其他系统进行集成。设计系统暂时不对上位机和远程通信进行设计，但在相关系统中预留相关接口，以备后续工作中需要使用。

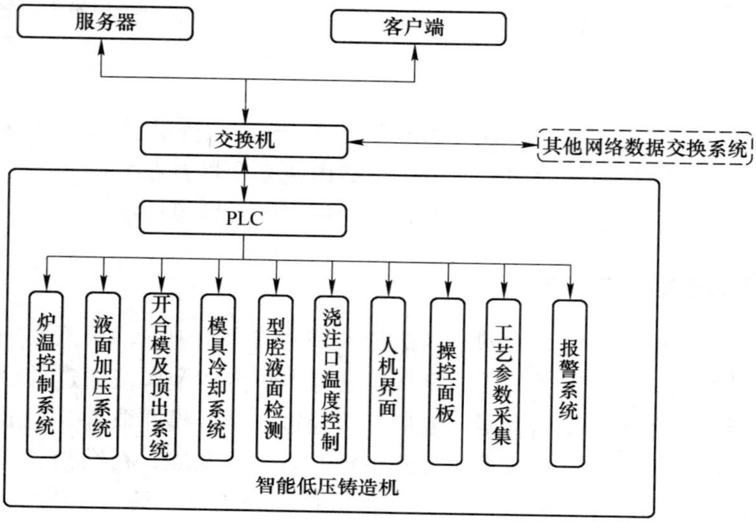

图 7-1　主系统搭建框图

7.2.1　方案设计

本书是在 10 路子系统的基础上搭建低压铸造机，通过采集相关的电压电流信号、温度和压力信号等输入主控器中，进行相关算法的计算和数据分析处理后进行输出，实现多路子系统同时可控，完成整体系统操作，实现 SiC_{3D}/Al 盘铸造过程。

7.2.2　设计特点

本书在液压铸造的基础上采用变频器利用电机控制合分模的过程，实现电力环节的节能环保；炉温、型腔、浇口实现温度灵敏控制，利用主控器及时处理和反馈，达到精度控制要求；实时报警系统可及时检测系统故障，保证生产安全有序进行；上位机控制可以及时观测到系统整体运行状态，保证作业的顺利进行，并利于告警和故障信息的及时处理；整机系统配合完整，达到生产需求。

7.3　分系统设计

分系统搭建主要由以下各个环节构成，各个子系统的稳定运行保证了整体系统的功能实现，从而满足系统稳定可靠安全有效地运行。

7.3.1 PLC主控系统

主控系统由几个小系统搭建完成，包括输入采集系统、数据处理系统、实时显示系统、操作系统和数据输出系统。除了实现对各个子系统进行监控外，还需要采集设备工作状态的信息、故障信息以及生产工艺参数，以提供给服务器进行工艺分析及优化使用，系统流程图如图7-2所示。在此主要完成模拟物理量的采集，将其送入控制器中，在控制器中进行数据处理和分析，然后将有关模拟量分别同步进行显示和输出；利用以太网交换机上传至服务器，进行数据储存和调用，在浏览器可以直接进行系统观测和设定，直观方便地对系统进行全程监控和处理。

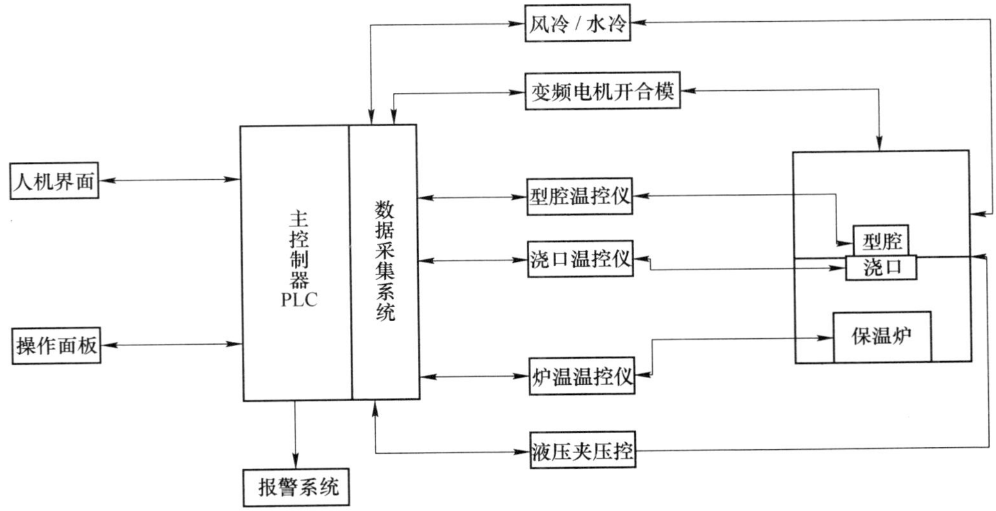

图7-2 系统流程

7.3.2 炉温控制系统

炉温控制流程如图7-3所示，通过控温系统保证炉内温度稳定，利用硅碳棒辐射加热、热电偶采集，将炉内温度信号送入主控制器进行处理，同时在已经设定的温度值基础上进行比较，利用误差控制借助温控仪和调功器调整实时温度，达到满足系统温度稳定运行的要求。

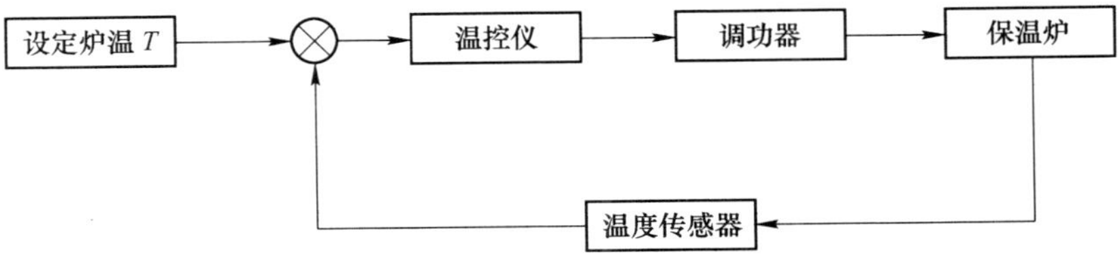

图7-3 炉温控制流程

7.3.3　型腔温度及液面控制系统

型腔温度控制流程如图 7-4 所示，通过压控仪器与液面控制系统控制型腔内温度及型腔内金属液液面高度，将型腔内温度信号送入主控制器，在已经设定的温度值基础上进行比较，利用误差控制借助电加热棒或模温机调整实时温度，达到系统温度运行的需求；同时使用超声波传感器检测液面位置，如图 7-5 所示，使模具在压力值下保持位置稳定；利用压控仪器或主控系统控制压力维持液面高度，以利于更好地铸模。

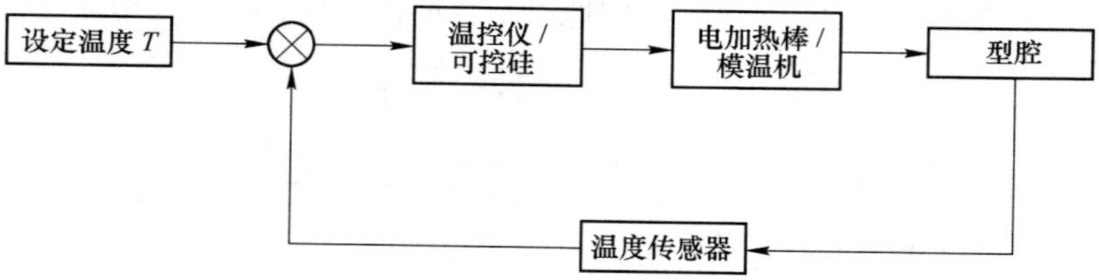

图 7-4　型腔温度控制流程

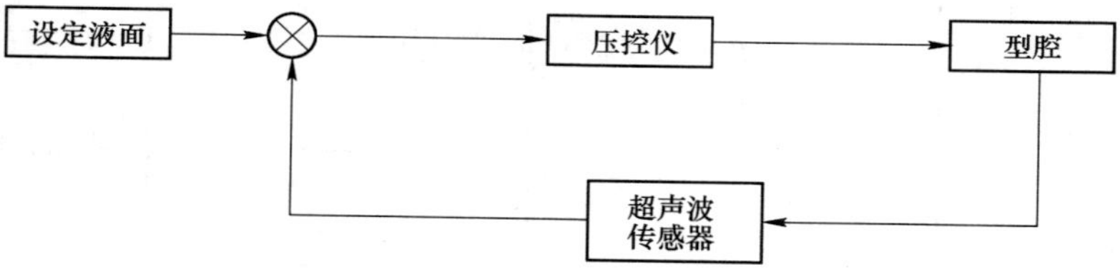

图 7-5　型腔液面控制流程

7.3.4　浇口温度控制系统

为了防止铝液在浇铸口温度过低凝固，从而影响浇铸质量，需要对浇注口的温度进行检测并控制。浇口控制流程如图 7-6 所示，其利用热电偶完成浇口内温度的检测，将浇口内温度信号送入主控制器，在已经设定的温度值基础上进行比较，利用误差控制借助温控仪调节电加热棒或硅碳棒调整实时温度，达到系统温度运行的需求。

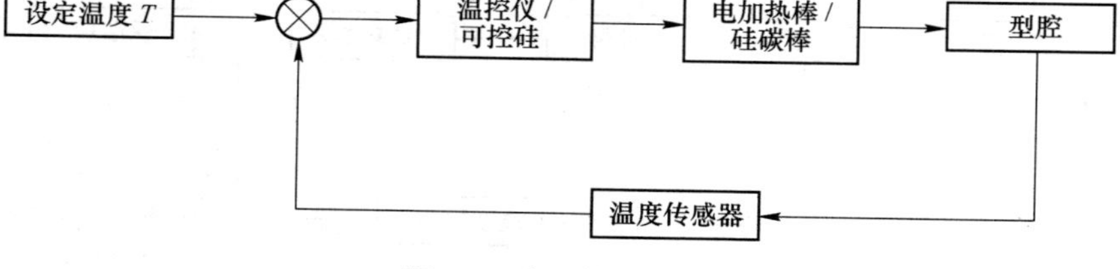

图 7-6　浇口控制流程

7.3.5 变频合分模控制系统

变频控制流程如图 7-7 所示，可完成对分合模臂的控制，利用变频器驱动电机正反转实现分合模臂的推进和送出，并利用频率控制进行速度和行程的调节，其控制过程主要在变频器内完成。

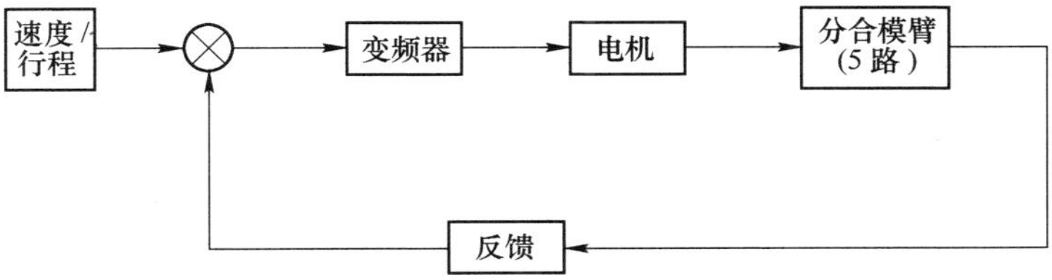

图 7-7 变频控制流程

7.3.6 液面夹压力控制系统

液面夹压力控制流程如图 7-8 所示，可完成对型腔内模具位置信号的检测，利用控制液面夹压力值控制液体位置；气压源压力经过滤减压阀后达到稳定值。实现过程是将压力信号作为控制信号，位置信号为输出信号，利用闭环实现对位置的控制。该控制可集成于主控系统内实现。

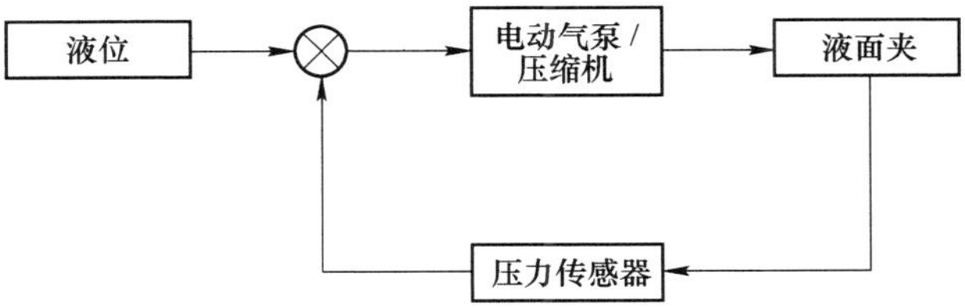

图 7-8 液面夹压力控制流程

7.3.7 模具冷却系统

冷却控制流程如图 7-9 所示，可完成采用热电偶采集后的模具温度控制，利用与设定温度值进行比较，当温度值高于设定值时，采用水冷或者风冷的方式进行降温；当温度值低于设定值时，采用电加热棒进行加热，目的是使模型迅速冷却。

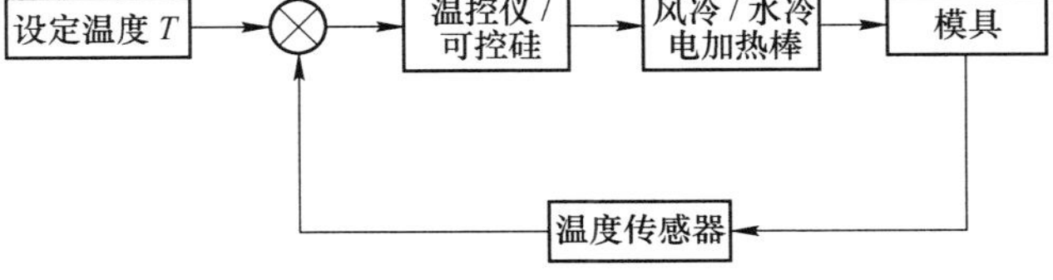

图 7-9 冷却控制流程

7.3.8　优化低压铸造工艺

本章建立了纳米陶瓷颗粒及泡沫支撑相随机生成模型及其增强金属复合材料凝固过程显微结构数值模型，如图 7-10 所示。在犀牛 Rhino6 插件 Grasshopper（GH）建立 voronoi（三维泰森）模型。撰写计算机代码，利用不同的随机影响因子完善模型，然后在 real flow 中形成 SiC_{3D}的微观结构细化，导入 ANSYS 完成纳米结构，再与金属进行复合过程中性能和显微结构计算（图 7-11）。同时通过

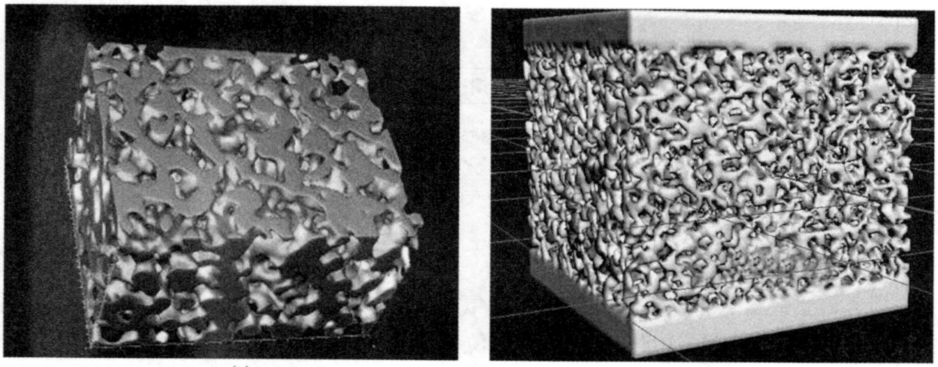

图 7-10　SiC_{3D}/金属复合材料空间结构示意图

（a）SiC_{3D}；（b）Al（Cu）$_{3D}$

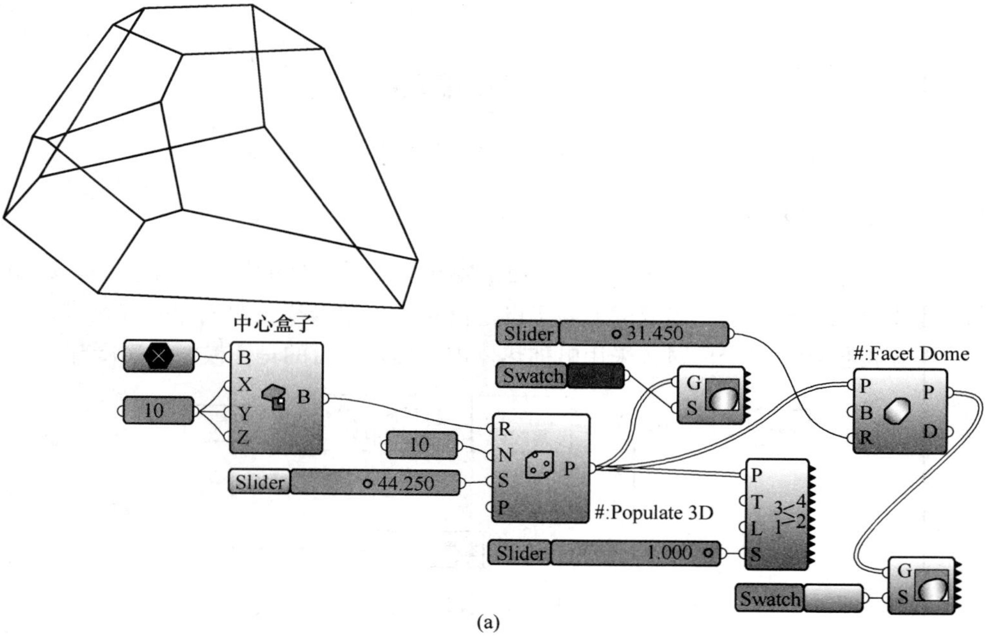

(a)

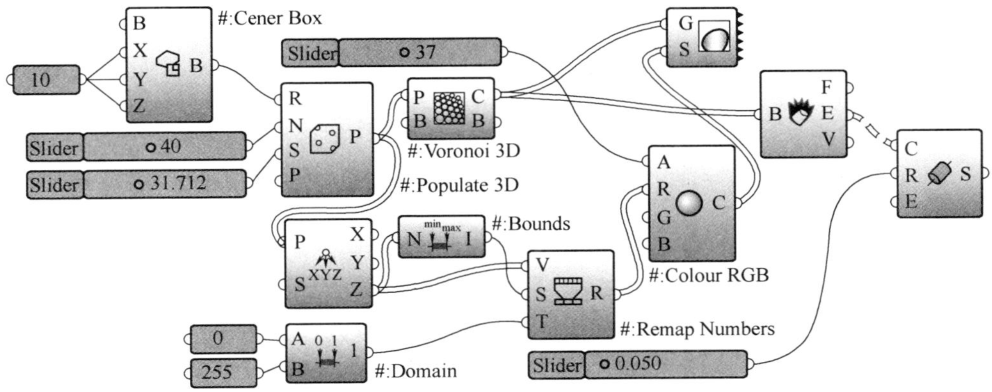
#:Cener Box
10
Slider 37
Slider 40
Slider 31.712
#:Voronoi 3D
#:Populate 3D
#:Bounds
#:Colour RGB
#:Remap Numbers
0
255
#:Domain
Slider 0.050

(b)

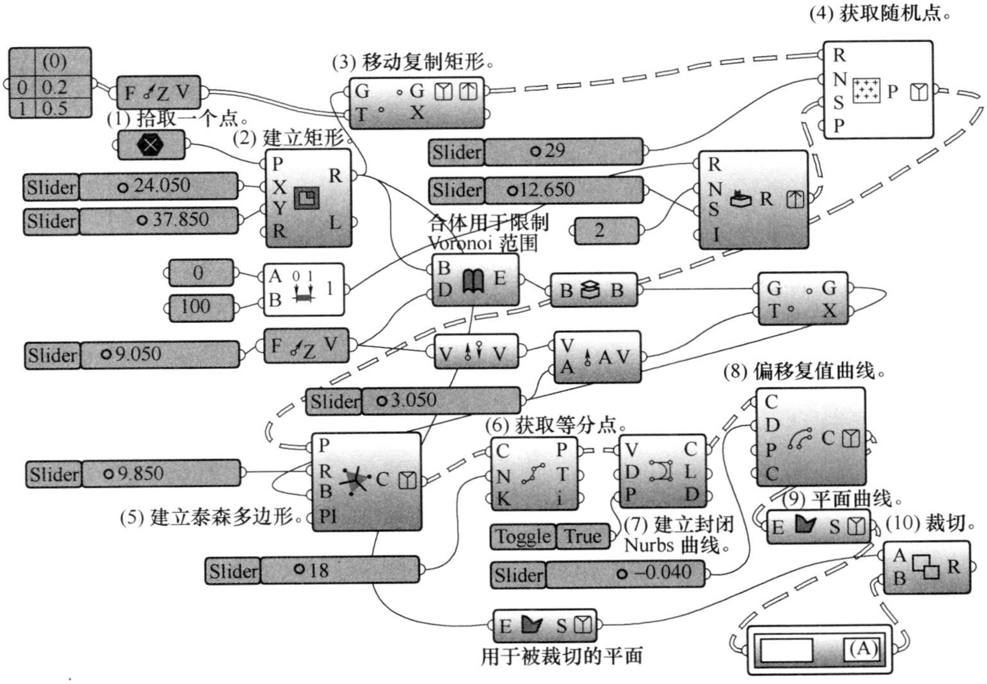
(4) 获取随机点。
(3) 移动复制矩形。
(1) 拾取一个点。
(2) 建立矩形。
Slider 29
Slider 12.650
Slider 24.050
Slider 37.850
2
合体用于限制
Voronoi 范围
0
100
Slider 9.050
Slider 3.050
(8) 偏移复值曲线。
(6) 获取等分点。
Slider 9.850
(5) 建立泰森多边形。
Toggle True
(7) 建立封闭
Nurbs 曲线。
(9) 平面曲线。
(10) 裁切。
Slider 18
Slider -0.040
用于被裁切的平面

(c)

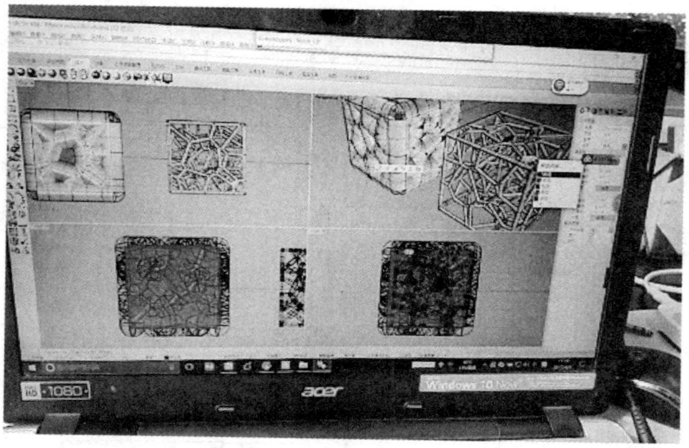

(d)

图 7-11　用 3D max 和 voronoi（三维泰森）模型建立的理论模型

（a）用 Grasshopper（GH）建立模型程序 1；（b）Grasshopper（GH）建立模型程序 2；（c）Grasshopper（GH）建立模型程序 3；（d）SiC_{3D}/金属复合材料空间结构数值模型

布尔运算建立陶瓷骨架占复合材料不同体积百分数的复合材料凝固过程显微结构数值模型。

借助 ProCAST 软件对复合铸件在形成过程中的流场、温度场和应力场进行仿真分析。确定的最优方案中铸件的温度分布应符合“顺序凝固”规律，呈莲花（Lotus）梯度状（图 7-12（a））。得到了冷却水流动速度、模具预热温度等参数的最优组合，特别是可以预测铝合金的显微结构和复合材料的界面显微结构，得到枝晶在不同铸造区的生长规律（图 7-12（b））。实验证明模拟计算对于抑制金属基体的显微疏松、改进铸件质量、提高生产效率具有重要的指导意义。

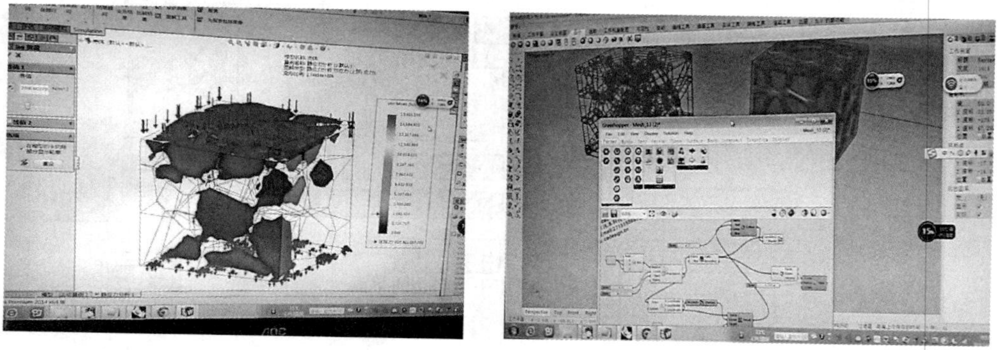

(a)　　(b)

图 7-12　ProCAST 软件对复合铸件在形成过程中的流场、温度场和应力场进行仿真分析

7.4 摩擦副制备

7.4.1 制动盘基体原料 Al-Si-Cu-Mg 合金

Al-Si 系合金是目前制造行业中最受关注的结构材料之一，应用非常广泛。随着航空工业、汽车工业、轨道运输业的迅猛发展，人们对其性能要求也越来越高。为了充分发挥 Al-Si 系铸造铝合金的潜能，在其优良铸造性基础上能更进一步地提高其力学性能，人们在 Al-Si 系合金基础上利用添加适量合金元素提高了该系合金的性能，相继开发出 Al-Si-Mg、Al-Si-Cu、Al-Si-Cu-Mg 等合金系列。在 Al-Si 二元合金中分别加入适量合金元素 Mg 或 Cu 后，可利用固溶强化和第二相强化提高合金的力学性能，但 Al-Si-Mg、Al-Si-Cu 系合金仍然无法满足现代工程结构中复杂、大型、高强度关键铸件的要求。为了得到铸造铝合金更高的综合力学性能，材料研究者便把 Mg 和 Cu 同时添加到 Al-Si 系二元合金中，从而获得强度和韧性都有较大提高的亚共晶型 Al-Si-Cu-Mg 系铸造铝合金。属于这类合金的有我国的 ZL111、ZL110、ZL106，美国的 354、A332 等。对于 Al-Si-Cu-Mg 四元合金而言，Mg 和 Cu 加入比例的选取原则为高 Cu 低 Mg，合金元素的比例不同以及不同的凝固条件，合金的显微结构中可能出现 β 相、θ 相、S 相、W($Al_2Si_5Cu_4Mg_4$)、Q($Al_4Cu_2Mg_8Si_5$) 等强化相。Si、Mg、Cu 对铝合金的综合力学性能也有不同程度的影响。研究表明，对于硬度和强度来说，影响最大的是 Cu，然后是 Mg，影响最小的是 Si；对于塑性指标来说，有较大影响的是 Si 和 Mg，Cu 的影响较小。表 7-1 为制动盘中铝合金 $AlSi_9Cu_2Mg$ 成分（质量分数,%）。

表 7-1 $AlSi_9Cu_2Mg$ 成分 (%)

合金牌号	Si	Cu	Mg	Mn	Ti	Al
$AlSi_9Cu_2Mg$	8.0~10.0	1.3~1.8	0.4~0.6	0.10~0.35	0.10~0.35	Bal

7.4.2 摩擦副的制造流程

SiC/强散热型金属复合材料摩擦副的制造流程如图 7-13 所示。制动盘和闸片的制作工艺简单：SiC 陶瓷骨架制备→骨架预处理→制动盘、闸片铸造模具的设计与制作→制动盘；闸片低压铸造→制动盘、闸片热处理→制动盘、闸片精密加工→成品入库。下面详细介绍重点步骤。

步骤 1：SiC 陶瓷骨架的制备。采用模板注浆法、前驱体浸渍法、凝胶-注模法、发泡法、三维打印法等成形方式，将按照一定比例配好的 SiC 浆料。制备成 SiC 陶瓷素坯，烘干、修整外形、烧结，获得 SiC 陶瓷骨架。考虑到 SiC 陶瓷素坯在烧结时有收缩，严格按照收缩率来制备体积略大的 SiC 陶瓷素坯以获得确定尺寸

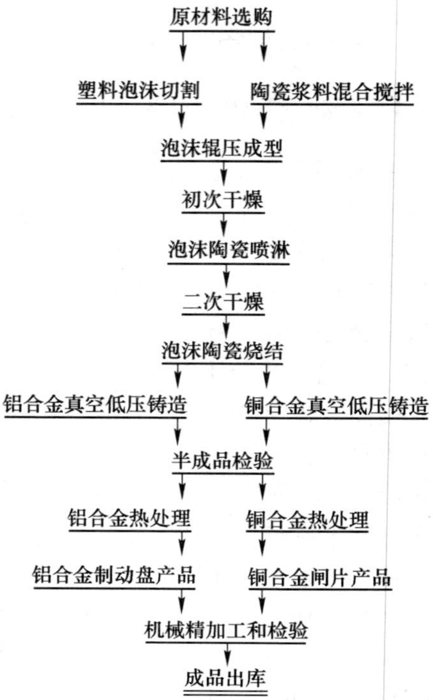

图 7-13 SiC/强散热型金属复合材料摩擦副的制造流程

的 SiC 陶瓷骨架。优选的方案为：SiC 陶瓷骨架的气孔率 50%，网孔平均直径 2.5mm，SiC 陶瓷中 SiC 所占质量百分比约 97%，密度约 3.0g/cm^3，维氏硬度（HV）约 23GPa，抗折强度约 150MPa，抗压强度约 200MPa，热传导率约 130W/(m · K)。

步骤 2：SiC 陶瓷骨架的表面预处理。(1) 制备多壁碳纳米管水溶液：将多壁碳纳米管、分散剂、蒸馏水和黏结剂经高剪切分散和研磨处理后，得到多壁碳纳米管的水溶液。该多壁碳纳米管的水溶液具有碳纳米管不易沉降、储存稳定性好等优点。优选方案：多壁管碳纳米选用工业级，外径大于 50nm，长度 10~20μm，纯度大于 90。(2) 采用表面活性剂对 SiC 陶瓷骨架进行表面活化处理。在 SiC 陶瓷骨架的表面用喷涂或喷淋工艺覆盖上述多壁碳纳米管水溶液并烘干。

步骤 3：制动盘及其铸造模具的设计、制作。所述的 SiC/Al 制动盘的盘体具有 7mm 厚的复合材料摩擦层，盘体的一面铸造有多个带有通风槽的板条状散热筋和凸台。优选方案：板条状散热筋的长边长度 60mm，短边长度 16mm，通风槽宽度 6mm；该板条状散热筋在盘体的圆周方向间隔 15°均匀分布。盘体上均匀分布有若干个用于安装的螺栓孔，该安装孔穿过凸台。所述凸台在圆周方向间隔 30°均匀分布于盘体的内侧面上。板状散热筋和凸台的底部与盘体的内侧面之间均采用圆弧面过渡，圆角半径为 20~40mm。所述散热筋、通风槽和凸台的侧面均具有拔模斜度。为了防止陶瓷骨架在铸造过程中漂移，加入一套顶杆装置，用于压紧陶瓷骨架。

步骤 4：制动盘的低压铸造。采用改装后的智能低压铸造机，如图 7-14 所示。

将 SiC 陶瓷骨架按照设计要求固定在钢制模具的铸腔内。铝合金熔化后经精炼后倒入低压铸造机的熔池式保温炉内，在模具温度 200~500℃，铝合金熔液温度 600~750℃时开始低压铸造；升液阶段，加压时间 1~12s；充型阶段，金属液面上升速度 1~10mm/s，充型的铝合金熔液重量为 1~10kg/s，充型时间 2~20s，充型增压速度为 0.004~0.030MPa/s；增压阶段，在充型增压值基础上再增压

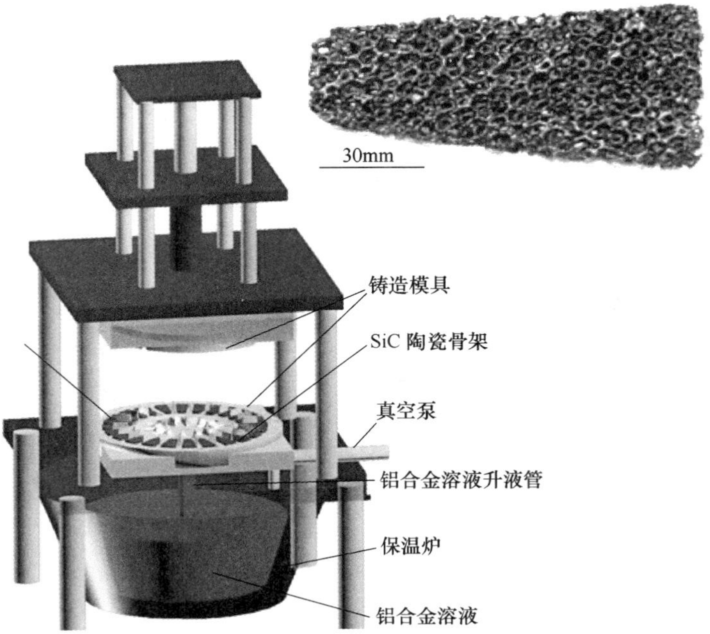

图 7-14 低压铸造工艺制备制动盘的智能低压铸造机

0.010~0.035MPa，保压时间 5~60s；保压凝固阶段，时间为 20~300s。低压铸造制动盘工艺如图 7-15 所示。

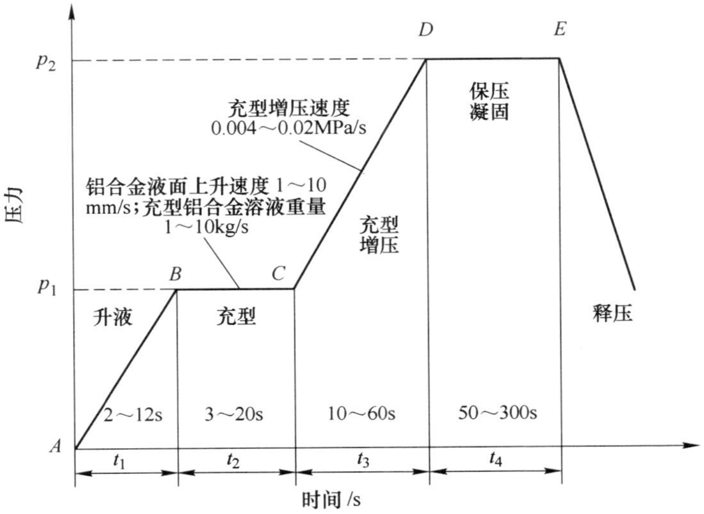

图 7-15 低压铸造制动盘工艺

将 SiC 陶瓷骨架与铝合金复合为一体获得 SiC/Al 制动盘，如图 7-16 所示。

(a)　　(b)

图 7-16　制动盘的照片
（a）摩擦面；（b）散热筋面

步骤 5：制动盘的热处理和表面处理。采用 T61、T6 等热处理工艺对 SiC/Al 制动盘进行热处理。采用阳极氧化对制动盘的表面进行表面处理。

步骤 6：制动盘的精密加工。所述的 SiC/Al 制动盘的表面粗糙度要达到 *Ra*3.2 以上，摩擦面经过打磨、抛光后可见均匀分布的 SiC 骨架，盘环、盘毂以及连接座的平面要和其回转中心垂直，垂直度小于 0.05mm，经过探伤检测无裂纹，满足动平衡。

步骤 7：闸片的铸造。将 SiC 陶瓷骨架按照设计要求固定在钢制模具的铸腔内，在模具温度 200～500℃，铜合金熔液浇注温度 1100～1300℃时开始低压铸造；升液阶段，加压时间 1～12s；充型阶段，金属液面上升速度 1～10mm/s，充型的铜合金熔液重量为 0.3～3kg/s，充型时间 2～20s，充型增压速度为 0.004～0.030MPa/s；增压阶段，在充型增压值基础上再增压 0.010～0.050MPa，保压时间 5～60s；保压凝固阶段，时间为 10～200s；低压铸造制动盘工艺如图 7-17 所示。将陶瓷骨架与铜合金复合为一体获得闸片，将闸片去应力退火处理后，再进行外形精密加工，闸片的摩擦面经过打磨、抛光后可见均匀分布的 SiC 骨架，如图 7-18 所示。

步骤 8：成品入库。将所述的制动盘与闸片逐个检验，分别包装、入库。

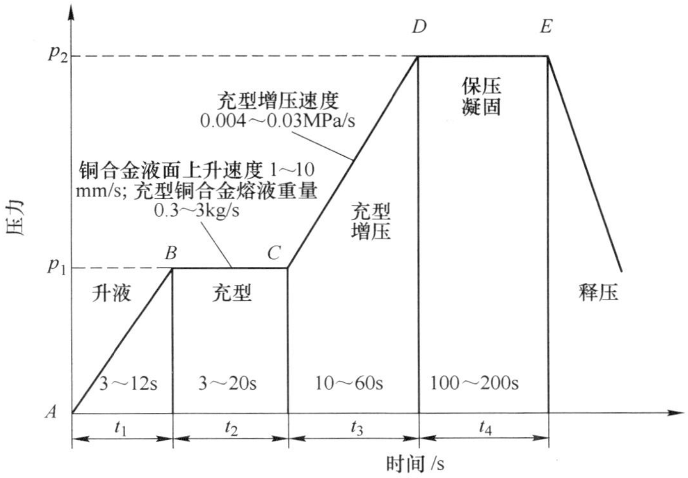

图 7-17　低压铸造铜合金复合闸片工艺

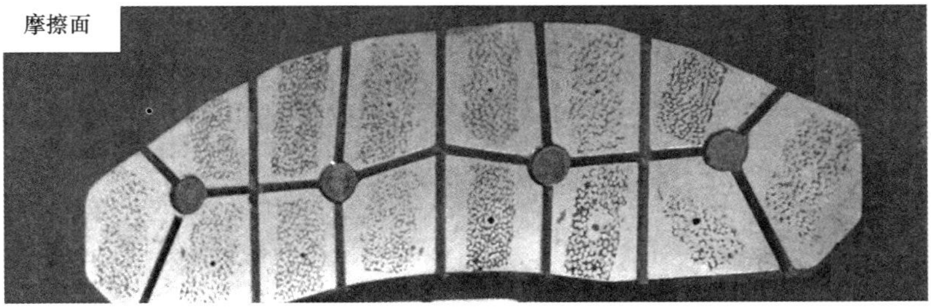

(a)

(b)

图 7-18　闸片照片

(a) 摩擦面；(b) 散热筋面

7.5　实验方法

技术路线为试验和数值模拟同时进行，相互验证。利用试验数据修正数值模型，确立具有最佳性能的制动盘参数，利用低压铸造工艺制备出制动盘样品，采取的技术路线如图 7-19 所示。采用德国蔡司公司生产的型号为 Axio Scope. A1 倒置型金相显微镜，观察对铝基体和 SiC_{3D}/Al 复合材料显微结构。采用德国 LECIA 公司生产的 LEICADM RXP 光学显微镜观察磨损后的制动盘和摩擦片。采用日本日立公司生产的型号为 S-4800 的场发射扫描电镜和 X 射线能谱仪对铝基体的断口及复合材料的界面的面扫描、能谱进行分析。采用德国耐驰公司 DIL402C 热膨胀系数测试仪测定复合材料的热膨胀系数。采用深圳市新三思材料检测有限公司生产的 CMT5105 型微机控制电子万能试验机（最大试验力为 100kN）进行抗拉实验。采用上海精宏实验设备有限公司生产的型号为 SXL-1002 程控箱式电炉对复合材料的热疲劳性能进行测试。采用西安顺通机电应用技术研究所生产的 MM3000 型摩擦磨损性能试验机对复合材料进行高铁模拟制动试验。

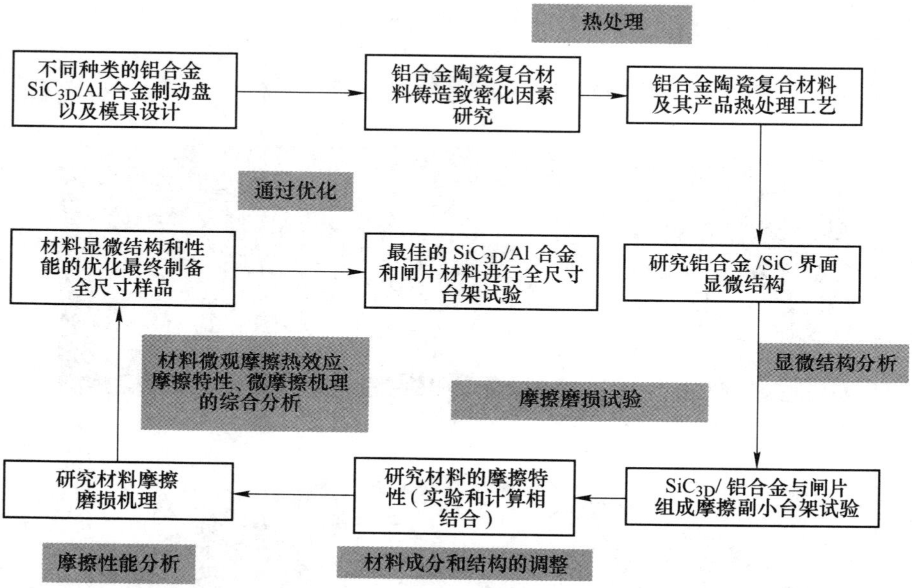

图 7-19　技术路线

制动盘样品进行 T6 处理，固溶处理分别 505℃、515℃、525℃，保温 4h，从炉子里快速取出样品投入水中，间断时间小于 10s，待样品冷却后就可取出晾干。随后进行 175℃下 12h 的时效处理，热处理工艺见表 7-2。

表 7-2　制动盘热处理工艺

固溶处理	冷却介质	时效处理温度/℃	时效时间/h
505℃×4h	水（20℃）	175	12
515℃×4h	水（20℃）	175	12
525℃×4h	水（20℃）	175	12

铝基体和 SiC_{3D}/Al 合金复合材料切割成约 10mm×10mm×5mm 试样块，在砂轮盘上分别经过粗磨、细磨后，再用 2000 号砂纸水磨，使用粒度为 1μm 的金刚石研磨膏在抛光机上抛光，得到表面干净、光滑、无划痕的试样。选用质量分数 5%HF 溶液作为腐蚀剂对抛光试样进行腐蚀，在金相显微镜下观察显微结构。制动盘上取样位置如图 7-20 所示。按照制动盘轴中心对称取样，考察制动盘不同位置的抗拉强度是否相同。抗拉试验载荷为 4t，加载速度为 0.2mm/min，拉伸试样的厚度为 5mm。用于抗拉实验的试复合材料实物照片如图 7-21 所示。将复合材料切割成长、宽、高尺寸为 25mm×4mm×4mm 的样品进行热膨胀实验，温度测量区间为 32.9~400℃。将 SiC_{3D}/Al 合金复合材料切割成长、宽、高尺寸为 50mm×15mm×15mm 的

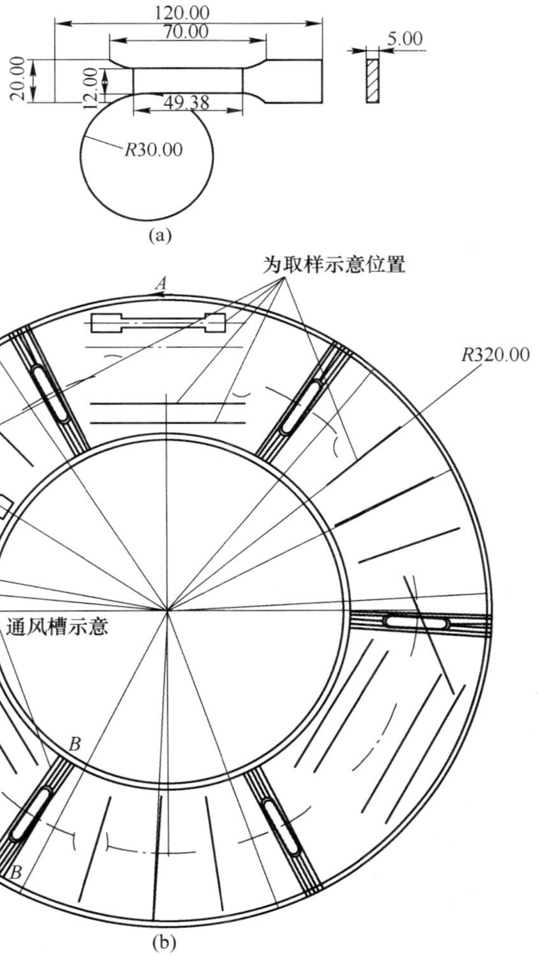

图 7-20 制动盘拉伸性能测试

(a) 铝基体抗拉测试样尺寸；(b) 制动盘上取样位置示意图

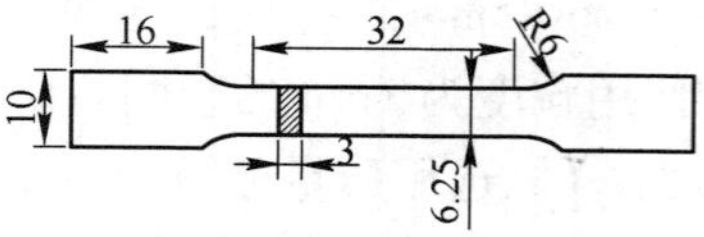

(a)

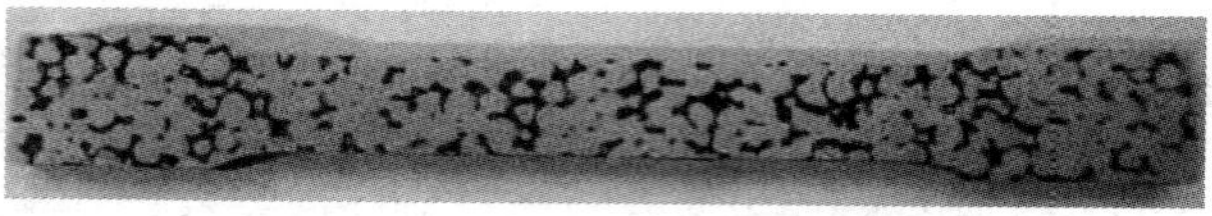
(b)

图 7-21　拉伸试样
(a) 复合材料拉伸试样尺寸；(b) 复合材料的拉伸试样实物

样品进行热疲劳实验。将样品随炉加热至 350℃，保温 10min，确保加热炉温度到达指定温度。将样品迅速取出浸入冷水（室温）中 15s，立刻取出。将样品放回加热炉中加热 2min（加热炉中无样品期间，温度维持在 350℃）。重复上述步骤，直到样品出现裂纹或循环测试 2500 次后结束，观察其显微结构。将复合材料切割标准疲劳实验样品，利用深圳瑞格尔产 GXZC2013-G1-20422-KL 疲劳实验机进行疲劳实验。

采用 3∶1 比例缩小制备摩擦副，如图 7-22 所示。制动盘实物如图 7-22（a）所示。摩擦片采用两种材料，其一为 SiC_{3D}/Cu 复合材料，如图 7-22（b）所示；其二为从 Knorr 粉末冶金高铁闸片上取样的材料。摩擦性能试验前先进行磨合试验，使铝制动盘表面与铜摩擦片良好接触。试验时，采用精度为 0.01g 的 AlC-1100.2 型电子天平称量磨损前后重量，确定其磨损量。实验表明：Voronoi（三维泰森）SiC 陶瓷增强相（又称为陶瓷骨架，简写 SiC_{3D}）与金属界面润湿性较差，空隙结构较复杂，铝熔体的黏度较大，利用低压铸工艺充填多孔陶瓷的间隙的难度巨大，成品率低。要保证成品率必须利用添加合金元素来降低液态铝和陶瓷相间接触角。

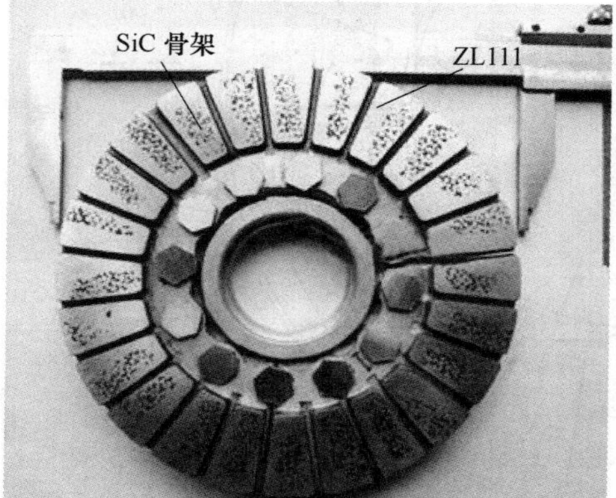

(a)

(b)

图 7-22　3∶1 比例缩小的摩擦副
(a) 试验制动盘摩擦表面；(b) 摩擦片

7.6 影响显微结构的因素

7.6.1 模具对基体晶粒尺寸无影响

采用低压铸工艺制备复合材料制动盘，如图 7-23 所示。研究表明，铝合金溶液浇入模具后与型腔内预热的 SiC_{3D}、垫块和模具内壁直接接触，温度梯度很小，不足以影响材料中晶粒均匀性；与样品接触的熔体的热量来不及散发，熔体温度没有降低，与材料复合的熔体温度基本均匀，增加了复合材料中基体凝固显微结构的均匀性；复合材料晶粒大小相同，枝晶沿各个方向生长，宏观上为各向同性，如图 7-24 所示。

图 7-23 不同模具生产不同复合材料制动盘

(a) 高铁制动盘摩擦面；(b) 地铁制动盘散热面；(c) 地铁制动盘摩擦面；(d) 汽车制动盘摩擦面

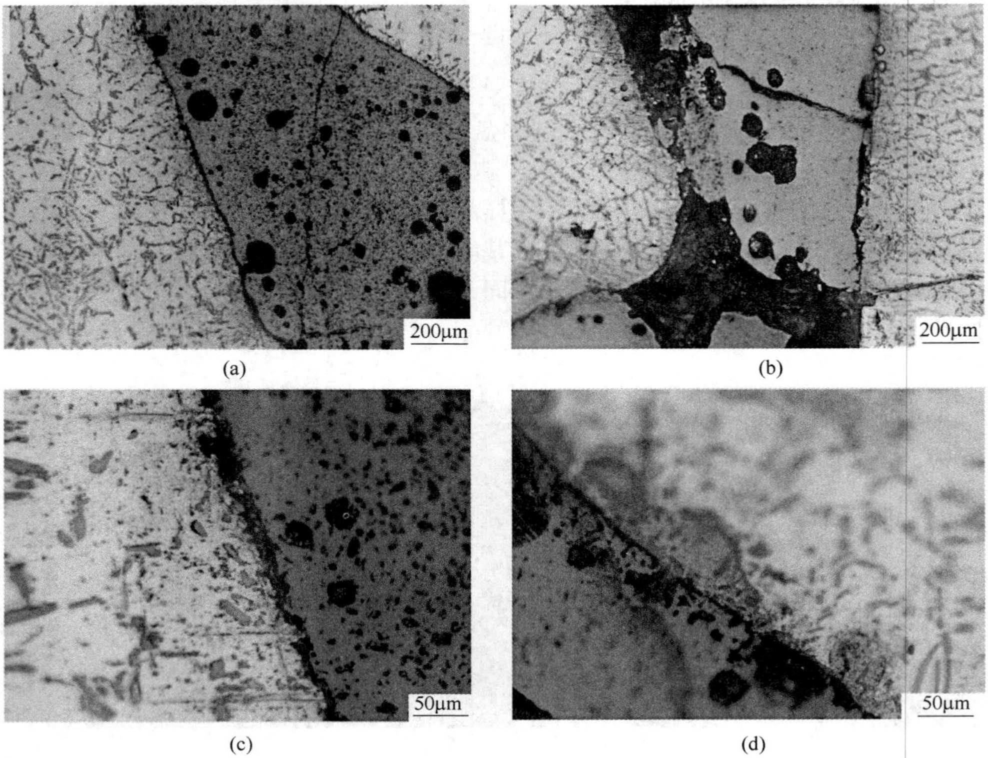

图 7-24　SiC_{3D}/铝合金制动盘凝固显微结构

（a）高铁；（b）地铁；（c）奥迪 A6；（d）宝马 X

7.6.2　SiC 陶瓷增强体对基体凝固的影响

研究表明 SiC_{3D}与金属界面润湿性较差、空隙结构较复杂、铝熔体黏度较大、利用低压铸工艺充填多孔陶瓷的间隙的难度巨大、成品率低。要保证成品率必须利用添加合金元素来降低液态铝和陶瓷相间的接触角。图 7-25（a）所示为含有 SiC_{3D}的复合材料制动盘典型的铸造缺陷。选择这两个盘作为代表的原因是这种制动盘制备难度极高，其一是地铁盘中 SiC_{3D}陶瓷面积大，其二是汽车盘总重量小，需要同时压铸两个摩擦面。由图可见，SiC_{3D}孔筋中的空隙基本都没有充填。这可能由以下几方面的原因所致：（1）是浸浆或烧结过程所致 SiC_{3D}孔筋中存在闭孔。（2）液态铝的流动性不好，不能充填孔筋中这些微小孔隙。（3）小孔隙对液态金属的反压力较大，液态金属虽具有一定的流动性但不能克服这种反压力。

(a)

(b)

图 7-25 含有 SiC_{3D}复合材料制动盘的铸造缺陷

(a) 汽车制动盘；(b) 地铁制动盘

7.6.3 多孔介质中铝液表面压力-时间分形曲面

铝合金和不同多孔陶瓷低压铸造复合成的制动盘的工艺步骤中如果延长保压时间对铸件结晶有好处，可以根据铸件晶粒大小，将保压时间做适度延长，直到400s。在铝合金熔液中加入质量百分比 0.1%～5%的过渡族元素和稀土等元素可提高 SiC 与铝合金的界面强度。SiC 陶瓷占铝合金体积百分比 30%～35%。在铝合金熔液中加入质量百分比 0.1%～5%的过渡族和稀土等元素可提高 SiC 与铝合金界面强度。不同的低压铸造压力和升液速度下计算得到的铝液表面在多孔介质中压力-时间分形曲面如图 7-26 所示。在不同的时刻，不同的增压，波动面之间具有较强的相似性。可以认为，铝液波动面之间具有较强的自相似性。

谢和平等已证明分形插值模拟的曲面需要的数据点信息量少，拟合精度高，由此运用分形插值法进行铝液波动面的拟合具有明显的优势。取 $t=50s$ 和 $t=$

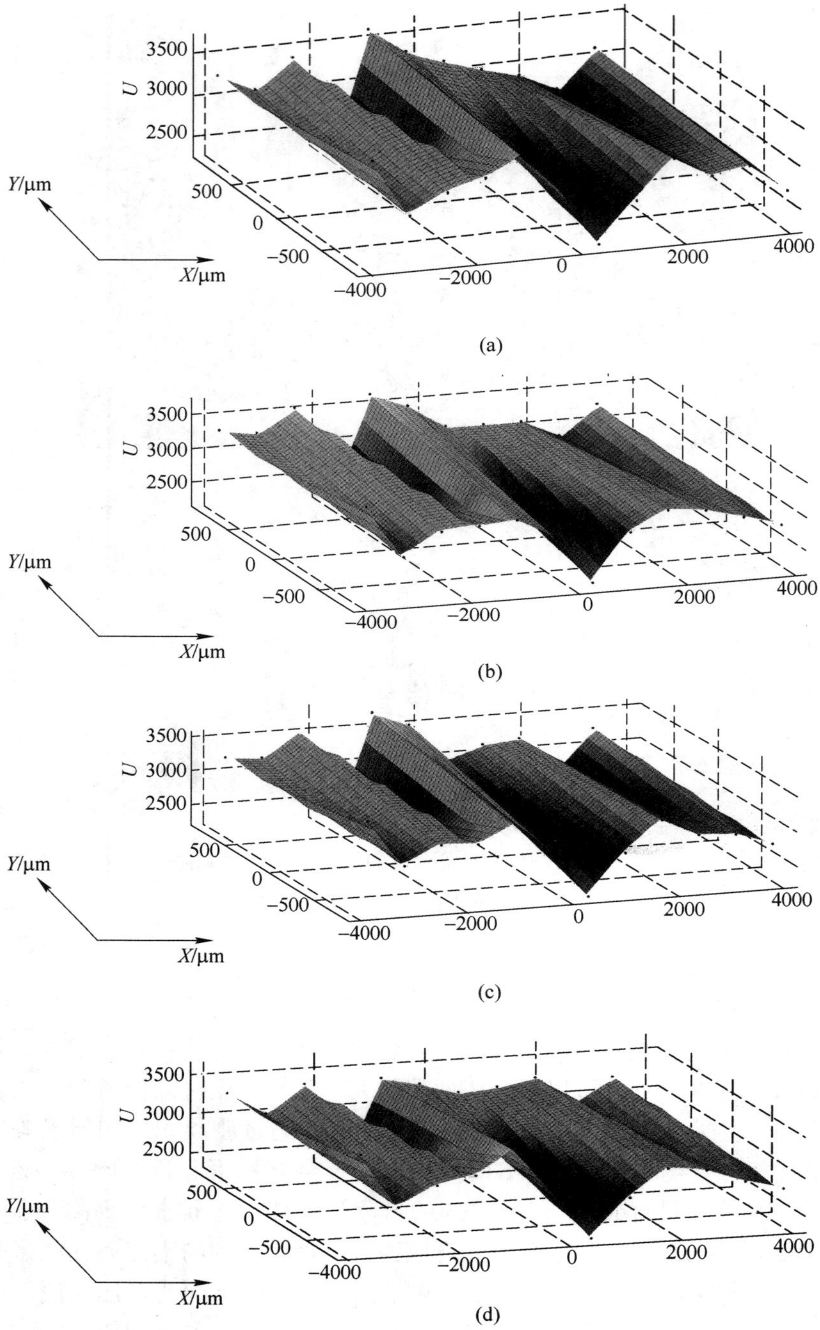

图 7-26　线性插值模拟的等距压降曲面

（a）$t=50s$；（b）$t=150s$；（c）$t=250s$；（d）$t=350s$

350s 时采集的数据进行分析，利用分形插值曲面公式编写 MATLAB 程序，采用两种垂直比例因子进行计算，所构造的插值曲面如图 7-27 与图 7-28 所示。

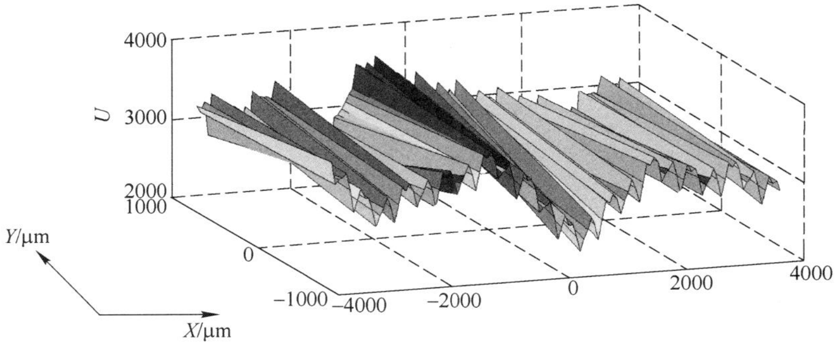

(a)

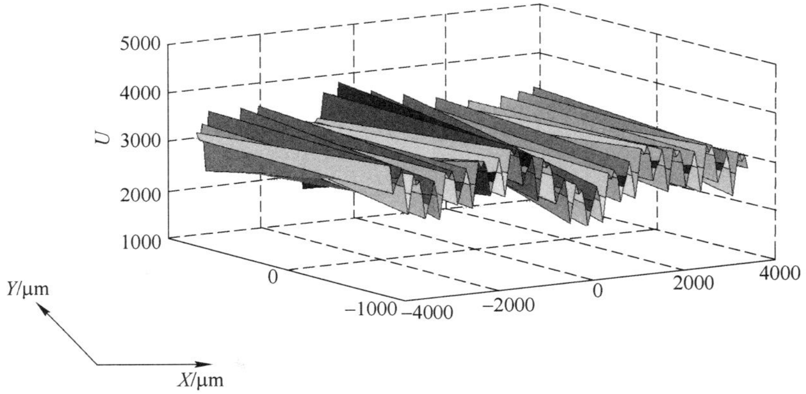

(b)

图 7-27　$t=50$s 时垂直比例因子拟合出的分形插值曲面

（a）$s=0.4$；（b）$s=0.9$

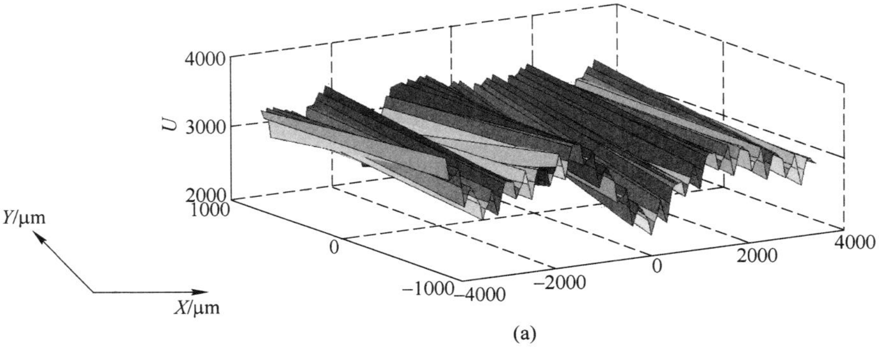

(a)

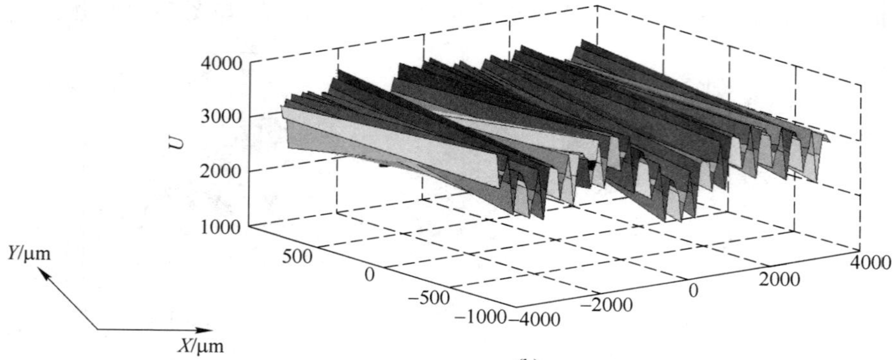

(b)

图 7-28　$t=350s$ 时垂直比例因子拟合出的插值曲面

（a）$s=0.4$；（b）$s=0.9$

在 $t=50s$ 时，图 7-27（a）与图 7-27（b）分别是垂直比例因子为 0.4 和 0.9 经过分形插值法模拟出所做出的图形，与图 7-27（a）比较，同一时刻生成的分形插值曲面的趋势与原始数生成的曲面大体波动趋势近似。但当 $s=0.9$ 时，图 7-27（b）中的曲面自仿射现象明显，可见垂直比例因子在分形插值曲面中影响巨大。

在 $t=350s$ 时，图 7-28（a）与图 7-28（b）分别是垂直比例因子为 0.4 和 0.9 做出的铝液波动曲面。以初始数据绘制的分形模拟面并不是平滑的，这与铝液波动面不符合，表现出的波动面具有明显的阶梯特征。而铝液波动面是一个具有缓慢平稳光滑波动性的表面。因此，需要运用 MATLAB 中 V4 法将模拟出的分形插值曲面平滑（图 7-29 与图 7-30）。由图中看出，图 7-29（a）和图 7-29（b）在经过平滑后，两个曲面十分接近，图 7-30（a）与图 7-30（b）也具有类似的

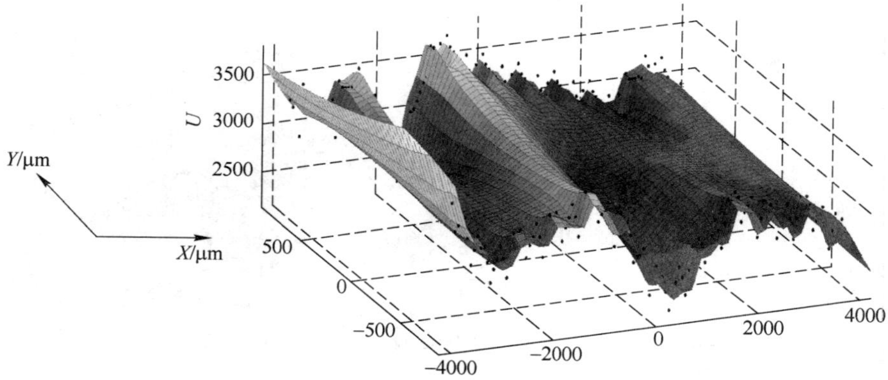

(a)

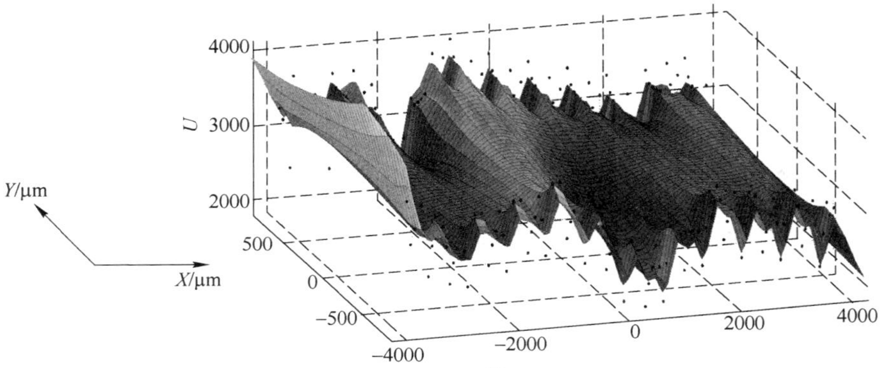

(b)

图 7-29 $t=43$s 阳极导杆等距压降波动面

(a) $s=0.4$；(b) $s=0.9$

曲面。采用不同垂直比例因子生成的曲面在传统插值法平滑后，发现二者波动趋势非常接近，受垂直比例因子的影响较小，说明运用传统插值平滑方法可行。因此，将分形插值理论与传统线性插值相结合能够很好拟合出铝液面。

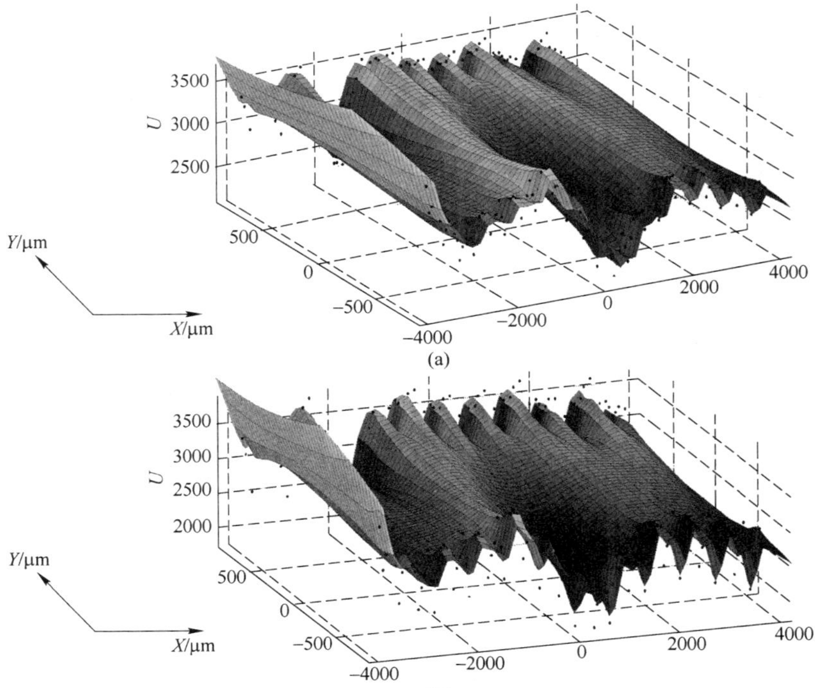

(b)

图 7-30 $t=384.5$s 时阳极导杆的等距压降波动面

(a) $s=0.4$；(b) $s=0.9$

总的来说，多孔介质传热传质耦合计算的研究和发展还面临着各种挑战和困难。计算和实验表明，多孔介质传热传质过程中存在大量的不可逆物理和化学变化，各种驱动力之间的影响和耦合机理千差万别，简化这种复杂性和高度非线性是研究重点。研究中必须更加关注多孔介质传热传质过程中物性参数以及化学特性变化对整个模型的影响。

7.6.4　浇注温度对晶粒生长及形态的影响

浇注温度升高，晶粒会发生明显的长大。当浇注温度为 690℃ 时，基体显微结构为少量细小等轴状显微结构和大量蔷薇柱状显微结构的混合体；浇注温度为 700℃ 时，晶粒尺寸增加，如图 7-31 所示。若将短时间内凝固过程中的液态金属、陶瓷增强体及模具看作封闭系统，随着浇注温度升高，高温金属完成形核后，剩余的能量相对较高，系统变得不稳定。此时，形核后的初生晶粒在降低界面能的驱动力下不断长大。另外，在高温下液态金属的过冷度较小，形核的驱动力较小，形成晶核的数量有限，有限数量的晶核逐渐长大形成较大尺寸的晶粒显微结构。虽然，在冷却的过程中会有新的晶核形成，但是与最初结晶的晶粒尺寸相比其体积较小，比表面能较大，所以不稳定。这些小晶粒在后续生长过程中，可能会因周围晶粒结晶潜热的释放发生重熔现象，也可能由于大尺寸晶粒长大速度较快吞并小晶粒，进而生长为更大尺寸晶粒。当大晶粒相互接触时，结晶过程结束，最终形成尺寸较大的初生 α-Al 和共晶硅的共晶显微结构。

(a)　　(b)

图 7-31　不同浇注温度的 Al9Si3Cu1. 5Mg 合金的凝固显微结构

（a）700℃；（b）690℃

7.6.5　时效时间对显微结构的影响

图 7-32 所示为合金试样在 175℃，时效时间 2～16h 的金相显微结构。分析表明 $AlSi_9Cu_2Mg$ 合金在 175℃ 时效处理时随时间增加微观结构有较大的变化。从图

7-32（a）可知经过 2h 的时效处理后与固溶后的铸造铝合金在微观上没有多大的区别，都是具有一次枝晶，且排列紊乱。从图 7-32（b）观察到一次枝晶。从图 7-32（c）看到枝晶内有非常细小而弥散分布的针状的析出相（长度大约为 10~20μm）。在基体显微结构中除了细小针状相，还可观察到一些尺寸更加细小的析出物，呈点状。细小的析出物均匀分布在合金的基体中，使铝合金具有一定程度的塑性。从图 7-32（d）可观察到较长的针状和片状析出相。与时效了 8h 的 C 样品合金的显微结构相比较，析出相的长度增大约 50μm。

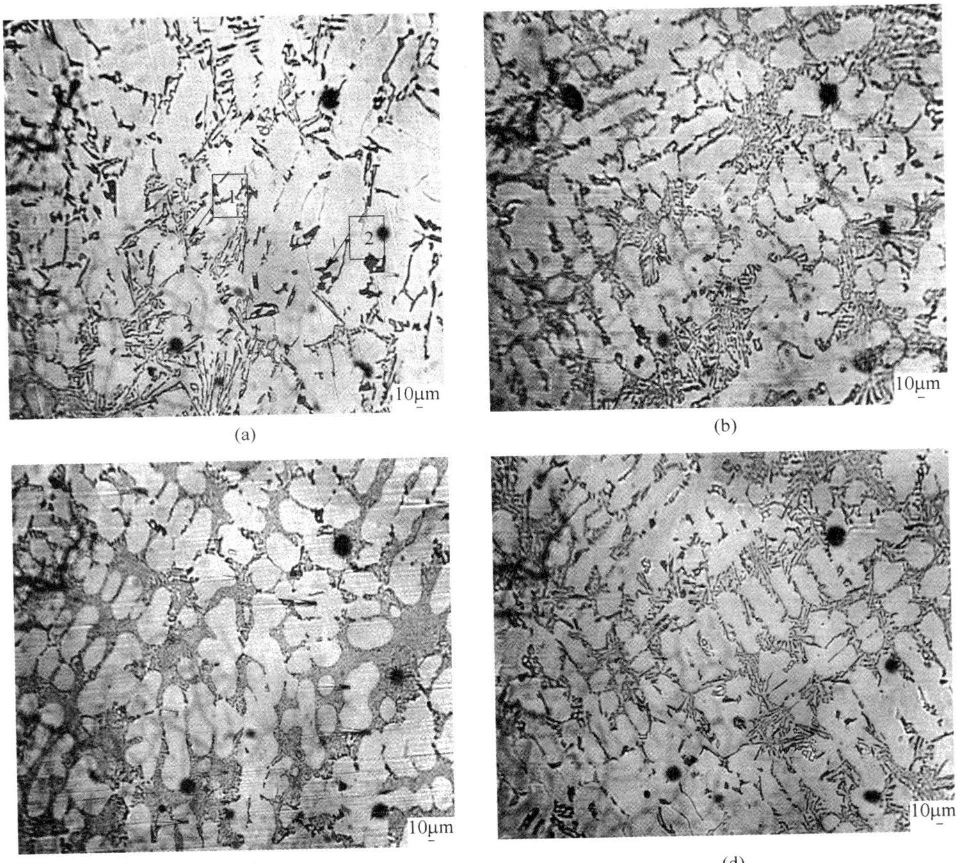

图 7-32　$AlSi_9Cu_2Mg$ 合金试样 175℃时效时间 2~16h 的金相显微结构（放大倍数 1000）
（a）2h；（b）4h；（c）8h；（d）16h

7.6.6　固溶温度对硅相形貌的影响

当液态铝处于 SiC_{3D}孔筋包围的小熔池中时，液态金属结晶形核时释放的凝固潜热不能快速传导出去，导致晶粒重熔、晶核数量较少。随着小熔池中热量的缓慢流失，晶粒缓慢长大。液态金属沿各个方向的散热速度几乎一致，晶粒向各个方向的生长速度一致，晶粒生长为等轴状，晶粒尺寸较大；熔池的尺寸较大，熔体在各个方向的散热速度不同，晶粒的形状不规则，基本为棒状共晶显微结构。根据以上铸造的显微结构特点，确定热处理制度是固溶温度 515℃，人工时效温度 175℃，保温 8~16h，研究表明此时 $AlSi_9Cu_2Mg$ 合金可获得较好的显微结构，如图 7-33 所示；由图可知，在固溶处理过程中，硅相貌的变化主要有三个阶段：第一阶段，硅相的扩散熔断；第二阶段，硅相逐步粒状化；第三阶段，硅相粗化长大。在固溶处理时析出相溶解，淬火后在室温下形成过饱和固溶体，在随后的时效过程中形成弥散的析出沉淀相。在铸态下初晶硅晶粒粗大，如图 7-33（a）所示；在 505℃下保温 4h，硅形貌表现为长棒状，端部较为圆滑，出现“钝化”现象，存在部分细小硅相，如图 7-33（b）所示；在 515℃下保温 4h，硅形貌表现为短棒状，逐步粒状化，端部圆滑，硅颗粒的边角几乎完全钝化，大小分布均匀，如图 7-33（c）所示；在 525℃下保温 4h，硅相汇集在一起粗化长大，形成熔融球状，如图 7-33（d）所示。黑色的短棒状、长棒状、哑铃状、颗粒状的是硅相，亮灰色块状的是 Al_2Cu 相，在 500 倍下可看到基体上析出了均匀的 Mg_2Si 颗粒，白色是 α(Al) 基体。

7.6.7　合金元素作用

Cu 的作用：添加少量的 Cu 可显著提高 Al-Si 系合金的强度，塑性和抗蚀性能会有所下降，因为铝和铜由于电势差的存在会形成原电池，但是不会过多地降低 Al-Si 系合金的塑性和抗腐蚀性能。在不同温度下，α(Al) 基体相中合金元素 Cu 的溶解度变化很大。在共晶温度 548℃时的溶解度约为 5.65%，而室温时其溶解度则降至 0.1%以下。在 Al-Cu 系二元合金的显微结构中主要由 α(Al) 基体相及 θ(Al_2Cu) 两相组成，α 相和 θ 相在质量分数为 33.2%处形成二元共晶（α+θ)。有关研究表明，当 Cu 含量小于 5.5%时，合金在时效过程中可弥散析出与 α(Al) 基体共格的 θ″相或半共格的 θ′相，其成分均为 Al_2Cu，可使 α(Al) 基体相的晶体点阵发生扭曲畸变，封闭晶格间的滑移面，从而提高合金的强度。而当 Cu 含量大于 5.5%时，合金在时效过程中则更倾向于析出与 α(Al) 基体相非共格的 θ 相，有独立晶格的相脆性较大，对合金性能有不利影响；而且随着 Cu 含量的增加，合金显微结构中的脆性 θ 相就增多，会降低热处理强化效果。

Mg 的作用：Mg 在 Al 中可形成 β(Mg_2Al_3) 相，但在常用的 Al-Si-Cu-Mg 系铸造铝合金中，由于 Mg 的含量一般较少，基本上不会形成 Mg_2Al_3 相。当 Si 的含量较高时，依据 Cu/Mg 添加比例的不同，合金元素 Mg 主要以 $Al_4Cu_2Mg_8Si_5$ 相或 $Al_2Si_5Cu_4Mg_4$ 相形式存在；而当 Si 的含量较低时，在合金中则有可能存在少量的 Si(Al_2CuMg) 相。

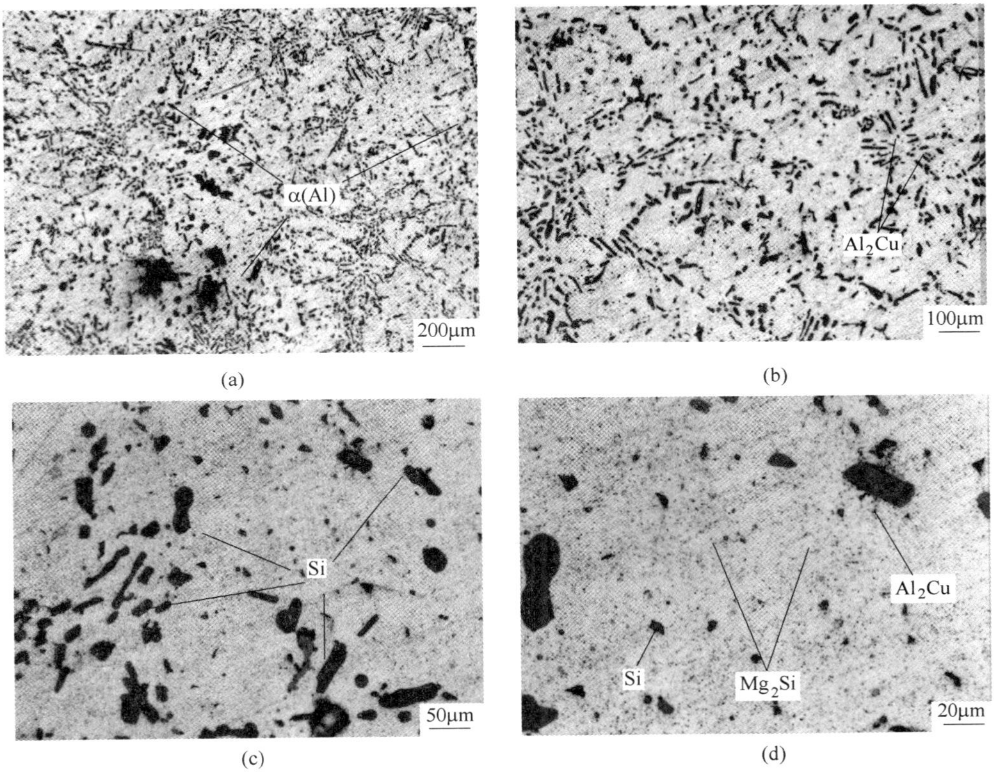

图 7-33 不同固溶温度 $AlSi_9Cu_2Mg$ 合金显微结构

（a）铸态；（b）505℃；（c）515℃；（d）525℃

Mn 的作用：在 Al-Si-Cu-Mg 系铸造铝合金加入少量 Mn 元素，可显著提升铝合金在室温下和高温下的力学性能，能够有效地改善铝合金的铸造性能，其作用机理是在铝合金中加入 Mn 元素后，会在 α(Al) 晶界上析出 $Cu_2Mn_3Al_{20}$ 相，$Cu_2Mn_3Al_{20}$ 相在 400℃以下溶解度变化很小，高温下比较稳定，有很高的热硬性，不易凝聚长大。另外，Mn 元素同时也是 α(Al) 基体的表面活性元素，在凝固过程中 Mn 容易在晶界附近发生富集，能够强烈地抑制晶界的扩散。

Fe 的作用：一般来说 Fe 元素是铝合金中有害杂质元素之一，但在工业用合金中不可避免地会存在少量的 Fe 元素，一般都是以针状或片状的 Al_8Fe_2Si 相或 $Al_{12}Fe_3Si_2$ 相形式存在，而在合金中加入 Mn 元素后能与 Fe 形成 $(FeMn)_3SiAl_{12}$ 相，可有效地降低 Fe 对铝合金的有害影响。

Ti 的作用：Ti 元素的作用是作为 α 树枝晶的细化剂，通常以 Al-Ti 中间合金的形式添加 Ti。一般都会在 ZL101A、ZL114A 等合金中加入 0.1%～0.35% 的 Ti 作为合金成分。

7.6.8　复合材料界面

图 7-34（a）所示为 SiC/铝合金界面的高分辨照片，图 7-34（b）所示为计算 SiC(111) 与 Al(111) 界面电学性质。图 7-34（c）所示为使用 Material Studio 8.0 中 CASTEP 模块计算得到的 SiC(111) 与 Al(111) 界面差分电荷密度图。计算表明 SiC/铝合金界面结合强度高、力学性能稳定、复合材料的电磁性能良好，适用于机械制动和电磁制动。

图 7-34　SiC/铝合金界面，SiC(111) 与 Al(111) 界面电学性质的计算结果
（a）SiC/铝合金界面；（b）SiC(111) 与 Al(111) 成键；（c）差分电荷密度

7.7　铝合金中强化相

铝合金的显微结构一般是由 α(Al)、Mg_2Si、Al_2Cu、Si、W($Al_xMg_5Si_4Cu$) 和 Al_3Ti 等组成，Mg_2Si、W($Al_xMg_5Si_4Cu$) 和 Al_3Ti 相均比较少，一般在光学金相显微镜下很难观察到，因此，通常观察到的显微结构为 α(Al)+(α+Si)+Al_2Cu，金属间化合物 Al_2Cu 一般集中在晶界上。Mg_2Si 一般是由于不平衡结晶时包晶反应进行不充分而残留形成，也有可能是由于包晶反应不发生而由 L→α(Al)+Si+Mg_2Si+Al_2Cu 四元共晶反应形成。

7.7.1　Al_2Cu

$AlSi_9Cu_2Mg$ 合金中 Cu 元素的含量约为 1.7%。Al_2Cu 是 $AlSi_9Cu_2Mg$ 合金主要强化相之一，其在时效过程中随着时间的延长将会经历以下几个重要的阶段：第一阶段，时效开始阶段，Cu 原子呈高度弥散分布状态，与 Al 基体形成过饱和的固溶体，材料的内应力比较大或者有较多的缺陷。第二阶段，Cu 原子大量偏聚，形成 GP1 区，微观上显示为大量云雾粒子偏聚在一起。第三阶段，随着时效时间的再次延长，在 GP1 区内又会形成新的 GP2 区，GP2 区又称 θ″相，θ″相呈现圆盘状，于基体形成完全共格。第四阶段，θ″相将会逐渐转变成圆片状的 θ 相，与基体形成半共格。第五阶段，θ 相形成比较稳定的块状 θ 相，与基体形成完全非共格。

7.7.2　Mg_2Si

铝合金的时效处理是材料淬火后过饱和固溶体沉淀析出的阶段，时效处理使铝合金的结晶点温度恢复到原来的温度。$AlSi_9CuMg$ 合金中 Mg 元素的含量约为 0.2%，Si 元素的含量约为 0.9%。Mg_2Si 是 AlSiCuMg 合金的主要强化相之一，其在时效过程中随着时间的延长会经历以下几个重要的阶段：第一阶段，Si 与 Mg 的原子在铝的晶格中的分布呈无序状态，即成弥散分布状态。在时效的初期，温度相对较低且时间相对较短，过饱和固溶原子在铝合金中大量聚集，形成很多的溶质原子偏聚区，随后结晶点阵的畸变程度不断提高，形成具有共格界面的应变区域，增大铝合金的强度和硬度；第二阶段：随着时效时间的延长，Si 与 Mg 的原子继续发生各种变化，形成具有共格界面的畸变区，随着该区畸变程度的提高，其时效强化作用也就越来越大；第三阶段：过渡相 β 相将会从基体中完全脱落，促进形成与基体有界面的稳定相 Mg_2Si，其 β 相与基体的共格界面关系遭到完全的破坏，β 相开始有自己独立的晶格，畸变完全消失，所以延长时效时间会造成铝合金的强度与硬度有不同程度的下降。

7.8　力学和摩擦性能

根据 GB/T 2980—2000《客车用制动盘技术条件》有关要求，在满足技术条件要求时尽量使用成熟且成本较低的国标铝合金材料。也就是选用抗拉强度经热处理后不能低于 300MPa 且高温强度经计算机模拟计算能满足要求的铝合金材料。为验证该材料的可行性，用该铝合金材料做了数十组 $\phi180\sim\phi220$mm 试样，并在 MM1000-Ⅱ型环-环对磨小台架试验机进行了试验，试验数据证明该材料可满足时速≥380km/h 高速列车刹车时的强度要求，如图 7-35 所示。

如果最新的高速列车对刹车盘的抗拉强度有更高的要求的话，可选用抗拉强度经热处理后仍能不低于 440MPa，且高温强度更好的国标牌号铝合金材料。直径 180mm SiC_{3D}/Al 制动盘与 SiC_{3D}/Cu 闸片组成的摩擦副，经 MM1000-Ⅱ型环-环对磨小台架试验机实验得到的技术参数。SiC_{3D}/Al 与 SiC_{3D}/Cu 摩擦副在不同制动压力、速度下，模拟计算摩擦表面的温度与使用 MM1000-Ⅱ型环-环对磨小台架试验机所做试样的实测温度，模拟计算温度与实测温度基本吻合（表 6-3）。

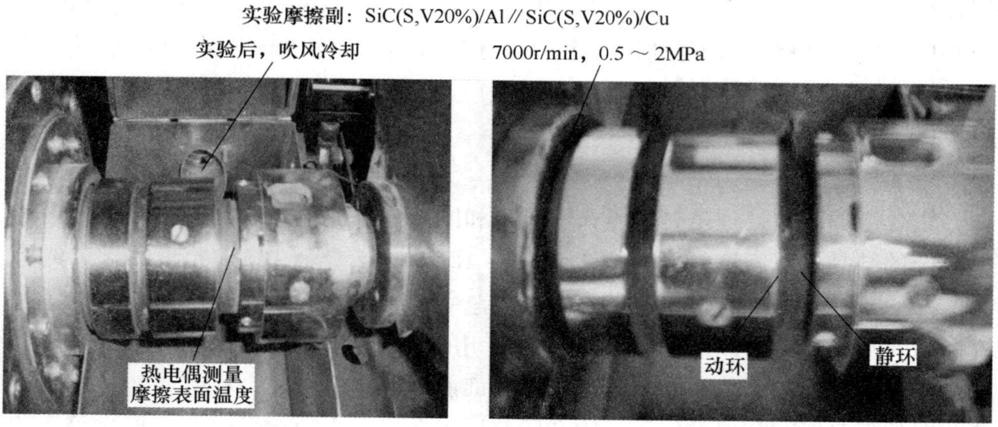

图 7-35　MM1000-Ⅱ型环-环对磨小台架试验机试验

（MM1000-Ⅱ试验机模拟 CRH3 制动过程。经过 250km/h 刹车 100 次，300km/h 刹车 30 次将摩擦表面磨合至最佳贴合状态，再经过 380km/h 时速紧急制动刹车 10 次。实验表明，380km/h 时制动距离 6770m，摩擦系数为 0.30。SiC-Fe 复合材料摩擦环和 SiC-Cu 复合材料摩擦环组成的摩擦副经受住了紧急制动考验，满足 380km/h 紧急制动的各项指标）

表 7-3 为 SiC_{3D}/Al 制动盘与多组对偶材料测试的技术参数。

表 7-3　SiC_{3D}/Al 制动盘与多组对偶材料测试的技术参数

制动初速度/$km \cdot h^{-1}$	≥200	≥300	≥380
紧急制动距离/m	≤2700	≤4400	≤7000
动摩擦系数	0.32	约 0.31	约 0.28
制动功/MJ · 盘$^{-1}$	≥19	≥24	≥30
闸片磨损量/μm ·（次 · 面）$^{-1}$	≤2	—	—

图 7-36 所示是用 MM1000-Ⅱ型环-环对磨小台架试验机，测试直径 180mm 小样制动初速度与摩擦系数和制动时间的关系曲线。研究表明，相同速度、相同压力下，随着摩擦次数的增加，摩擦系数逐渐增大并稳定在 0.32；相同速度、不同压力下，高压力的摩擦系数较低压力稳定。压力不是影响摩擦系数变化的主要因素，压力主要影响扭矩曲线的抖动。高速下的摩擦系数的变化相对于低速较小，与扭矩关系不大。相同压力、不同速度下，摩擦系数随着速度的增加而降低。0.3MPa 和 0.5MPa 压力下，制动距离均小于国家标准。在制动过程中，低压低转速下磨损机理以磨粒磨损为主，高压高转速下以黏着磨损为主，发生了从 SiC_{3D}/Al 合金制动盘向 SiC_{3D}/Cu 闸片的物质迁移。SiC_{3D}/Al 合金制动盘和 SiC_{3D}/Cu 闸片作为匹配的摩擦副时，SiC_{3D}/Al 合金制动盘磨损量偏高。进行制动盘显微结构

和摩擦配副优化，采用 SiC_{3D}/Al 合金制动盘和铜基粉末冶金闸片作为匹配的摩擦副时，SiC_{3D}/Al 合金制动盘获得较好的摩擦磨损性能，台架实验测试表明完全满足高铁制动材料的需要。

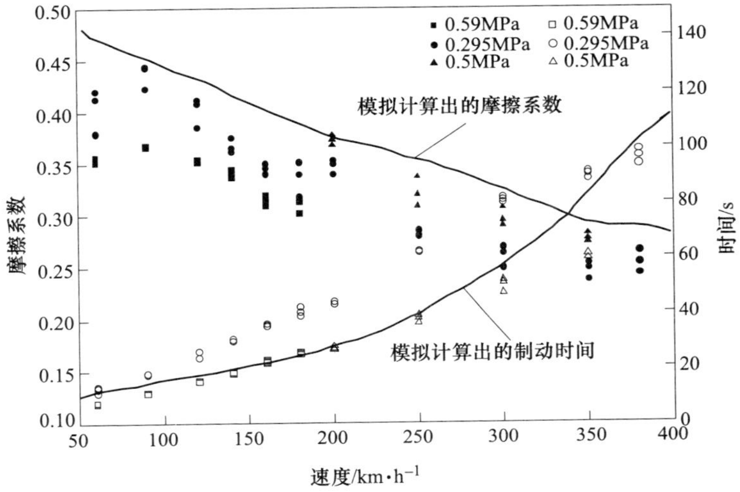

图 7-36 制动初速度与摩擦系数和制动时间的关系

图 7-37 所示为利用 MM1000-Ⅱ型环–环对磨小台架试验机所做直径为 180mm 的小样摩擦磨损试验。由图可知，风冷条件下加快了动盘与静盘中由于摩擦产生的热量在空气中的散失，使摩擦副温度下降，避免摩擦副在高温下发生磨损率大的黏结磨损，有效地降低摩擦副的磨损。

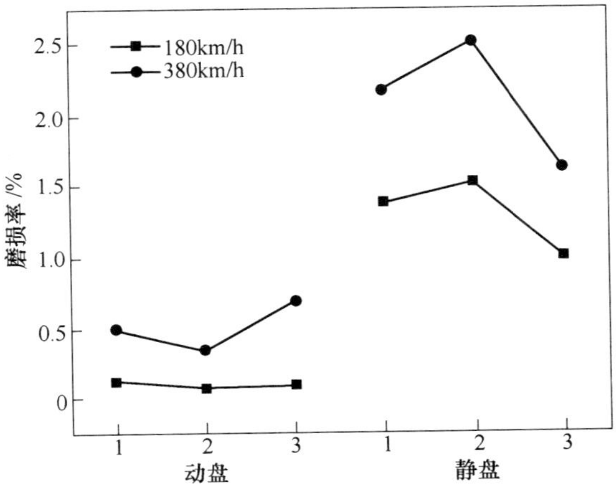

(a)

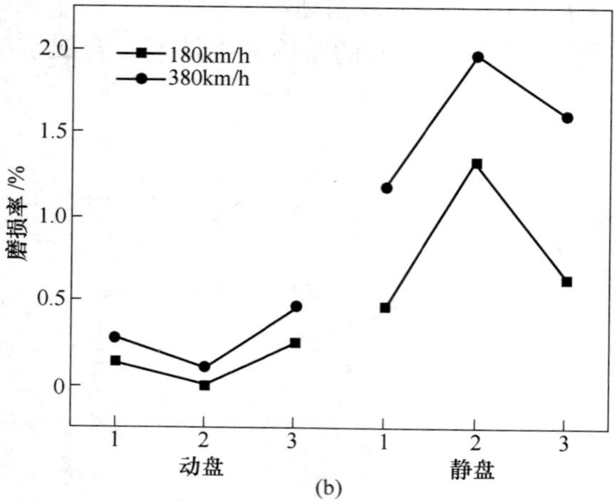

(b)

图 7-37　制动初速度与磨损率的关系

(a) 无风冷；(b) 风冷

8　SiC_{3D}/Al 制动盘的工程实践及全尺寸台架实验

2013 年 11 月，在南车戚墅堰机车车辆工艺研究所，用研发生产的 SiC_{3D}/Al 制动盘和克诺尔生产的粉末冶金闸片，按铁总 TJ/CL 310—2013 技术条件制定的试验大纲，做了时速 380km/h 的 1∶1 制动力台架试验。试验过程中制动盘温度最高虽达 515℃，但高、中、低温摩擦系数均稳定在 0.4 左右，制动盘表面无黏接、掉块、磨损现象。由于这是第一次设计并中试生产如此高速度下使用瞬时吸收制动动能高达 25MJ 的铝合金制动盘，所以难免在细节设计（如圆弧倒角等）方面有考虑不周的地方，因此在第 34 闸、时速 380km/h 制动后，观察到通风槽根部有裂纹而中止了试验（图 8-1）。经认真分析研究，认为，只要对模具做适

(a)

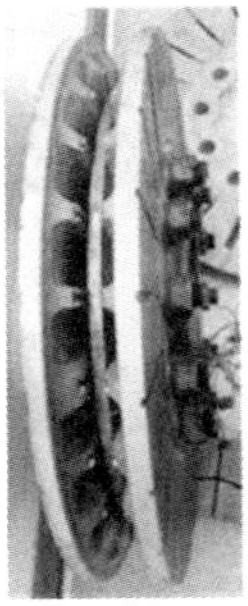

(b)

(c)

图 8-1　经过 380km/h 紧急制动后 SiC_{3D}/Al 制动盘

（a）全尺寸摩擦面照片；（b）全尺寸侧面照片；（c）局部放大照片

当的修改，对生产及热处理工艺做适当的调整，就可解决制动盘通风槽根部出现裂纹的现象，第二次顺利通过台架实验并通过时速 380km/h 高铁制动盘 1∶1 制动力台架试验。制动盘最大摩擦热流量为 150kJ/(mm^2 · s)。摩擦表面最高温度 450～500℃，热应力最高约 100MPa，产生在骨架位置，最大热应变 0.02mm；闸片的最大热应力为 210MPa；制动盘吸收动能转化的热能 15～18MJ，经过通风盘散热约 8MJ，闸片吸收动能转化的热能约 4MJ。通风盘式结构能将摩擦热量的 30%～40% 以上通过气流和摩擦面散失到空气中。通过摩擦面散热约 12%。这和理论计算值吻合。

2014 年 3 月，还是在南车戚墅堰机车车辆工艺研究所，用研发生产的同一个直径 640mm SiC_{3D}/铝合金地铁制动盘与国内某企业生产的合成闸片，按欧洲铁路联盟 UIC541-3 之 C1-2A1 试验程序，分别进行了轴重 6.7t 和 9t、时速 160km/h 地铁 1∶1 制动力台架试验。试验结果显示，坡道制动时地铁盘吸收能量 29MJ，温升最高仅 406℃，平均温升 386℃，且长时间（约 10min）高温摩擦也没有出现任何黏接、犁沟及裂纹（见图 8-2），满足地铁制动要求。

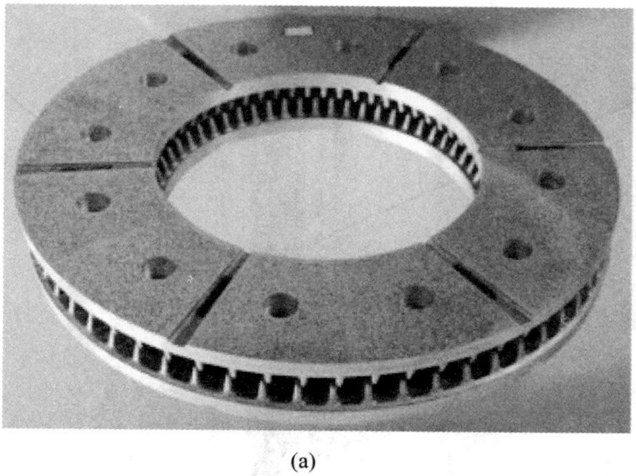

(a)

(b)

图 8-2　按照 UIC541-3 标准进行全尺寸台架测试，经过紧急制动后的地铁列车制动盘
(a) 摩擦面；(b) 侧面

2012 年，在浙江嵊州对 SiC_{3D}/Al 制动盘用于汽车的可能性进行了研究。从对奥迪 A6 及某型重载汽车制动工况的计算机模拟数据和从轨道交通 1∶1 台架试验的数据来看，SiC_{3D}/Al 制动盘完全可满足奥迪 A6 及最大制动盘直径达 22.5in 的重载车使用。图 8-3 所示为奥迪 A6 的制动盘。在山东金麒麟集团有限公司的美国双端 Greening 台架试验机、美国 LINK 台架试验机进行了 1∶1 尺寸的台架试验。按照标准测试的数据表明该制动盘具有优异的摩擦性能和耐高

图 8-3　SiC_{3D}/Al 合金奥迪 A6 制动盘

温性。

图 8-4 所示为进行 1∶4 尺寸的台架试验设计的高铁用轴盘照片，对比图 8-2、图 8-1 的制动盘表观更圆润，通风/散热能力更强，采用了更高强度的 SiC 骨架，并加入纳米碳管的润滑组元对骨架进行了修饰，摩擦性能应该能得到进一步提高，对热应力的释放更有效，抗热疲劳性能将更佳。已经做完台架测试，完全满足 UIC541-3 标准。

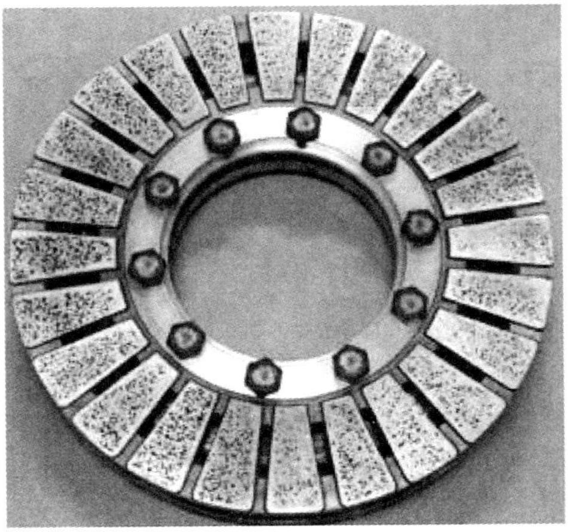

图 8-4　1∶4 尺寸的台架试验设计的高铁用轴盘照片

目前浙江嵊州市天乐新材料科技有限公司已建成一条 SiC 泡沫陶瓷中试生产线，中频熔炼炉和真空热压炉可保证各种孔径的 SiC 陶瓷骨架样品的制备。拥有的数控加工中心和激光切割机可保障各种摩擦性能试样件的制备。动平衡试验机可检测制动盘的结构稳定性。年产 40000 盘的 SiC_{3D}/Al 刹车盘中试生产线及年产 100000 片的 SiC_{3D}/Cu 闸片的中试生产线，可保证高铁、地铁、轻轨，以及公路用车制动盘的制备，如图 8-5 和图 8-6 所示。

(a)　(b)　(c)　(d)

图 8-5　SiC 骨架及辊压生产线、SiC 陶瓷真空烧结设备、热处理设备

（a）SiC 骨架；（b）微波制备 SiC 骨架生产线；（c）SiC 骨架真空烧结炉；（d）制动盘热处理炉

(a)　(b)　(c)

图 8-6　陶瓷/铝合金刹车盘生产设备

（a）制动盘低压铸造机；（b）陶瓷/铜合金闸片铸造机；（c）动平衡试验机

参 考 文 献

[1] Yu L, Jiang Y L, Lu S K, et al. FEM for brake discs of SiC 3D continuous ceramic reinforced 7075 aluminum alloy for CRH3 trains applying emergency braking [J]. Applied Mechanics and Materials, 2012, 120: 51-55.

[2] Yu L, Jiang Y L, Lu S, et al. Numerical Simulation of brake discs of CRH3 High-Speed Trains Based on Ansys [C]//Proceedings of the 1st World Congress on Integrated Computational Materials Engineering (ICME). John Wiley & Sons, Inc., 2011: 183-188.

[3] Jiang L, Jiang Y, Yu L, et al. Thermal analysis for brake disks of SiC/6061 Al alloy co-continuous composite for CRH3 during emergency braking considering airflow cooling [J]. Transactions of Nonferrous Metals Society of China, 2012, 22 (11): 2783-2791.

[4] Jiang L, Jiang Y, Yu L, et al. Experimental study and numerical analysis on dry friction and wear performance of co-continuous SiC/Fe-40Cr against SiC/2618 Al alloy composites [J]. Transactions of Nonferrous Metals Society of China, 2012, 22 (12): 2913-2924.

[5] Bernal Ostos J, Rinaldi R G, Stucky G D, et al. Deformation stabilization of lattice structures via foam addition [J]. Acta Materialia, 2012, 60 (19): 6476-6485.

[6] Chen Zhenhua, Teng Jie, Chen Gang, et al. Effect of the silicon content and thermomechanical treatment on the dry sliding wear behavior of spray deposited Al-Si/SiCp Composites [J]. Wear, 2007, 262: 362-368.

[7] Cree D, Pugh M. Dry wear and friction properties of an A356/SiC foam interpenetrating phase composite [J]. Wear, 2011, 272 (1): 88-96.

[8] Zhang S Y, Qu S G, Li Y Y, et al. Two-body abrasive behavior of brake pad dry sliding against interpenetrating network ceramics/Al-alloy composites [J]. Wear, 2010, 268 (7): 939-945.

[9] Agrawal P, Conlon K, Bowman K J, et al. Thermal residual stresses in co-continuous composites [J]. Acta Materialia, 2003, 51 (4): 1143-1156.

[10] Wang L, Lau J, Thomas E L, et al. Co-continuous composite materials for stiffness, strength, and energy dissipation [J]. Advanced Materials, 2011, 23 (13): 1524-1529.

[11] Zhao M, Li N, Zhao L, et al. Numerical simulations of compression properties of SiC/Al co-continuous composites [M] //Computer and Computing Technologies in Agriculture Ⅳ. Berlin, Springer Heidelberg: 2011: 480-485.

[12] Jhaver R, Tippur H. Processing, compression response and finite element modeling of syntactic foam based interpenetrating phase composite (IPC) [J]. Materials Science and Engineering: A, 2009, 499 (1): 507-517.

[13] Yu L, Jiang Y L, Ru H Q, et al. Microstructures of co-continuous SiC/Fe-2Cr13 composite fabricated by vacuum-pressure casting and infiltration processes [J]. Advanced Materials Research, 2011, 239: 1661-1664.

[14] Wang W. 3D network SiC-metals composites for heavy duty brake applications [C]. Metal, Ceramic and Polymeric Composites for Various Uses. Croatia: InTech, 2011.

[15] Huang D, Chen W P, Zhang S Y, et al. Dry friction and wear performance of SiC 3D continu-

ous ceramic frame reinforced 7075Al alloy [J]. Transactions of Nonferrous Metals Society of China, 2010, 20 (1): 54-58.

[16] Daoud A, Abouel-KhaiR M T. Wear and friction behavior of sand cast brake rotor made of A359-20vol%SiC particle composites sliding against automobile friction material [J]. Tribology International, 2010, 43: 544-553.

[17] Skirl S, Hoffman M, Bowman K, et al. Thermal expansion behavior and macrostrain of 3D-SiC/Al composites with interpenetrating networks [J]. Acta Mater, 1998, 46 (7): 2493-2499.

[18] Nicole M, Weissenbo C, Christoph M, et al. Thermal windows on the body surface of African elephants (loxodonta africana) studied by infrared thermography [J]. Journal of Thermal Biology, 2010, 35 (4): 182-188.

[19] 杨肖，张志辉，王金田，等. 仿生制动盘表面温度场与应力场的计算机模拟 [J]. 机械工程学报，2012，48 (17)：121-127.

[20] 张志辉，任露泉，周宏，等. 抗热疲劳仿生耦合制动鼓的激光加工参数 [J]. 吉林大学学报，2009，39 (4)：953-958.

[21] [日本] HIROSE，Fumio 等. 制动盘的新发展 [J]. 国外铁道车辆，1989 (1)：9-14.

[22] 明石秀二，等. 现有线路铁道车辆新型制动盘的开发 [J]. 国外机车车辆工艺，2001 (1)：7-13.

[23] [日本] 坂本东男、锻钢制动盘的开发 01 [J]. 国外铁道车辆，1989 (6)：30-31.

[24] [日本] TSUJIMURA Taro，等. 机车车辆铝合金复合材料制动盘的开发 [J]. 国外机车车辆工艺，1996 (4)：9-13.

[25] [日本] 坂本东男，仲田摩智，等. 王佰福译. 高速车辆用制动盘的开发 [J]. 住友金属，1993：11-22.

[26] [德国] Thomas Zeuner. 高速列车使用铝基复合材料制动圆盘 [J]. 国外机车车辆工艺，1999 (2)：19-21.

[27] 齐海波，丁占来，樊云昌，等. SiC 颗粒增强铝基复合材料制动盘的研究 [J]. 复合材料学报，2001，18 (1)：6-66.

[28] 王文静. SiC/A356 复合材料制动盘温度场应力场数值模拟及热疲劳寿命预测 [D]. 北京：北京交通大学，2003. 10.

[29] Reibenschuh M. Stress analysis of a brake disc under centrifugal and thermal load [J]. Maribor: Faculty of Mechanical Engineering, 2008.

[30] Oder G, Reibenschuh, M, Lerher, T, et al. Thermal And Stress Analysis of Brake Discs In Railway Vehicles [J]. Advanced Engineering, 2009, 3 (1): 95-102.

[31] Pevec M, Lerher T, Potrč I. et al Numerical temperature analysis of brake disc considering cooling [J]. Advanced Engineering, 2010, 4 (1): 55-64.

[32] Adam Adamowicz, Piotr Grzes. Influence of convective cooling on a disc brake temperature distribution during repetitive braking [J]. Applied Thermal Engineering, 2011, 31 (14-15): 2177-2185.

[33] Lu S K, Liu H Y, Yu L, et al. 3D FEM simulations for the homogeneity of plastic deforma-

tion in aluminum alloy HS6061-T6 during ECAP [J]. Procedia Engineering (2011) 12: 35-40.

[34] Lu S K, Yi X H, Yu L, et al. Comparison of the simulation and experimental fatigue crack behaviors in the aluminum alloy HS6061-T6 [J]. Procedia Engineering (2011) 12: 242-247.

[35] Yu-Ching Yang, Wen-Lih Chen. A nonlinear inverse problem in estimating the heat flux of the disc in a disc brake system [J]. Applied Thermal Engineering, 2011, 31: 2439~2448.

[36] Ali Belhocine, Mostefa Bouchetara. Thermal analysis of a solid brake disc [J]. Applied Thermal Engineering, 2012, 3: 59-67.

[37] Gultekin D, Uysal M, Aslan S, et al. The effects of applied load on the coefficient of friction in Cu-MMC brake pad/Al-SiC_p MC brake disc system [J]. Wear, (2010) 270: 73-82.

[38] Zhen-cai Zhu, Yu-xing Peng, Zhi-yuan Shi, et al. Three-dimensional transient temperature field of brake shoe during hoist's emergency braking [J]. Applied Thermal Engineering, (2009) 29: 932-937.

[39] Daoud A, AbouEl-khair M T. Wear and friction behavior of sand cast brake rotor made of A359-20vol%SiC particle composites sliding against automobile friction material [J]. Tribology International, (2010) 43: 544-553.

[40] Adam Adamowicz, Piotr Grzes. Influence of convective cooling on a disc brake temperature distribution during repetitive braking [J]. Applied Thermal Engineering, (2011) 31: 2177-2185.

[41] Adam Adamowicz, Piotr Grzes. Analysis of disc brake temperature distribution during single braking under non-axisymmetric load [J]. Applied Thermal Engineering (2011) 31: 1003-1012.

[42] 谢素菁，曹小明，张劲松. 三维 SiC 对铝合金干摩擦磨损性能的影响 [J]. 材料研究学报，2003，17 (1): 10-14.

[43] 张志金，王扬卫，于晓东. 三维 SiC 多孔陶瓷增强铝基复合材料的制备 [J]. 稀有金属材料与工程，2009，38 (S2): 499-501.

[44] Engineering Standards & Systems Engineering (ESSE): AMS (Auto-Motor-Sport) Brake Test, Corporate engineering test procedure, CETP: -06. 00-R-408 200510.

[45] Afsharpour M, Homayun B, Boutorabi Sma. Water modelling of effects of pouring basin and sprue geometry on entrance of air bubbles into mould [J]. Materials Science and Technology, 2014, 30 (2): 152-159.

[46] 常安国，洪海生. CLA 法真空吸铸工艺 [J]. 中国铸造装备与技术，1996 (01): 10-14.

[47] 王勖成. 有限单元法基本原理和数值方法 [M]. 北京：清华大学出版社，1997.

[48] 于亚婷，杜平安，王振伟. 有限元法的应用现状研究 [J]. 机械科学与技术，2005，22 (3): 6-9.

[49] 傅永华. 有限元分析基础 [M]. 武汉：武汉大学出版社，2003.

[50] 王新荣. 有限元法基础及 ANSYS 应用 [M]. 北京：科学出版社，2008.

[51] 李继山，刘涛，李和平，等. 380km/h 高速列车轮装制动盘研制 [J]. 铁道机车车辆，2013，33 (1): 1-4.

[52] Luo Z, Zuo J. Conjugate heat transfer study on a ventilated disc of high-speed trains during bra-

king [J]. Journal of Mechanical Science & Technology, 2014, 28 (5): 1887-1897.

[53] 常宁，黄尊地．城际动车组铝合金制动盘热应力场仿真分析 [J]. 五邑大学学报（自然科学版），2018，(4)．

[54] 贾建波，曾鑫．热轧对车辆制动盘用 SiC 增强 Mg-Al 复合材料组织和性能的影响 [J]. 热加工工艺，2018，(20)．

[55] 乔磊，马军，张嘉鹭．高速动车组盘式制动装置制动盘温度场仿真分析与研究 [J]. 机械科学与技术，2018，(12)．

[56] 汪元健，陈先兵．通风式制动盘热性能理论与有限元仿真分析研究 [J]. 汽车零部件，2018，(9)．

[57] 左建勇，刘家良，胡果，等．基于瞬态温升仿真的列车制动盘结构研究 [J]. 机械设计与制造工程，2018，(9)．

[58] 曹振飞，齐海波，林齐，等．一种高速列车制动盘高熵合金耐磨层组织和性能的研究[J]. 表面技术，2018，(8)．

[59] 张祥杰，杨凯，马丽英，等．CRH2 型动车组制动夹钳闸片磨耗原因分析及改进建议 [J]. 现代城市轨道交通，2018，(8)．

[60] 杨俊英，高飞，孙野，等．闸片摩擦块形状对制动盘温度及摩擦性能的影响 [J]. 中国有色金属学报，2018，(7)．

[61] 汤忖江，陈蕴博，左玲立，等．高速列车制动盘材质应用现状和研究进展 [J]. 材料导报，2018，(S1)．

[62] 戴鑫亮，王伯铭．ULF 轻轨列车制动盘温度场及热应力分析 [J]. 机车电传动，2018，(3)．

[63] 陈昶，张建军，陈睿．制动盘结构参数对温度场和应力场的影响研究 [J]. 西南师范大学学报（自然科学版），2018，(4)．

[64] 曾康，张雪刚，王书文．M 型沟槽仿生制动盘的减振降噪性能研究 [J]. 噪声与振动控制，2018，(S1)．

[65] 李勇，祝汉燕，朱颖超．高速列车制动盘瞬态温度场分析 [J]. 制造业自动化，2018，(3)．